杨杜 著

现代管理理论

MODERN MANAGEMENT THEORY 第二版

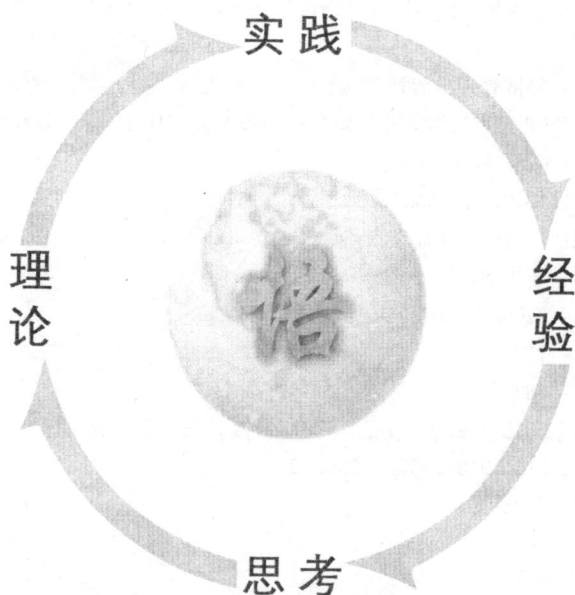

经济管理出版社
ECONOMY & MANAGEMENT PUBLISHING HOUSE

图书在版编目（CIP）数据

现代管理理论/杨杜著. —2 版. —北京：经济管理出版社，2013.8
ISBN 978-7-5096-2568-2

Ⅰ.①现… Ⅱ.①杨… Ⅲ.①企业管理 Ⅳ.①F270

中国版本图书馆 CIP 数据核字（2013）第 166415 号

组稿编辑：张永美
责任编辑：张永美
责任印制：杨国强
责任校对：李玉敏

出版发行：经济管理出版社
　　　　　（北京市海淀区北蜂窝 8 号中雅大厦 A 座 11 层　100038）
网　　址：www. E-mp. com. cn
电　　话：(010) 51915602
印　　刷：三河市延风印装厂
经　　销：新华书店
开　　本：720mm×1000mm/16
印　　张：17.25
字　　数：283 千字
版　　次：2013 年 8 月第 1 版　2013 年 8 月第 1 次印刷
书　　号：ISBN 978-7-5096-2568-2
定　　价：39.00 元

目　录

导　言 ……………………………………………………………… 1

序　冰山与大象 ………………………………………………… 1

第一章　知识的重组 …………………………………………… 1

　　第一节　现代管理理论从何算起 ………………………… 1

　　第二节　管理理论的传统知识体系 ……………………… 4

　　第三节　科学管理观与人本管理观 ……………………… 5

　　第四节　理论管理观与应用管理观 ……………………… 7

　　第五节　管理学知识的平面分析框架 …………………… 11

第二章　科学管理 ……………………………………………… 15

　　第一节　事理学的研究 …………………………………… 15

　　第二节　管理学的研究 …………………………………… 17

　　第三节　科学管理的核心思想及其背景 ………………… 18

第三章　经验管理 ……………………………………………… 23

　　第一节　经营≠管理 ……………………………………… 24

　　第二节　经营管理矩阵 …………………………………… 25

　　第三节　"π"型结构的领导 ……………………………… 28

　　第四节　管理的原则 ……………………………………… 29

　　第五节　管理教育与管理理论的普遍性 ………………… 30

　　第六节　重实用而不重严谨的管理大家 ………………… 31

第四章 组织管理 ·· 33

第一节 巴纳德与法约尔的异同 ·················· 34

第二节 组织中的知识及其获得 ·················· 36

第五章 决策管理 ·· 45

第一节 新的管理观 ································· 45

第二节 决策技能的开发 ··························· 53

第六章 文化管理 ·· 61

第一节 从成功到成道 ····························· 61

第二节 企业文化的内涵、地位和作用 ·········· 67

第三节 企业文化与可持续成长 ·················· 70

第四节 企业文化建设 ····························· 72

第七章 企业的演变与管理的进步 ···················· 75

第一节 历史演变的五个阶段 ····················· 76

第二节 管理理论研究的新动向 ·················· 84

第八章 知识管理 ·· 91

第一节 知识研究的回顾 ··························· 91

第二节 知识经济时代的企业与管理 ············· 96

第三节 现代企业中的知识 ······················· 100

第四节 企业知识的创新机制 ····················· 105

第九章 知识的价值化 ····································· 113

第一节 知识的销售 ································· 113

第二节 知识价值的实现形式——CACA 模型 ·· 115

第十章 知本管理 ·· 125

第一节 知本理论：股权分配的理论依据 ········ 125

第二节 按知分配原则 ····························· 128

第十一章　成长管理 ……………………………… 133

　　第一节　企业的进化与管理主题的变化 ………… 133

　　第二节　寿命、宿命与使命 …………………… 145

　　第三节　不失败就是成功 ……………………… 149

第十二章　中国的管理及其变革 ………………… 167

　　第一节　国营工厂与政治运动型管理 …………… 168

　　第二节　国有企业与双轨制管理 ……………… 172

　　第三节　现代企业与现代管理 ………………… 175

第十三章　典型企业案例研究 …………………… 185

　　第一节　华为公司的管理 ……………………… 186

　　第二节　华侨城集团的发展战略 ……………… 193

　　第三节　亚星公司的购销比价管理 …………… 200

　　第四节　民营企业在过"管理关" ……………… 204

附录Ⅰ　华为公司基本法 ………………………… 209

附录Ⅱ　华侨城集团宪章 ………………………… 233

参考文献 ………………………………………… 247

后记 ……………………………………………… 251

图表目录

图-序 1　管理的科学性和艺术性 ……………………………… 3

图-序 2　管理知识的分类 ………………………… 3

图-序 3　管理知识的冰山 ………………………… 4

图 1-1　管理知识的理论化 …………………………… 3

图 1-2　现代管理理论的传统框架 ………………………… 5

图 1-3　管理学知识的平面分析框架 …………………………… 11

图 3-1　法约尔关于经营与管理的框架 ………………… 25

图 3-2　泰罗和法约尔理论框架的不同 ………………… 25

图 3-3　法约尔框架的矩阵式变形 …………………… 27

图 5-1　西蒙的决策过程与法约尔的管理过程比较 …………… 47

图 6-1　企业文化的作用模式 ………………………… 71

图 7-1　企业扩张目标与利润目标的平衡 ………………… 81

图 8-1　知识与信息、智慧的区别 …………………… 107

图 8-2　知识相互转化模型（SECI 模型）…………… 110

图 8-3　组织中知识创造的螺旋 ……………………… 111

图 9-1　企业知识管理的三维模型 …………………… 116

图 9-2　知识价值化的 CACA 模型 ………………… 116

图 9-3　企业的价值分配矩阵 ………………………… 123

图 10-1　价值创造要素与相应的报酬形式 …………… 126

图 11-1　企业进化的阶段 …………………………… 134

图 11-2　A 企业的销售额历年增长 ………………… 140

图 11-3　企业的持续成长力盈亏平衡分析 …………… 143

图 11-4　企业的寿命周期 …………………………… 145

图 11-5　企业的连续创业 …………………………… 147

图 11-6　企业成长向量图 …………………………… 150

图 11-7　企业成长中的两大战略陷阱 ·················· 156

图 11-8　企业成长中的战略转折点 ····················· 159

图 11-9　企业成长中的五大管理陷阱 ·················· 161

图 13-1　民营企业成长的转折点 ······················· 205

表 1-1　理论管理与应用管理的比较 ·················· 11

表 5-1　管理职能与其中的决策问题 ·················· 47

表 5-2　学位论文写作决策中容易出现的问题 ········· 52

表 5-3　决策类型和决策技能 ························· 55

导　言

一、本书的宗旨

我从 1978 年进入大学就开始学习和研究管理，上大学之前还在工厂待过 6 年，做过生产、采购、宣传、销售等职能部门的工作，但说来惭愧，40 年来我都没能"悟"出管理的真谛到底是什么。管理学真有点"管可管，非常管；理可理，非常理；学可学，非常学"的味道。在国外时曾有人问过我中国的特色是什么，我记得当时回答说：南北五千公里，东西五千公里，上下五千年，最大的特色可能是多样性吧。我想，管理是否也是这样一个极其复杂多样的领域呢？

管理就像一只大象，我们还不能掌握这只大象的整体规律，我们能够做的，就是努力从尽可能多的角度来观察和体验大象，尽量接近大象的本质。我们正在做的，其实和盲人摸象是一样的。

当下管理学界好像流行模型化、数量化研究，学者、教授、博士们都要在 SCI、SSCI、EI 中发文章，考核要求和排名要求，使得吃"文字饭"越来越不容易，还必须吃成数字、符号和英文字码。不过，想到自己读硕士、博士的时候也曾经做过这些，也就释然了。但是，读了这么多年管理学的著作，说句不太惹人高兴的话，我发现真正有超越学界外的影响力的新思想和新知识，似乎并不在那些文章里面，本书所讨论的经典管理理论，也很难把那些文章纳入眼界，多有得罪了！

曾经思考过"谁是超一流管理者"的问题，世界上有那么多令人敬佩和敬畏的管理大师，他们是怎样走向成功的呢？我给管理者的工作模式排了个序：三流管理者自己做事；二流管理者带人做事；一流管理者让人做事；超一流管理者让人想事。这里没有贬低谁的意思，我内心想说的是，管理者都有一个由有为到无为的修炼或成长过程，超一流管理者即是达到了无为而治境界的人，什么也不用做，连"亲自"思考也不用了。说句玩笑话，"只要活着就行了"。

管理到底是复杂的还是简单的？到底是战略重要还是执行重要？其实管理

者不会这样提出和回答问题，他们会说，管理学者的工作习惯是把简单问题复杂化——"将一分为四"，管理者的工作就是把复杂事情简单化——"将四合为一"；管理就是"由自己睡不着觉"到"员工睡不着觉"，再到"大家都睡得着觉"的过程。对管理者而言，不是战略和执行谁更重要，而是必须把事情做成。还有人认为：做管理，就要让自己有"坐不住、睡不着、吃不下"的紧迫感和责任感，就要让下属有"吃得饱、跑得快、干得欢"的成就感和幸福感。

不过，有人认为管理不见得有多么重要。那些著名的企业家没学过管理，不照样把公司经营得如此辉煌，甚至像美国人泰罗、巴纳德，法国人法约尔没学过管理，不也成了管理学大家？杰克·韦尔奇、比尔·盖茨、松下幸之助、张瑞敏、任正非、柳传志等那些优秀公司的领导者，又有几个是学管理出身的呢？

但是，令人费解的是，映入我们眼帘的是越来越多的管理学书籍，充斥我们耳朵的是越来越多的管理话题，连大学里的哲学、心理学、语言学、历史学专业也开始挤进管理领域，办起很多与管理沾边的各种研修班。中国似乎正在走向管理型社会。看来，我们凡人不能与伟人相提并论，为了未来的成功，学点管理还是很有必要的。当然，我们并不提倡具有管理天才的人去浪费自己的时间——您不需再学，只管去做就行了。

本书是写给希望了解较深层次管理理论的读者朋友的，或者您已经在公司有了几年管理经验，或者您是在学校攻读经济或管理学的硕士、MBA 或EMBA，或者您是在管理学院做教师，相信本书能成为您的所爱。本书是讲管理理论的，但不是为理论而理论，如果本书能够达到强化思考问题、解决问题的能力，提升创造知识和应用知识的能力的目的，我们将不胜荣幸。本书写作的三个宗旨是：

重能力养成，不重知识传授；

重思维方法，不重定义概念；

重知识管理，不重知识本身。

二、四个基本假设

本书自始至终贯彻知识管理的脉络和视角。我们认为，理论实际上就是一种知识体系，学习管理理论，从本质上是学习如何对管理知识体系进行管理。提升自己把握知识的能力，即"知识管理能力"。不管您是或者将是理论研究者，还是实务管理者，这种知识管理的能力都是必要的。我们认为，虽然在理论知识的需求上，两者的差异是相当大的，但在如何把握知识的能力需求上，两者应是相当接近的。有着良好知识管理能力的人，既能做好研究，又能做好实务。

基于以上认识，我们在写作过程中作了如下基本假设：

第一，假设方法重于内容。

在变化剧烈、知识爆炸的知识经济时代，极端地讲，写在书本上的知识就是过时的知识。因此，我们不必要把那些知识都搬到自己的脑子里来，单纯地将外存知识转为内存知识只会增加我们大脑的负担，弄不好还会形成僵化的思维定式，影响我们的创新能力。我们应该重视的，可能是管理知识和创造知识的方法，而不是现有知识本身。我们信奉"方法的突破才是真正的突破"这句格言。书中从如何认知理论的角度展开分析，并单独列出较大篇幅探讨知识方法论问题。

第二，假设立场重于观点。

我们强调首先站在管理者或领导的立场，以管理者或领导的价值观来思考管理理论问题，而不是首先站在员工或研究者的立场和价值观。我们关注管理的服务对象——客户，组织目标——成长，而不是管理的对象——员工，个人目标——报酬。

领导和员工的区别是什么？我们做个简单对比。领导为别人找活干，员工为自己找活干；领导让别人有成就，员工让自己有成就；领导让别人有钱花，员工让自己有钱花；领导要自己担责任，员工要往外推责任；领导把家里的钱拿到组织，员工把组织的钱拿回家里……

我们不兼顾管理者和被管理者，既要考虑组织目标又要考虑个人目标的"句式"来和稀泥。如果读者不赞同我们的立场和价值观，这本书是不太好读的。

第三，假设思考与实践相结合，理论与经验相补充。

这一提法本质上不同于我们平时所讲的理论与实践相结合。理论与实践相结合讲了多少年，但"结合"的结果却总不能令人满意，听起来也让人生腻。事实上，这句话好像在某一方面有些不合逻辑。我们在此用实践→经验→思考→理论→再实践的"认知环"概念，来理解管理的认知过程，形成"自己的经验"和"自己的理论"。

第四，假设跳出理论看理论，跳出管理看管理。

管理理论的本质在于对理论的管理。"不识庐山真面目，只缘身在此山中"，要真正懂得管理理论，不但要潜身其中，而且要抽身其外。你要想撬动地球，就需要在地球外边有个站脚之处；您要吃透管理理论并将其拿来为自己所用，就必须有自己特定的价值理念和方法视角。所以，学习理论的过程又是一个跳出理论建立自己的价值理念和方法论的过程。只有后一个过程的完成，才是"自己的理论"的完成，才是认知目的的达成。

第五，假设管理理论没有共同认可的对错，管理实践有着真实确切的成败。

各种管理理论没有正确错误之分，建立在不同价值观上的各个学派本不必要争出个你错我对来。但是，仔细分析后发现，各自都能自圆其说的理论之间，在价值判断和方法视角上往往相互矛盾，因而我们就不能见什么都学、学什么都信、信什么都用。真正的、有生命力的管理理论是来自现实又回归于现实的。我们应准确地定位自己的价值观和方法论，做管理理论的应用者和创造者，而不应是管理理论的盲目崇拜者和批判者。

三、本书的特点

与第一版相比，本版又作了一些调整，第一，随着时代的变化和我们对管理理论认识的深入，增加了一些观点。第二，为了方便读者阅读和使用，我们在每章前面增加了"学习目的"，在章尾增加了思考题。我们保持了本书的整体结构和基于管理的基本特色。

出于本书的宗旨，我们依然不对既有的管理理论体系做完整的分析，尽管有"丢三落四"之嫌。"丢三"是没有对权变管理、系统管理和管理科学理论等做相应的讨论；"落四"是没有涉及行为科学、激励理论、学习理论、代理理论等重要管理知识。如果有读者指出这些不足，我们一定会诚心实意地接受。四个角的桌子砍掉一个角会剩下五个角，砍掉两个角则会剩下六个角，好比断臂维纳斯像的残缺之美，其不完整的意义在于，使我们有了展开思考的空间，使我们围绕自己的目标去研读其他的著作。同时，残缺也会激励我们尊敬的读者发挥想象的空间，到书本之外去寻找自己的兴趣点。

管理是一种知识，一种行为，管理更是一种感觉。做管理关键是做出"感觉"。本书写给希望得到管人不累、被管不烦的感觉的人。

管理的"感觉"主要在于应用。毛主席教导我们说："读书是学习，使用也是学习，而且是更重要的学习。"本书写给把学习当做一种生活方式，晚上读书、白天使用的人。

杨　杜

2013 年 6 月 30 日

于上河村

序 冰山与大象

一、管理知识的整合方法

管理学是整合管理知识的一种学问。把管理知识实用且条理地组织起来，有利于管理实践的应用，也有利于管理知识的学习。

整合管理知识有三种基本方法：

其一是教科书法。最流行的一种教科书法是将管理人员的工作分为几种职能，围绕职能将管理的概念、原则、理论和技术等组合起来。孔茨、罗宾斯等管理学"大家"即是这方面的代表人物，国内绝大多数管理学教材均效仿此法。

其二是专著法。以某种基本方法或角度为核心，形成特定的理论体系。泰罗、巴纳德、西蒙、圣吉等人如此，以博士学位论文为基础形成的一些专著也是如此，一些有分量的论文也应属于专著类。这方面的成果可谓最多，本书亦属专著类。

其三是经验材料法。管理经验往往以一些散在的材料（如经验总结报告、调查报告、案例、新闻报道、实施方案等）为载体整理出来，比较规范、知名和有代表性的管理经验有如惠普之道、丰田看板管理、华为基本法等。经验是来自于实践并对实践所做的总结思考。

上述三种基本方法之间有一定的联系与区别。专著往往成为教科书内容的源泉，经验材料则一般是专著内容的源泉。换句话说，实践是经验的基础，经验是专著的基础，专著是教科书的基础，管理知识就是通过这样一种机制积累和成长起来的。越往后者，作为管理知识就越规范、越成熟、越具普遍性，但同时又距离具体现实越远。教科书上的理论往往是归纳总结了众多企业的经验和多种理论后编撰而成，因此，将教科书上的理论运用于管理实践时，就必须做出比专著和经验材料等更多的修正，而绝不能照搬照抄。

这里，就涉及了管理学的性质问题——管理学到底是属于科学的领域，还是属于艺术的领域。

二、管理是科学还是艺术之争

管理知识是复杂多样的，由以上三种方法整合起来的管理学由于其社会科学的特点，使人们对其学科性质一直存在比较大的争论。其中一大派别认为管理学应属科学，另一大派别则认为管理学应属艺术。不过，随着管理学的日益发展和完善，人们的意见正在趋向收敛。

现在，人们都已承认管理学既是科学又是艺术，一名成功的管理者必须具备这两方面的知识和能力。比如，孔茨认为："医生不掌握科学，几乎跟巫医一样了。高级管理人员不掌握管理科学，则只能是碰运气、凭直觉，或用老经验。"罗斯·韦伯认为："没有管理艺术的管理科学是危险而无用的，没有管理科学的管理艺术则只是梦想。"

科学性是管理必不可少的基础，科学管理注重自然规律、客观数据、分析结论、程序化、规范、规则、惯例、理性体验、同一性和经验运用。科学性是一种行为的严谨，为组织带来平衡和稳定，起着犹如人的骨架和躯干的作用。艺术性则是管理变化创新的灵魂，艺术管理注重的是灵活多变、逆向思维、创新创造、情感认知、审美感悟。艺术性是一种思维的升华，带来活跃与发展，如同流动的思想、气质和血液。

科学性主要体现在程序化和逻辑化，艺术性主要体现在非程序化和非逻辑化。科学与艺术的观念可以从以下几个角度加以协调与区别：

（1）与业务和事相关的管理具有更多科学性，与组织和人相关的管理具有更多艺术性。

（2）基层管理更注重科学性，高层管理更注重艺术性。

（3）在企业成长的不同阶段，管理的艺术性与科学性比例可能是有变化的。在企业创业阶段，艺术管理可能更为重要；在发展阶段，科学管理可能更为重要；而到成熟阶段，艺术性可能又上升到较重要的位置。

（4）更接近科学的管理叫管理，更接近艺术的管理可以叫领导。

（5）程序化的科学管理是对非程序化的艺术管理的一种约束，重在对其约束度的把握；反之，艺术管理是对科学管理的一种突破，是一种创新行为，重在对其创新度的把握。

我们可以用以图-序1来表现这些特点。

知识经济的兴起与人们对知识研究的深入，为我们提供了从另一个角度探讨管理学知识特质的机会。

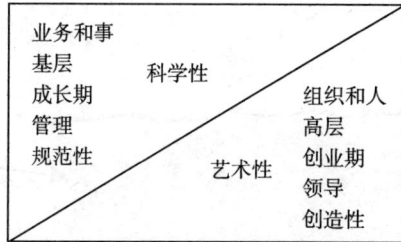

图-序 1　管理的科学性和艺术性

作为一个整体的管理知识可以分为四种，即事实知识、原理知识、技能知识和人际知识（见图-序 2）。事实知识是判断"是什么"的知识；原理知识是思考"为什么"的知识；技能知识是决定"怎么做"的知识；而人际知识是知道"谁有、在哪儿"的知识，即知道谁有知识和如何运用前三种知识的知识。

前两种又称为信息类知识（计算机专家等称之为编码化知识），后两种又称为技艺类知识（也有人称之为隐含类知识）。

因此，从管理是科学还是艺术的争论来看，我们也可以将被称为信息类知识的事实知识和原理知识叫做科学的管理知识，而将被称为技艺类知识的技能知识和人际知识叫做艺术的管理知识。管理既是科学又是艺术的融合观点表明了管理学的整体包括上述四种知识。

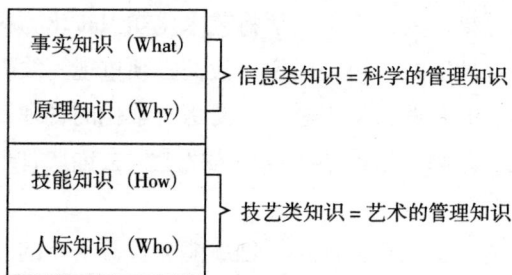

图-序 2　管理知识的分类

三、管理知识的"冰山"结构

管理知识的整体，恰似漂浮在大海里的一座冰山，已被人们认识的管理知识——事实知识与原理知识或者说科学化的知识只不过是冰山露出来的一角，无可比拟的大量的管理知识——技能知识与人际知识或者说艺术化知识还隐藏在水面以下，等着人们去发现（见图-序 3）。

艺术化的管理知识正是科学化的管理知识的源泉。艺术化的管理知识要不

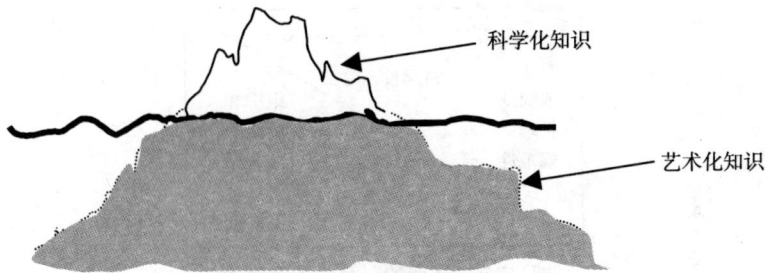

图-序 3　管理知识的冰山

断地转化为科学化的管理知识，作为管理知识体系中规范的一部分才能真正站得住脚；反过来，也只有对科学化的管理知识进行艺术化的运用，才能形成有效的管理活动。可以说，管理知识体系的成长过程正是这种艺术化管理知识与科学化管理知识不断互相转化的过程。

　　管理的科学与艺术之争，主要是因为论者所站的角度或立场的差异造成的。强调管理是科学，是论者重视事实知识与原理知识，较多地站在管理学者立场的结果；认为管理是艺术，是论者重视技能知识与人际知识，更多地站在管理者立场的结果。

　　我们认为，管理知识的结构与冰山的结构一样，是不断变化和浮动的，重要的不仅是认识到管理实践需要各种管理知识的结合，还应认识到艺术化知识正是科学化知识的源泉，要善于不断地将艺术化知识转化为科学化知识，以求更好地指导自己的管理实践。换句话说，我们必须重视一线管理者的直觉、悟性或经验，研究他们的案例，从中感悟和提炼科学化的管理知识。没有他们的直觉、悟性或经验、案例，恐怕会在很大程度上失去创造管理学新观点和新理论的源泉。

　　在企业周围环境的变化日益加剧、创新能力日益重要的今天，我们不能不佩服美国人在规则方面、科学方面的创造性思维和超越性思维能力。有人称，哈佛大学商学院的成功是"以思考的力量，去克服习惯的惰性"。他们重视创新产品和创新技术，但更重视创新规则。爱因斯坦曾经说过，他的科学发现所依赖的不是严密的逻辑推理，而是一种直觉和想象。他甚至把审美（简单性、和谐性、对称性等）作为科学发现的一个标准，他认为想象力概括着世界上的一切，推动着进步，并且是知识进化的源泉。特别是在步入知识经济时代的今天，对企业管理所要求的大概"不是最好，不是更好，而是创新"。

四、"屁股决定脑袋"

此话说来真不雅，但能形象地表现一种现象：人的立场不同（思维范式不同、经验不同、利益不同等），一定会影响他的认知角度和研究结果。

100年的管理学历史，产生了精彩纷呈的管理学派、学说、理论、方法和工具，让人感到管理的"博大精深"，孔茨曾将这种现象称为"管理丛林"。丛林虽然茂盛，但长得确实杂乱了一些。我们认为，这些高高矮矮、大大小小、疏疏密密的管理之树，主要来自管理学者和管理者们所持思维范式和实践经验的区别。"范式"（Paradigm）的概念为科学发展史专家库恩所创（Kuhn 著《科学革命》一书），其意思包含三个层次：一是指自然科学家群体中共有的一种思考前提；二是指社会科学家群体中普遍遵守的信念、价值观等集合体，或共同体特有的文化；三是最狭义的，指科学研究者共同体中创出的具体业绩或者说范例。

这种"范式"一方面指导学者、专家们如何提出问题、界定问题，如何行动去攻克自己的研究对象；同时又会束缚研究者的思维，将思维引向一个特定的方向或领域，而或多或少地忽视其他一些可能有效的方向或领域。每个管理学派的理论展开都是依据其思维"范式"进行的，明白了各学派的思维"范式"，可以说就基本掌握了理解其理论的指南。

现实中的管理者也是因自己的经验领域不同，所持思维范式与价值观不同，从而提出不同的管理观点的。如青岛海尔集团张瑞敏的斜坡球体理论和名牌战略、四川长虹公司倪润峰的价格竞争理论和资本运营战略以及联想集团公司柳传志的管理三要素理论与贸工技战略等。

这种情况恰似盲人摸象的故事所比喻的：第一个盲人摸到大象的躯干就说它像堵墙；第二个盲人摸到大象的腿就说它像根柱子；第三个盲人摸到大象的鼻子就说它像根粗绳子；第四个盲人摸到大象的耳朵就说它像个大簸箕。盲人们所摸到的都是同一头大象，他们所得出的不同认识取决于他们各自所站的不同位置。人们在研究管理时得出不同的认识，同样是因为他们所依据的思维"范式"或经验的不同。

管理者与研究者同样，都是从不同的角度去努力观察企业这头"大象"，在不断为描绘和凸显企业这只"大象"的真面目做出自己的一点贡献。

聪明的明眼人可能会说，我退后几步，一看就知道大象的模样了；或者说，让一个盲人把大象上上下下、前前后后都摸一下不就得了。确实，管理学发展史上有几位曾经做过这样的努力，但都没有取得应有的成功。看来，洞悉企业组织或管理理论的整体并不像退后几步观察大象那样简单。企业组织是个庞大复杂的、部分无形的、开放的有机系统，描述这一系统的管理知识体系，靠某个人或某些人，用有限的方法、有限的时间，是很难做到的。

何况，企业是不断成长的，你描述了今天，明天又变了。不仅组织结构在变，战略方案在变，成员观念在变，而且以往较长期通行的管理原则或所谓的管理规律也在变。

企业这只"大象"是极其复杂的。企业在成长之中，管理知识也在成长之中。本书的写作正是从成长和知识两个关键概念入手，探讨企业成长与知识成长的基本规律，目的只是力图使管理知识的冰山再多露出一点，只是换个角度来摸管理之象，使我们对企业管理的感觉增加一些。

五、本书的结构

本书的主题是探讨基于知识的企业成长，实际包含两个部分：一是管理知识的成长；二是企业的成长。两者是相互联系、相互影响的。企业的发展不断提出新的问题，管理知识就是在回答这些问题的过程中发展起来的，企业的成长是管理知识成长的基础，决定着管理知识成长的基本方向。但同时，管理知识的成长也在某种程度上影响着企业的成长，这是理论对实践的反作用。尤其是那些反映了企业成长的基本规律理论，对后来的企业有着巨大的指导作用。

本书除序外共分十三章：

第一章为管理知识的重组。首先，我们将现有管理知识按照研究对象维度进行梳理，分为科学管理和人本管理两大阵营。科学管理阵营是指以科学的世界观和方法论，研究管理中的以"事"为中心的管理理论流派群。人本管理阵营则是指用人文的世界观和方法论，研究管理中的以"人"为中心的管理理论流派群。在现代管理理论发展演变的历史长河中，一段时间科学管理阵营呈现强势，另一段时间人本管理阵营又攻占了主阵地，正是这两大阵营的此起彼伏、一浪推一浪，才构成了异彩纷呈的管理理论发展史。其次，我们又按照研究目的维度进行梳理，将管理知识分为理论管理学和应用管理学。理论管理学侧重于对组织的活动进行描述、解释和预测，以发现管理的规律、原则及形成管理理论体系为主；应用管理学则侧重于对管理政策、管理方案的研究，以总结经验、教训，解决问题和运用管理理论中的规律与原则为主。最后，我们通过对两个维度的管理知识进行平面整合，将过去近百年的管理知识成果纳入了：①科学·理论管理象限；②科学·应用管理象限；③人本·理论管理象限；④人本·应用管理象限；⑤居于中间位置的综合管理区域。

第二章为科学管理。通过回顾泰罗等人对劳动定额、工时研究、计件工资、技能培训、职能分工等方面的研究，探讨科学管理理论的形成。泰罗等人正是站在工厂内部，站在管理的角度，突破了经济学家的思维局限，科学地证明了增加生产的真正潜力不是在"更加勤奋地工作"，而是在"更加聪明地工作"，从而在一般体力劳动中追加科学知识，提高劳动的"质"。换句话说，就是改变劳动中的体力支出与脑力支出的比例，使劳动成为知识化的劳动，就可以在不延长劳动时间和增加劳动强度的情况下增加产出，也就可以在增加工人工资的情况下，同时增加企业主的利润。可以说，泰罗等人是将知识应用于工作的先驱。

第三章为经验管理。通过回顾法约尔在提出企业的六项经营活动、五种管理职能（要素）、管理者的六种能力、管理的十四项原则，以及管理理论的普遍性与管理教育的必要性等内容，了解这些体系化、明确化了的管理概念和知识，如何成为以后众多管理文献和管理者的共同语言，成了后人研究企业经营、管理行为、管理者素质、管理原则和管理教育几大领域的导引。尽管管理知识从法约尔开始最早被体系化了，但法约尔的体系却是经验性的、罗列性的，法约尔应该是重实用而不重严谨的管理学家。

第四章为组织管理。以巴纳德的组织或社会系统理论为主线，在分析了巴纳德与法约尔的立场与观点的异同之后，特别探讨了科学知识和行动知识的概念、逻辑心理过程和非逻辑心理过程、知与会，以及理论研究和日常事务的区别。巴纳德的核心观点可能在于：管理过程"与其说是科学的，不如说是艺术的；与其说是逻辑分析的，不如说是美学感觉的。因此，管理的过程是可以意会不可言传的，可以因结果感知而不可以因分析得到的"。管理者的整体感悟实际上依赖的是行动知识而不是科学知识。

第五章为决策管理。从探讨西蒙开创的决策管理理论入手，与第三章、第四章相互衔接，在对比法约尔的管理职能和巴纳德组织理论的过程中，明晰西蒙有关决策的知识的核心观点。本章分析了每个管理职能中存在着多种决策，每一个决策过程都包含着各个管理职能的现象，界定了法约尔和西蒙"摸象"的不同立足点。此外，我们通过对不同决策类型的分析，明确了西蒙的重视程序化决策，认为非程序化决策总是可以分解简化为程序化决策的立场。这体现了西蒙重视科学知识与巴纳德重视行动知识的明显区别。

　　第六章为文化管理。本章探讨了文化管理的兴起，文化管理在企业管理中的地位和作用，特别是与企业可持续成长的关系，并在此基础上结合咨询实践经验讨论了企业文化建设中需要注意的核心问题，可以使读者更好地理解本书附录中企业文化文件的内涵。

　　第七章为企业的演变与管理的进步。无论采取何种研究方法的管理理论，都离不开企业组织这一研究对象的具体实际，而管理理论整体的发展变迁也离不开企业这一主体的成长演变。将企业的成长史与管理理论发展联系起来，是对管理理论知识体系的纵向梳理，是分析企业管理的新角度。本章首先从五个阶段分析企业的演变与管理理论的发展历程，这五个阶段分别是：①现代企业制度的确立与普及阶段；②大企业体制的形成阶段；③多元化、国际化经营战略的展开阶段；④事业重构运动的兴起阶段；⑤企业制度与管理再造思潮的涌动阶段。企业成长的每一个阶段都有其共同的、区别于其他阶段的核心管理课题，解决这些课题的现实需求催生了与之相应的管理理论。本章还探讨了管理理论研究的四个新动向：一是有关知识创新的知识管理理论；二是有关成长模式创新的企业成长理论；三是有关管理观念创新的矛盾管理理论；四是有关思维创新的管理思维模式理论，以便引出笔者正在进行的知识管理和成长管理研究。

　　第八章为知识管理。在早期的管理理论中，除德鲁克研究过知识社会之外，基本没有将知识作为理论的核心概念，对信息或知识的类型问题不太看重，因而没能对知识管理问题进行更深入的展开。本章在对知识研究做出回顾的基础上，重视知识型企业日益成为一种重要力量的现实，探讨了知识就是资源、知识就是财富、知识就是价值创造要素、知识就是竞争力源泉的全新意义，并对企业知识进行了基本分类，介绍了各类知识相互转化的模型。由以前的管事、管人到管知识，使管理研究进入了知识管理的新领域。

　　第九章为知识的价值化。本章首先与知识的生产、知识的传递相比较，分析了知识的销售问题。其次，详细探讨了知识价值的实现形式，包括知识的商品化、职权化、资本化和资产化。最后，在"知识雇用资本"和"按知分配"的基本假设之下，论证了经理期权和员工持股制度的本质特征。

　　第十章为知本管理。为什么经营者与员工可以或应该获得股权？如何考核他们的业绩并赋予相应的股权？本章对此给予了理论上的说明。因为管理者、技术人员等靠知识参与了价值创造，他们就应该得到合理的回报。在理论清晰的基础上，本章提出了区别于按劳分配和按资分配的"按知分配"的原则。

第十一章为成长管理。我们认为现代企业正日益追求持续成长目标，而不仅是利润最大化和价值最大化目标，在此假设之上，本章详细分析了现代企业持续成长机制的形成，研究了对企业成长方向、成长速度和成长潜力的管理，分析了企业成长过程中的两大战略陷阱和五大管理陷阱，力图帮助企业实现持续成长的最终目标。

第十二章为中国的管理及其变革。上述企业的成长和管理的发展在不同国家应该是有特殊性的，本章我们以1978年末开始的"改革开放"为分界线，对中国自1949年以来企业的变迁和管理的变革做一历史性的讨论。对于计划经济体制下的企业管理，我们定位为国营工厂与运动型管理；对社会主义市场经济体制下的企业管理，我们称之为国有企业与双轨制管理。最后，我们总结管理界和管理学界的各方努力，探讨建立中国式现代化管理理论体系，以及我国管理理论与实践发展的方向。

第十三章为典型企业案例研究。我们通过对亚星公司的采购管理改革、华侨城集团的战略管理以及华为公司的企业文化管理的详细分析，了解近年来中国企业在学习国外先进管理理论以及总结管理经验方面所做的努力。

本书最后附录了两个典型企业的文件。这是笔者亲自参与的企业研究项目成果，是中国企业管理实践经验的产物。

第一章 知识的重组

本章目的：

本章将把迄今为止的主要管理理论做个历史的、学理的梳理，使读者首先对现代管理理论形成一个总括的脉络，这将有助于读者在阅读后面各章节时把握住它们之间的内在联系，不陷于松散和支离。本章需要您记住：①现代管理理论应该从1912年泰罗出版《科学管理原理》一书开始算起，正好100年的历史。②本章通过三个视角梳理了现代管理理论。一是按研究对象，将现代管理理论分为科学管理和人本管理；二是按研究目的，将现代管理理论分为理论管理和应用管理；三是按研究方法，将现代管理理论分为经验方法、人际关系方法、组织行为方法、社会协作系统方法、社会技术系统方法、决策方法、系统方法、数理方法、权变方法、角色方法、7S方法和管理过程方法共十二类。

第一节 现代管理理论从何算起

管理理论的产生比经济理论大约晚了100多年。一般人们认为，管理理论产生于19世纪末或20世纪初。所以，尽管人们通常将管理理论分为古典管理理论、行为科学理论和当代管理理论，但不少人还是同意把三者都称为现代管理理论。

比如，罗宾斯（Stephen P. Robbins）认为："如果人们要确认现代管理理论诞生的年代，那么有充足的理由将其定在1912年，就在这一年，泰罗出版了《科学管理原理》一书。"[①] 孔茨（H.Koontz）与韦里克认为，现代管理理论主要起始于20世纪初，这自然包含了泰罗（Frederick Winslow Taylor）的管理思想，但他们似乎对同时代的法约尔（Henri Fayol）更为重视，"或许现代管

---

① 罗宾斯：《管理学》（第四版），中国人民大学出版社2004年版，第26页。

理理论的实际创始人是法国工业家亨利·法约尔"。① 陈佳贵等也认为泰罗的《科学管理原理》和法约尔的《一般工业管理》"开创了现代管理理论的先河"。②

本书也认为，既然管理理论生成的时期还不很长，将泰罗、法约尔开始至今的管理理论都称为现代管理理论更为妥当。

争得一门学问的创始人地位，实在是件非常荣幸的事情。实际上，我们很难说清楚到底谁是现代管理理论的最早创始人，比如，有人认为 1954 年德鲁克的《管理实践》一书出版后，管理才正式成为一门学问。

即使对人们公认的泰罗和法约尔两人加以比较，我们也难以断定管理理论的最早出现，因为这要看你用什么标准来评价，好在这一事情并不十分重要。

如果我们以理论的成文化程度与波及化程度来做出评价的话，大概美国的泰罗先生要占优势了。美国的泰罗与法国的法约尔虽同为管理学书籍必讲的代表人物，但泰罗在 1895 年就开始发表著作，一直到 1912 年出版《科学管理》，一系列的著作奠定了他在管理学界的创始人地位。而法约尔虽在 1888 年就担任公司总经理职务，并形成了自己的一整套有关管理理论的思想，但是，由于第一次世界大战的影响，他那本著名的管理学经典著作《工业管理与一般管理》直到 1916 年才在法国出版，法语又限制了其管理思想的传播，直到 1929 年法约尔去世 4 年后，才被译成英文推向了世界。而这时，泰罗的科学管理思想正席卷欧、美，包括法国。所幸的是，法约尔的一般管理理论比泰罗的科学管理适应性更强，观点也更新，人们开始逐渐认识到他的管理理论的重大意义，以至于法约尔所开创的管理过程（或管理职能）理论成为迄今为止绝大多数管理学教科书的基本框架。

成文化表示理论的显在化，波及化表现着理论的影响力。是否以著作发表标志着理论的生成和成熟，这和管理思想的产生往往有一个时间间隔，有时这个间隔还比较大。比如，德国管理学家艾利希·古滕贝尔格（Erich Gutenberg，1897~1984）早在 1929 年取得大学任教资格时的论文中就已经提出了新的管理思想，但是直到 1951 年才发表他的三卷本著作——《企业管理学基础》的第一卷《生产》，1955 年出版了第二卷《销售》，到 1968 年才出版了第三卷《财务》，直到这时，人们才意识到一种新的企业管理学流派在德国诞生了。

因此，我们可以说现代管理理论是从美、法、德三国发源的。这和现代大

---

① 哈罗德·孔茨、海因茨·韦里克：《管理学》（第十版），经济科学出版社 1998 年版，第 34 页。
② 陈佳贵主编：《现代企业管理理论与实践的新发展》，经济管理出版社 1998 年版，第 22 页。

企业的产生有着密切的关系。

　　管理是一门实践性很强的学问，管理首先要"行"，但有影响的管理却不仅要"行"，而且要"思"，要"说"，要"写"，也就是要理论化。海尔公司张瑞敏认为：管理的本质不在于知而在于行。海尔公司管理做得不错，但也正因为张瑞敏的善思、善说、善写，才使海尔管理有了巨大的影响力。图 1-1 是管理知识理论化的形象表示。

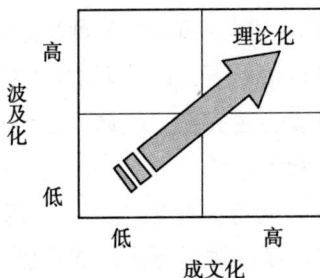

图 1-1　管理知识的理论化

　　尽管中国已经有一些企业在管理实践上取得了不错的成绩，尽管人们都感知到中国企业近 20 年的成功背后隐隐约约有着自己的理论，但毋庸置疑，在管理知识理论化这一点上，中国管理学界就只能甘拜下风了。首先是由于中国的现代企业很晚才"初见端倪"，而社会的动荡又使其还没成形就夭折了。从 20 世纪 80 年代起，中国人才开始真正摸索着建立现代企业制度，这就使我们对现代企业管理及其理论的关心落后了相当长的一段时间。例如，现代管理理论的古典著作出版 70 年后的 20 世纪 80 年代中期才被我们翻译成中文，从而得以传播并普及。在管理及管理理论上，我们基本上还处于一个"学习的阶段"，模仿国外的管理观念、管理方法来"管理"中国的企业。有人说，我们努力的目标是建立有中国特色的管理理论，但是，这不是我们单靠努力就能达到的事情，我们首先要形成有实力、有竞争力的企业，然后去研究，去总结，去上升为理论。能否形成中国特色的管理理论，要看中国企业是否在学习和运用你的理论和方法；是否能成为世界级的管理理论，则要看包括中国企业在内的众多国际企业是否欣赏你的"东西"。由此看来，我们还有很长的路要走。

　　已经有了百年历史的管理理论，其发展是在企业为中心的管理实践的推动下，在各学派管理学者互相探讨与论争、合作与摩擦的过程中，沿着一条曲折道路走过来的。在一个时期科学管理兴旺发达，而在另一个时期行为科学大行其道；在一段时间系统管理理论登上舞台，而在另一段时间决策管理理论占尽风头；权变管理刚刚偃旗息鼓，文化管理又粉墨登场。GE 公司推出了 PPM 模型，麦肯锡公司则举起 7S 大旗。中国管理理论的诞生和成长，也不可避免地要走同一条道路。

实际上，这种情况与很多科学或理论的发展轨迹极为相似。正像马克思所讲的，在科学的道路上，没有一条平坦的路可走。这条坎坷曲折之路自然包含着科学或理论之间的磕磕碰碰。现实中，假如一门理论只被一种势力支配着，那就该出问题了。反过来，同一理论领域的各种学派互不相干地长期并存，也是值得怀疑的现象。在前一种情形下，这种理论可能被一个僵化的教条长期困扰；在后一种情况，我们可能会迷失在"丛林"之中，为一种理论有如此多的观点和学派而怀疑其科学性和理论性。事实上，管理理论之所以到今天依然蓬勃发展，管理学的书籍之所以卖得如此之"火"，与管理理论领域总能够不断冒出崭新的观念和创意，并对既存理论提出挑战有极大的关系。

第二节　管理理论的传统知识体系

管理理论可以说是当今社会科学领域中发展最快的学科群之一了，颇有从社会科学中分离出来成为独立领域的趋势。学士学位中有工商管理、公共事业管理、工程管理、信息管理、财务管理、人力资源管理、行政管理、土地资源管理等几十种与管理相关的学位，从书店中管理方面的图书所占据的越来越大的面积和越来越显要的位置也可见一斑。但是，如此庞杂的管理理论学派与书籍又往往使对管理感兴趣的读者无从下手，甚至连管理学专家也难以理出个头绪来。不过，人们习惯于两种说法。

首先，管理学界习惯于将管理理论分为古典管理理论、行为科学理论和当代管理理论，如图 1-2 所示。

一般认为，古典管理理论中代表性的内容包括三大块，即以泰罗为首的科学管理、法约尔的一般管理和韦伯的行政管理；行为科学理论则包括四部分，即人际关系学说、个体行为理论、团体行为理论和组织行为理论。至于当代管理理论，人们一般按照八大学派来理解，即管理过程学派、社会系统学派、决策理论学派、系统管理学派、经验主义学派、权变管理学派、组织行为学派和管理科学（数理）学派。按照这种分法，将来产生的管理理论新学派，就只有

```
                        现代管理理论
          ┌──────────────┼──────────────────┐
      古典管理理论      行为科学理论        当代管理理论
       ├ 科学管理       ├ 人际关系学说       ├ 管理过程学派
       ├ 一般管理       ├ 个体行为理论       ├ 社会系统学派
       └ 行政管理       ├ 团体行为理论       ├ 决策理论学派
                       └ 组织行为理论       ├ 系统管理学派
                                          ├ 经验主义学派
                                          ├ 权变管理学派
                                          ├ 组织行为学派
                                          └ 管理科学学派
```

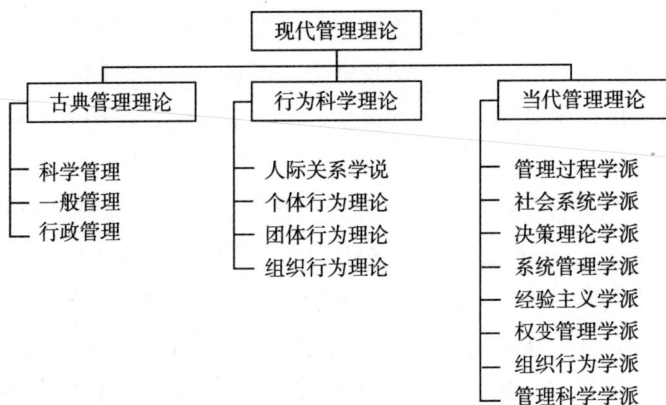

图1-2　现代管理理论的传统框架

不断往上追加了。

其次，管理学界还习惯按照管理研究的方法划分管理理论。最著名的可能是孔茨等的"管理理论的丛林"一说了。为了给丛林般盘根错节、纵横交织的管理理论学说和流派分别贴上一个比较适当的标签，管理教育大家孔茨将到他为止的管理学，按研究方法的不同分成了 12 大类，为人们指点了进出丛林的标识，这是他对管理理论发展的一大贡献。其中包括：经验方法、人际关系方法、组织行为方法、社会协作系统方法、社会技术系统方法、决策方法、系统方法、数理方法、权变方法、角色方法、7S 方法、管理过程方法。

这些归纳是合理的、有效的，本书写作的大框架也是在此平台上的发展，站在巨人的肩膀上可以使我们省去很多不必要的劳作，以便留出更多的精力去寻找一些新的光亮。

第三节　科学管理观与人本管理观

本书首先拟将众多的理论流派根据研究对象是"事"还是"人"简单地分为两个阵营，即根据研究对象是"事"还是"人"分为科学管理阵营和人本管理阵营。理由是，对已有知识做最简单的分类，首先有利于我们更有效地检索，其次有利于我们的研究和学习思路更快、更有效地面向未来和创新。

科学管理阵营是指以科学的世界观和方法论，以研究管理中的"事"为中心的管理理论流派群。人本管理阵营则是指用人文的世界观和方法论，以研究管理中的"人"为中心的管理理论流派群。在现代管理理论发展演变的历史长河中，某一段时间科学管理阵营呈现强势，而在另一段时间人本管理阵营又攻占了主阵地，正是两大阵营的此起彼伏、一浪推一浪，才构成了异彩纷呈的管理理论发展史。

如何理解人本管理，也有各家之言。比如，中国社会科学院陈佳贵认为，按多数人的看法，"人本管理包括这样一些主要内容，运用行为科学，重塑人际关系；增加人力资本，提高劳动力质量；改善劳动管理，充分利用劳动力资源；推行民主管理，提高劳动者的参与意识；建设企业文化，培育企业精神，等等"。[①] 人本管理研究的目的就是如何发挥和应用好企业中最特殊的生产要素——人的作用。

这样来理解人本管理的内容是正确的。但是，人本管理的提倡者为了强调人的重要性，往往扯来"物本管理"打三鞭，认为人本管理是与"以物为中心"的管理相对的概念。我们认为这种看法是经不住推敲的。物包括什么呢？是土地、设备、机械、原材料等吗？可见这些并不是很重要的管理对象。将资本也列入物的范畴，或将人之外的所有资源都列入物的管理之内，又有些牵强。所以，过分强调人本管理重要性的学者可能在玩一个概念游戏，他们把人和物放在一起让你选择哪个重要的时候，你大概只能说人重要了，因为你也是人，肯定要看轻物。但是，在主要的管理理论学派中，又有哪家是属于以物为中心的管理呢？最多我们只能说设备管理、库存管理等是属于以物为中心的，但它们又构不成什么重要学派。

考察和反思迄今为止管理理论的发展过程，我们认为人本管理确实可以成为这一过程中的一条重要脉络或主线，不用特意强调也很少有人会忽视或轻视它。但将人本管理与"以物为中心的管理"相对起来，就会不恰当地忽视管理理论中的另一重大脉络或主线，这就是始于泰罗并一直发展至今的科学管理。我们认为科学管理才是能够与人本管理相对应的概念。科学管理的本质不是物为中心，而是"事为中心"。以"事为中心"的管理也可以叫做"事理"或"事本管理"，为了符合人们熟悉和习惯的概念，我们在此使用科学管理的概念。

科学管理是以研究组织（主要是企业组织）中所要处理的事务或业务活动的本质规律性及偶然性为中心的管理理论主线。它不仅仅指泰罗的科学管理，也包括研究组织中的人要处理的工作、事务、业务、信息等所有的"事"和事

---

① 陈佳贵主编：《现代企业管理理论与实践的新发展》，经济管理出版社1998年版，第2页。

之间的规律，以及偶然的管理理论阵营。

与"事理"或"事本管理"相对，以人为中心的管理是在研究"人理"，即做人之理、用人之理和育人之理，所以才叫"人本管理"。管理，就是管人理事，说得更明确一些是"让人做事"，因此必须要研究人理与事理。

但是，在管理理论的发展历程中，试图将科学管理和人本管理综合起来的学者大有人在，如组织理论、权变管理、成长理论和最新动向的矛盾管理与知识管理理论等。这种综合主义管理理论的特点之一，是更重视研究管理的方法论，更重视组织的整合性和管理知识的整合性，我们虽然认为人本管理和科学管理在理论上更加清晰，但更认为综合派管理理论在实践中更加实用，内容也较新。因此，我们在本书中将以较大篇幅讨论这些综合派的研究成果。

第四节　理论管理观与应用管理观

本书仿照经济学的分类，把现代管理理论学分为理论管理和应用管理。理论是相互依存的概念、判断和原则系统组合起来的某种知识的模型、框架或体系。理论化就是管理知识的科学化过程。互不联系的信息构不成知识，同样，互不联系的知识也构不成理论。理论的最低形式是一种分类，是一套格子架，是一个文件柜，用以有条理地储存知识。

根据研究对象，可以将管理分为科学管理和人本管理，但是，任何研究又都是与其研究目的密不可分的，研究目的是构成研究特色的重大要素。

人们在整合管理知识时也有着不同的目的导向。我们认为，一般而论，这种导向分理论导向与应用导向两大类。一般来说，理论管理学侧重于对组织的活动进行描述、解释和预测，以发现管理的规律、原则及形成管理理论体系为主；应用管理学则侧重于对管理政策、管理方案的研究，以总结经验、教训，解决问题和运用管理理论中的规律与原则为主。

现实中，大多数人认为管理学应属于应用科学或实践性科学，纯粹的理论管理学是不存在的，至少也是低价值的。这就是那些不是工商管理硕士（MBA）的管理学硕士（MM）研究生们也倾向于多学习一些实用管理知识的原因所在，同时也说明了管理学还是一个年轻的学科，还不像经济学那样，因有较长期的研究历史而形成了比较完善的理论经济学体系。

应用管理观的代表人物很多，比如德国的欧根·施马伦巴赫（Eugen

Schmalenbach，1873~1955）就认为，管理应该是一门工艺学，管理要重视管理技能、管理行为和经验，而不必建立一个完整严密的理论体系，也没有必要去寻求管理中的所谓普遍真理。他们认为管理学更接近于艺术而不是科学，工艺性的管理学带有技艺性质而不是像科学那样带有哲学性质。在那个年代，他们如此将艺术与科学截然分开是有些过分了，但当我们把他们看做是以实践为导向的管理学的提倡者时，就能很好地理解他们了。他们只是对纯粹的"完全脱离实践的所谓理论抱有反感，他们提倡的实际是相当于理论与实践相结合的'应用管理学'"。抱有"学以致用"观念的中国人大概不会对他们的应用主义提出太多的疑义。

今天，如果有人提出"为管理学的管理学"的纯学术观点，也许会引起很多人的反对：管理学不为实践服务又价值何在呢？但是，管理学作为一门学问或科学，也有其唯知性目的的存在。我们不能完全否认纯粹为解释世界而存在的管理理论。

理论管理观认为，管理学"必须放弃对实际活动的干预，它的唯一使命就是对自在之物的研究和抽象概说"。理论管理观的方法追求完善的理性，排斥非理性因素。理论管理学的研究兴趣不是放在对企业的结构和运行进行准确而客观的描述和解释上，而是把注意力放在怎样按理性原则来改善企业现有的结构。其代表人物有德国的威廉·里格尔（Wilhelm Riger，1878~1971）和艾利希·古滕贝尔格（Erich Gutenberg，1897~1984）等人。

倾向于研究管理规律与原则的理论管理学的体系一般是完整的，也许正是因为不少理论体系太完整了，因而产生了一种封闭性。确实，设定一个相对狭小的课题并从理论上进行抽象推导论证，这对于适合用定量分析的问题（如生产理论、成本理论、投资理论、库存理论、采购理论等）是很有帮助的。理论的方法往往采用假设前提与抽象法，这样可以将难以解决的定性问题排除在外，达到理论推导的逻辑性和严密性。但这样又容易陷入典型的柏拉图主义，因为它的逻辑前提（比如将盈利看做唯一目标、利润最大化等）有脱离实际的危险，还存在诱使研究者牺牲研究内容的价值去追求理论形式完美的可能（比如必须有十几个假定条件才能成立的理论模型等）。

不过，从理论管理学者设定研究目标的初衷来看，他们并不认为脱离实际和一部分内容没有使用价值有什么不对。因为他们认为理论的任务是解释世界，而不是出于实践的目的去改造世界。纯粹的理论管理学有点像形式逻辑学，只要求理论推理的正确和自成系统，既不管理论的具体内容，也不管理论与实践之间的关系，甚至不涉及理论的辩证发展，他们追求的是理论的普遍性、无阶级性。

我们认为，理论管理学的研究者们完全可以把一些在现有组织或企业中还不起作用或仅处于次要地位的课题提出来讨论。因为说不定会有一些意料不到的课题，即在管理实践中还几乎不可能或根本不可能出现的课题，会成为未来某种管理模式的基础。不可否定，理论管理学家们的求知冲动，也是推动管理理论向前发展的重要动力之一。这就好比理论物理学与应用物理学的关系和作用一样。

看一看管理学者与管理者们的争论，就明白唯知性目的和实用性目的并存的情况了。管理学者们更倾向于追求唯知性目的（当然也不能排除研究是为评定职称、写文章是为了凑工作量的目的等），而管理者们（包括积极深入企业的管理学者及现实中的管理者）则更重视实用性目的。前者关心的主要是各种学说、假设能否成立，是否真实和系统，而后者常常从效率和效用的观念出发，关心的主要是理论在组织（企业）中的实际应用成果及其大小。那些"唯我独尊"的理论家们和"全知全能"实践家们有时很难说到一起，前者说"你那里没理论"，后者说"你的理论没有用"。长期以来，我们一直强调"理论与实践相结合"，但实际上我们并没有找到两者结合的有效实现形式，这就造成了我们重视结合而又从来没有很好地实现过结合的"怪圈"。

事实上，要真正使管理理论有价值，或使理论与实践相结合确实是一件不容易的事。

记得一次与一位著名管理学者共进晚餐（这位学者在我还上大学时就已经是频繁发表文章的知名学者了）。席间他讲了一段令人深思的话："我讲了几十年管理学的课，一直以为自己讲得还不错，直到一次给各地市长讲完课，听了他们一番话后，才使我彻底改变了自己的看法。那次课后，我听取市长们对我讲课的评价，他们给我说了四点：听完您的课，第一，所掌握的管理知识更系统了；第二，对管理理论的认识更深刻了；第三，您讲的都是桌面上的，不过我们做的可都是桌面下的；第四，如果按您所讲的去做，我们这些市长可能当不了半年就得下台了。听完他们这四点评价，我发誓今后再不讲管理学了。"

这番话表明，有些管理学家所讲的"管理学"和实践中管理者们所用的"管理"有着一定的距离。这位管理学者所讲的东西不能说就是错误的，他只不过是讲错了对象，同样的内容，他应该讲给管理学者听，而不是讲给管理者听。因为我们不少的管理理论是作为管理学者的理论而不是作为管理者的理论，是产品而不是"商品"，只能在学者圈子里自己享受。

难道一线的管理者就没有自己的理论吗？有！没有理论就没有行动。不管他意识到了还是没意识到，总结出来了还是没总结出来，一线管理者同样有着自己的管理理论。我们可以把这些理论叫做"管理者的理论"，以区别于"管理学者的理论"。

下面举几个例子。我问过某公司市场部一位颇有些营销经验的客户经理有些什么好的营销管理经验时，他回答说："我的经验就是四句话——动之以情，晓之以理，诱之以利，绳之以法。"仔细想来，他总结出来的这四句话中颇有些管理理论的味道。TCL 的一位副总裁对我讲的四句话也很有启发性和操作性："不与下级争权，不与同级争功，不与上级争名，不与员工争利。"简单四句话，很清楚地表达了管理者在处理上下左右、权利功名时的原则。联想集团柳传志认为"定战略，组班子，带队伍"是管理的三要素，虽然与管理学教科书中孔茨等人归纳的计划、组织、人事、协调、控制有着不小的区别，但在联想的管理实践中却屡试不爽，也成就斐然。

管理学者的理论与管理者的理论的不同，主要决定于其目标的不同。一般而言，管理学者的目标是唯知性的，而管理者的目标是应用性的。

似乎难以否认，现今应用管理学或者说实用主义管理的观念位居主流。由于企业管理者们的关心和影响，管理理论的发展和作用好像可以用达尔文的"适者生存"的进化理论来解释，最为人们所推崇并获得了最多实践机会的管理学派，不是最好的，而是最有适应能力的学派。人们经常说理论是为实践服务的，科学是实践的"仆人"。马克思也批评以往的理论家只知道"解释世界"，却不明白更重要的应该是"改造世界"。在评价北京大学、清华大学、中国人民大学三所院校校风特色的时候，人们说北京大学是理想主义，清华大学是现实主义，中国人民大学是实用主义。尽管北京大学、清华大学的名气在中国大学里面数一数二，但"人大派"的企业管理研究、教学和咨询又确实在社会上很有影响，这可能和管理学应用性强的特点有关。

表1-1 给了我们一个有关理论管理与应用管理的大致区别。不过，这种单纯的二元比较法虽然形式上比较完美，但仔细分析起来，有些比较确切，有些则不大妥当。比如，实践中也完全可能产生理论管理问题，而不仅仅产生应用管理的课题。再比如，虽然理论科学的总体目标是对真理的追求，而实践者、应用者的兴趣在于有效地解决具体问题，但是追求真理与解决问题之间的共同点还是很多的，因而我们要对具体理论学说做具体讨论。

表 1–1　理论管理与应用管理的比较

	理论管理	应用管理
课题来源	来自理论本身	来自实践
课题性质	学术性的	非学术性的
研究目的	在于检验和发展理论，并对各种现象做出解释	在于设计出解决实际问题的方案
内容表现	描述性的、无价值判断的	指标性的、有价值判断的
	理性的、归纳演绎式的	悟性的、警句式的
	系统的	零散的
理论标准	真实性	功利性
理论进步标准	理论的普遍适用性、真实程度、解释能力和预测能力	各种模式和规则的解决实际问题的能力

第五节　管理学知识的平面分析框架

我们可以用研究对象和研究目的的两维平面空间来描述管理知识的整体框架。

研究对象一维分为科学管理与人本管理，研究目的一维分为理论管理与应用管理。这样，我们就可以用这两维将管理理论的框架分为四个部分，即科学·理论管理象限、科学·应用管理象限、人本·理论管理象限和人本·应用管理象限，然后再加上居于中间位置的综合管理区间（见图 1 3）。

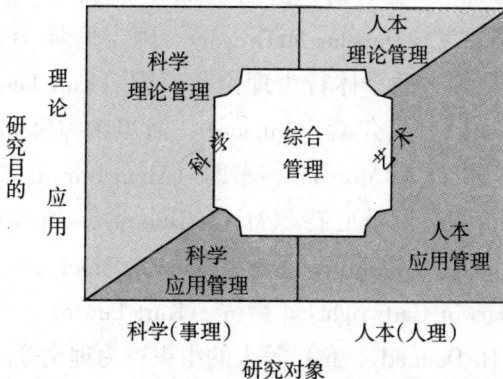

图 1–3　管理学知识的平面分析框架

如果从科学或艺术的角度来看，则可以认为越是靠近右下角，管理就越具有艺术性；越是靠近左上角，管理就越具有科学性。

按照以上这一研究的整体框架，我们就可以大概地将现有主要的管理理论"装"进去了。

第一，在科学·理论管理（或叫事本理论管理）领域，有法约尔（Henri Fayol）、厄威克（Lyndall Urwick）、古利克（Luther Gulick）、孔茨（Harold Koontz）等人的一般管理，卡斯特（F. E. Kast）、罗森茨韦克（J. E. Resenzweig）、约翰逊（R. A. Johnson）、斯科特（Michael Scott）、福赖斯特（Jay W. Forrester）等人的系统理论，安瑟夫（H. I. Ansoff）的企业战略理论，康特洛维奇（Leonid V. Kantorovich）、蒙特·卡罗（Monte Carlo）、查纳斯（Chernes）、库珀（Cooper）、贝尔曼（Bellman）等人的管理科学学派。

第二，在科学·应用管理（或叫事本应用管理）领域，有泰罗（Frederick Winslow Taylor）、巴思（Carl George Barth）、甘特（Henry L. Gantt）、吉尔布雷思（Frank B. Gilbreth）、埃默森（Harrington Emerson）、库克（Morris Cooke）、布兰代斯（Louis Brandeis）等人的科学管理，特里斯特（E. L. Trist）、埃默里（Emery）、赖斯（Reiss）、托尔曼（Tolman）、布伦斯威克（Brunswik）等人的社会系统理论，西蒙（Harbert A. Simon）、马奇（James G. March）的决策理论，波特（Michael E. Porter）的战略理论等。

第三，在人本·理论管理领域，有韦伯（Max Weber）的行政组织理论，梅奥（George Elton Mayo）、罗特利斯伯格（Fritz G. Roethlisberger）的人际关系学说，马斯洛（Maslow Abraham Harold）、赫茨伯格（Frederick Herzberg）、弗鲁姆（Victor H. Vroom）、亚当斯（J. S. Adams）、凯利（Kelly）、韦纳（Bernard Weiner）、麦格雷戈（Douglas McGregor）、阿吉里斯（Chris Argyris）、沙因（Edgar H. Schein）等人的个体行为理论，卢因（Kurt Lewin）、谢里夫（Sherif）、莱维特（Leavitt）、贝尔森（Burson）、斯坦纳（Steiner）、戴维斯（Ralph C. Davis）、莫雷诺（J. L. Moreno）、布朗（Alvin Brown）等人的团体行为理论，吉赛利（Ghiselli）、邓尼特（M. D. Dunnit）、斯托格第（R. M. Stogdill）、布莱克（Robert R. Blake）、穆顿（Jane S. Mouton）、利克特（R. Likert）、卡特赖特（Darwin Cartwright）、卢因（Kurt Lewin）、卡斯特（F. E. Kast）、唐纳利（James H. Donnelly, Jr.）等人的组织行为理论等。

第四，在人本·应用管理领域，有圣吉（Peter M. Senge）的第五项修炼，大内（William G. Ouchi）的 Z 理论，明茨伯格（Henry Mintzberg）的角色理论，肯尼迪（Allen Kennedy）、迪尔（Terrence Deal）、米勒（Fan Miller）、科特（John P. Kotter）的企业文化与企业精神理论等。

第五，在综合管理阵营，有巴纳德（Chester Barnard）的组织理论，德鲁克（P. F. Drucker）、戴尔（Ernest Dale）、纽曼（William Newman）、彼得斯（T. J. Peters）、沃特曼（R.H. Waterman）、松下幸之助、斯隆（Alfred P. Sloan）、福特（Henry Ford）、艾科卡（Lee Iacocca）、吉宁（Harold Geneen）、葛鲁夫（Andrew S. Gove）等人的经验主义管理理论，劳伦斯（Paul R. Lawrence）、洛希（Jay W. Lorsch）、伍德沃德（Joan Woodward）、菲德勒（Fred E. Fiedler）、卡斯特（F. E. Kast）、罗森茨韦克（J. E. Resenzweig）等人的权变管理理论，李占祥的矛盾管理理论，佩罗兹（Edith T. Penrose）等人的成长管理理论，德鲁克（P. F. Drucker）、托夫勒（Alvin Toffler）、野中郁次郎等人的知识管理理论等。

以上的分类基本上是按研究者的主要成果进行的。事实上，越到后来的研究者，其研究领域及所持的立场就越综合，即越靠近四个象限的中间。因而，我们不能机械地理解哪位研究者就一定属于一种特定的理论领域，横跨领域的人是不少的，如卡斯特（F. E. Kast）、罗森茨韦克（J. E. Resenzweig）就既是系统理论学者，又是权变理论研究者等。

思考题：

1. 现代管理理论分类的三种基本视角是什么？还有第四个视角吗？

2. 在科学·理论管理、科学·应用管理、人本·理论管理、人本·应用管理和综合管理这五个类别中，你最感兴趣的是哪类？为什么？

3. 你更重视理论的方法、研究的对象还是研究动机或理论价值？

第二章 科学管理

本章目的：

了解科学管理作为现代管理理论百年历史的起源，了解科学管理的本质——技能知识科学化，即通过将以往劳动中的技能知识提炼为科学知识，减少工人工作上的浪费和懒惰，将工人的个人技能提升到组织技能，将管理者的直觉管理上升到科学管理。正是有了泰罗等人的动作研究、时间研究等事理学的研究成果和基础，才逐渐形成了对组织中的人的责、权、利关系的管理学的研究。

早期管理理论对管理的本质认识是：管理就是一门科学，管理可以形成一门学问。他们按照科学研究的基本要求来思考和探索管理的基本概念、原则、原理、方法和规律，力图使经验管理变为科学管理，使技能知识变为科学知识。正是因为有了这种管理科学化的强烈意念和努力，才使管理开始真正作为一门学问问世。

人们谈到管理学的历史，一般都不会忘掉由美国工程师出身的弗雷德里克·温斯洛·泰罗（Frederick Winslow Taylor，1856~1915）为代表的科学管理催生了现代管理学，是科学管理的丰功伟绩。科学管理法的本质是技能知识科学化，即通过将以往劳动中的技能知识提炼为科学知识，减少工人工作上的浪费和懒惰，将工人的个人技能提升到组织技能，将管理者的直觉管理上升到科学管理，减少管理者指挥的低效率，最终提高了生产效率。科学管理的具体研究内容大致可以分为两个部分：一是事理学的研究，二是管理学的研究。

第一节 事理学的研究

科学管理在事理学方面的研究主要包括四项。

一、工作定额

泰罗认为："科学管理如同节约劳动的机器一样，其目的在于提高每一单位劳动力的产量。"他认为，工人提高劳动生产率的潜力是非常大的，关键是经过时间分析与动作研究制定有科学依据的"合理的日工作量"。他选择健康熟练的工人，把他们的每一项动作、每一道工序的时间记录下来，再加上必要的休息时间和合理的延误时间，得出完成该项工作所需要的总时间，据此定出一个工人的合理的工作定额。

二、职能相适

在泰罗看来，健全的人事管理的基本原则是使工人的能力与其职位相互适应，管理者的责任就是为工人找到合适的工作，并激励他尽最大的努力去工作，使他成为"一流的工人"。他所谓"一流的工人"，并不是指体力与智力上最优秀的工人，人都具有不同的天赋与才能，只要工作合适，谁都可以成为一流工人。由于职能不相适应而成为不了一流工人的人有两种：一种是在体力或智力上不适合干分配给他们工作的人（这里有管理者的过错）；另一种是不愿努力工作的人（这里有工人自己的问题）。

三、标准化

在制定了科学的工作定额并选择了一流的工人之后，还要有标准化。这里包括操作方法的标准化、工具机器材料的标准化、劳动时间的标准化和作业环境的标准化。在一般的工厂里，工人的操作方法和使用的工具是根据自己或师傅的经验来确定的，工人的劳动时间、机器设备的管理、作业环境的设计布置也是依据管理人员自己的判断和经验确定的，因人而异，缺乏科学的依据。泰罗等人认为，经过思考、实验和分析，可以将这些经验技能性的东西转化为科学的方法和理论，将操作方法与工具、劳动时间、机器的布置等进行合理的配置，达到最高的劳动生产率。

四、计件工资

如果工人不努力工作，就无法成为一流的工人，因此，管理者的任务之一是必须设计出能使工人努力工作的激励制度。泰罗的方法是采用严格的计件工资制。这种计件工资制有三个特点：一是由管理者根据实验制定出科学的工作定额或标准。二是实行无保底工资的"差别计件工资制"，即按照工人是否完成工作定额而采取不同的工资率。完成定额按 100% 的工资率支付，完不成定额则按 80% 的工资率支付，超额完成定额则按 125% 的工资率支付。泰罗设计的激励制度本意是刺激工人提高劳动生产率，尽可能多地生产产品，但没有保底工资的这一制度对工人显得过于严厉。尽管工人有可能由于自己的懒惰而完不成定额，但也可能因为管理者没能合适地为工人分配工作而使定额实际上不可能完成，而到底是哪一方面的原因往往难以确定，在管理知识和理论还相当不充分时，管理者的问题可能还会更大一些，这使泰罗的计件工资制遇到了不小的抵制。三是工资支付的对象是工人而不是职位，即根据工人的实际工作业绩而不是根据工作类别来支付工资，这和泰罗认为任何一类工作中都有可能出现一流的工人的观点是一致的，这样做更能调动工人的积极性。

第二节　管理学的研究

科学管理在管理学方面的研究也包括四项。

一、计划职能与执行职能分离

泰罗认为工人不可能从自己的经验中找到科学的方法，而且他们也没有时间和条件去从事这方面的实验和研究。他认为必须有专门的部门和人去做这些事情，并把这一任务交给了企业的计划部门——研究与计划职能由管理部门承担，工人只管单纯的执行职能。泰罗所说的计划部门比我们现在所认识的计划职能好像要宽泛得多，它不仅包括拟订计划和发布指令，对工作标准与实际情况进行比较监控，而且还要对工作进行调查研究，为制定科学的定额、工具和操作方法提供依据。即不但包括做什么，还包括怎么做。这基本上包括了我们现在所指管理的全部职能，所以，这里所说的计划职能与执行职能的分离，也可以理解为管理职能与操作职能的分离。

二、职能工长制

因为泰罗的研究集中在车间这一基层管理，因而他对直接管理工人的工长的素质及职能做了具体分析。他认为一个工长要圆满地完成其职责，应具备九种素质：智能；教养；专业技术知识；技能；精力；坚韧刚毅；诚实正直；判断力与常识；健康。但他又认为要找到兼备这九种素质的工长很难，可以用职能工长制的方法解决这一矛盾，即将一个理想的工长所负责的工作分为八项职能，由八个人分管：①调度员；②指示卡片管理员；③工时成本管理员；④工作分派负责人；⑤速度管理员；⑥检验员；⑦维修保养员；⑧纪律管理员。这种职能分工和专业化管理的思想比亚当·斯密的劳动专业化思想更进了一步，对后来的直线职能制组织以及矩阵制组织的形成可能都有一定的影响。但因为他设想的这种职能分工只是在车间基层，本不需要如此的细分，因而并没有推广开来。

三、管理例外原则

例外原则是泰罗等人对管理原则一个较为重要的贡献。这一原则为界定管理人员的本质工作提供了一条准绳，管理人员重要的是为例外性问题和情况做出判例，促使日常性业务标准化、制度化和科学化，然后将这些业务分权给下属去做，自己只保留例外和重要事项的决策权和监督权。泰罗强调权力应以知识为基础，而不应以地位为基础，如果部属在处理日常业务中积累的知识多，这些业务就应该交给他们去做。例外原则的含义之一似乎说管理者的工作就是不断将例外转换为例常，即管理就是不断创造新的规则。

四、合作互利的心理革命

泰罗认为要极大地提高劳动生产率，除了时间研究、动作研究之外，还需要工人与雇主两方面都来一次心理革命。后期的泰罗认为，"科学管理的实质是伟大的心理革命"。雇主关心低成本，工人关心高工资，本无可厚非，但如果只盯着分配，不重视生产，则只能形成对立关系，这对双方都不利。心理革命就是变互相指责、怀疑与对抗为相互理解、信任与合作。他认为，只有通过提高劳动生产率将"馅饼"做大，才能使公司富有前途、工作富有成效、员工富有成就，才能同时达到各自的目标。

第三节 科学管理的核心思想及其背景

泰罗等人的科学管理从主要内容上说是工厂管理而不是企业管理，是生产管理而不是经营管理，是对体力的管理而不是对"知力"的管理，其核心目的是提高体力工作者的生产力。这一特点与当时企业发展的历史阶段有关，与当时企业管理的核心问题有关，也与泰罗等人工程师的知识背景有密切关系。

在19世纪末20世纪初，现代企业还处于规模比较小的阶段，工厂制度下的工厂生产管理是管理的核心内容，利润的创造主要来自工人的体力劳动。工厂主为了赚取更多的利润，不外乎三种方法：第一，延长劳动时间；第二，增加劳动强度；第三，提高劳动效率。由于工会组织的反对，前两种方法往往难以实现，这就使人们的注意力集中到提高生产效率上来，通过采用先进的管理和技术获得更大的产出。泰罗等人在劳动定额、工时研究、计件工资、技能培训、职能分工等方面的研究，正是适应这一现实要求而进行的。

科学管理的核心，是使工人能"更聪明地工作，而不是更勤奋地工作"。也就是说，不是通过延长劳动时间和增加劳动强度，即多付出体力劳动来增加产出，而是通过在劳动中采用科学方法、技巧和知识等提高效率的手段来增加产出，正所谓"管理出效益"。

通过延长劳动时间和增加劳动强度来增加剩余价值，就是强化剥削，正是马克思对资本主义工厂的主要批评之一。以前的经济学家认为，增加生产的主要途径是通过延长劳动时间和增加劳动强度，也就是只有通过强化剥削，因为以往经济学家的研究中主要注意资本和劳动的要素，轻视甚至忽视知识要素，不重视知识劳动替代体力劳动的趋势，也轻视了管理的作用。也难怪，因为他们本来就是经济学家，不是管理学家。

泰罗等人正是站在工厂内部，站在管理的角度，突破了经济学家的思维局限。他把体力劳动作为研究和实验的对象，科学地证明了增加生产的真正潜力不是在"更加勤奋地工作"，而是在"更加聪明地工作"，在一般体力劳动中追加科学知识，提高劳动的"质"，换句话说，就是改变劳动中的体力支出与脑力支出的比例，使体力劳动成为知识化的劳动，就可以在不延长劳动时间和增加劳动强度的情况下，增加产出，也就可以在增加工人工资的情况下，同时增加企业主的利润。

"知识（或管理）出效益"和"劳动出效益"是两个完全不同的途径和思路。比如，以前我们评出的劳动模范，一类是通过创造新的工作方法和革新工具等提高了生产效率，另一类是采用突击队、"轻伤不下火线"、"三过家门而不入"的延长劳动时间和增加劳动强度的方式增加了产出。从价值创造角度看，这显然是意义完全不同的两种典型，但以往我们往往当做同一种精神来赞扬。现在，我们虽然还没有太明确区别出来，但导向已经让人感到有些变化了。延长劳动时间和增加劳动强度的劳动模范在逐渐变少，靠增加知识含量聪明地提高了工作效率的模范人物层出不穷。现实中，不管是不是还存在剥削，不管是为谁而劳动，更聪明地劳动比更勤奋地劳动代表着历史发展的趋势。泰罗等人的科学管理正因为顺应了这种趋势，才具有了强大的生命力和影响力。

正如德鲁克所讲，泰罗等人是将知识应用于工作的先驱。泰罗的科学管理方法听起来好像不是那么了不起，但他们用了整整 20 年的时间去试验，才得以整理出来。这些科学化的知识，在过去的 100 多年中，经过了无数次的改进、调整和提升，一直有着深远的影响。尽管人们对此基本方法有着不同的叫法，或叫工作分析、工作管理，或叫科学管理，后来又被称为工业工程（IE），或者德国的所谓"理性化"，但万变不离其宗。福特的流水装配线是泰罗工作分析和工业工程原则的延伸，日本的全面质量管理、改善活动和准时生产（JIT）等，也是泰罗原则的发展——由点思维扩展到了线思维和面思维。

泰罗认为体力工作中没有所谓的技巧，体力只不过是简单和重复的动作。使体力产生生产力的是知识，也就是把那些简单但不具技能的动作组织起来加以执行。正是科学管理，才使得体力工作者的生产力在 100 多年来得到了极大的提升，受过科学管理训练的体力工作者，成了大工业时代有着良好技能的生力军。

泰罗等人之所以能够开现代管理理论之先河，与他们长期从事工厂基层管理工作有密切关系。这些经历和经验构成了他们感悟管理真谛的基础，非着眼于宏观领域的经济学家所能比。尤其是泰罗，其独特的经历又影响着他管理理论的形成。泰罗（1856~1915）出生于美国费城一个较为富有的律师家庭，年幼时就喜欢搞些实验，对很多事情都想找出"一种最好的方法"。他的家人希望他能继承父业，成为一名律师，但他顺利考进哈佛大学法律系后，却由于眼疾而被迫辍学。1875 年，他进入费城一家小机械厂做学徒工，1878 年又转到该市的米德瓦尔钢铁厂当技工，一直干到 1890 年。在此期间，他工作努力，表现突出，从一般工人先后被提拔为车间管理员、技师小组长、工长、维修厂制图部主任，1884 年被提升为总工程师。他通过工作实践认识到工厂管理者大都不懂得用科学方法进行管理，不懂得工作标准和秩序，不懂得劳动节奏和疲劳因素对生产率的影响。另外，工人们也缺少训练，没有正确的操作方法和合适的工具等。因此，从 1880 年开始，泰罗就在工厂进行实验，系统地研究和分析工人的操作方法和劳动时间，逐步形成了后来科学管理的基本想法。

1890 年，泰罗到一家制造纸版纤维的公司做了总经理，但时间不长，他就辞职，并于 1893 年开始独立开业从事管理咨询工作。其中重要的一项咨询工作是在宾夕法尼亚州的伯利恒钢铁厂从事搬运铁块的"铁锹实验"。1901 年以后，他大部分时间从事写作、讲演和宣传科学管理理论，与他的合作者和追随者一起，为科学管理理论在美国和国外的传播做出了很大贡献。他的管理著作也是在这一时期写就的，这些著作都是他几十年的经验和潜心研究之后才写出来的。主要有《计件工资制》（1895 年）、《工厂管理》（1903 年）、《大学与工厂中纪律和方法的比较》（1906 年）、《制造业为什么不喜欢大学毕业生》（1909 年）、《效率的福音》（1911 年）、《科学管理原理与方法》（1911 年）、《科学管理》（1911 年）、《在美国国会众议院特别委员会上的证词》（1912）等。

任何理论都有其认知局限性和历史局限性。科学管理有时被批评为忽视人的心理因素等，但如果我们明白了泰罗等人力图通过建立基于科学原理和实验分析的管理体制来代替主要依靠个人经验与主观判断等传统做法的本意的话，他们没有对人的因素进行充分考察的局限性也就不成其为缺点了。

尽管如此，科学管理并没有也不可能完全脱离人来进行研究。比如，他们也有对人性的基本假设。雇主追求利润最大化，工人追求工资最大化，这种"经济人"的假设不仅在当时，就是在今天也照样是相当一部分企业及其员工的基本价值取向。其所强调的"心理革命"更是在关心人及其心理活动了。

从知识管理的角度看，科学管理也可以看做是将工人的个人经验和隐含的技能知识转换为组织的、科学的知识的过程。其将劳心与劳力分开、计划职能与执行职能分开，认为劳力者应像机器一样只管执行，而新工作方式的创造是管理者的工作和责任。尽管这种思想强调了管理的专业性和重要性，对管理作为一门科学的形成有积极作用，但是，科学管理认为工人不会也没有时间思考并获得科学方法，也没有把工人的经验和判断视为新知识的源泉，在今天看来显得有些偏颇，因为今天的知识工作者和体力工作者又正在合二为一。但是，这丝毫不影响科学管理在管理学史上的极端重要意义。

思考题：

1. 为什么说科学管理的核心，是使工人能更聪明地工作，而不是更勤奋地工作？

2. 泰罗所说的工人与雇主两方面的"心理革命"是什么意思？

3. 试从管理例外原则来解释管理者的工作性质。

第三章 经验管理

本章目的：

通过本章可以了解管理与经营的区别、管理理论中最经典的管理五职能、管理的基本原则，以及管理理论与管理教育的重要性等重大问题，熟悉现代管理学的最基本框架。

科学管理提出的管理问题与管理方法基本是有关工人的、作业现场层次的，而且集中在生产、制造、加工等技能工作活动范围内。科学管理所提出的解决方法既具体又现实，但对于整个企业组织的管理来讲，又有视野集中、观点不系统的局限性。站在企业总体的高度有一些重要的问题无法通过科学管理来解决。比如，建立与维持一个较大型企业的组织结构的基本原则是什么？企业活动与管理职能的区别是什么？管理的基本要素是什么？等等，人们还不甚了解。

法国人亨利·法约尔（Henri Fayol，1841~1925）在这一方面做出了重大贡献。他从企业总体和经理人员的角度，系统地阐述了管理与经营的区别、管理的主要职能或要素、管理的基本原则，以及管理理论与管理教育的重要性等重大问题，成为现代管理学的最早也是最基本的框架。法约尔也因此被称为"现代经营管理之父"。

不过，由于法约尔的研究对管理的很多基本问题都有所涉及，因而后人对其研究的定位也多种多样。这在管理学中可能是不常见的。比如，由于他既谈到了管理也谈到了经营，所以有人叫他经营管理学派；由于他提出了管理的五职能（要素），至今依然左右着所有主流派管理学教科书的结构，人们又叫他管理职能学派；由于他提出的管理职能形成一个前后一致、相互联系的过程，所以人们又称他是管理过程学派的创始人；由于法约尔还提出了社会有机体（组织）的概念，有些管理学家又称他的管理理论为古典组织理论。

法约尔于 1841 年生于法国的一个有产阶级家庭，1860 年毕业于国立采矿学校，同年受聘于康门塔里—福尔祥宝采矿冶金公司为采矿工程师，长期从事技术和管理工作。1888 年升为该公司总经理，并一直工作到 1918 年退休。法约尔在接任公司总经理的时候，公司正处于濒临破产的边缘，他使公司转危为安并取得了持续的成长。法约尔认为，他的成就不是由于个人的天才，而是经营管理的功劳。他与泰罗虽然都是工程师出身，但因在企业内所处位置不同，泰罗多年做技工、工长、工程师，只做了两年多的总经理，主要在车间做生产管理研究，而法约尔一开始就做工程师，并做了几十年总经理，因而着重于企业全面经营管理的研究。

　　法约尔的重要贡献表现在五个方面：一是他首先提出企业的六项经营活动；二是归纳了五种管理职能（要素）；三是提出了管理者的六种能力；四是提出了管理的 14 项原则；五是提出了管理理论的普遍性与管理教育的必要性。这些体系化了的经验知识和概念，成为以后众多管理文献和管理者的共同语言，成为后人研究企业经营、管理行为、管理者素质、管理原则和管理教育几大领域的导引。因此，我们做一简要介绍后再做分析。

第一节　经营 ≠ 管理

　　法约尔首先区别了经营与管理两个概念的不同。他认为，经营是指导或引导一个组织趋向一个目标，经营包括六种基本活动，即技术活动、商业活动、财务活动、会计活动、安全活动和管理活动。管理是纳入经营活动之中的，但经营不等于管理，管理不过是经营活动中的一种。

　　技术活动包括生产、制作、加工等活动，在制造业中即指各种工种的工作，如钳工、车工、钣金工、炉前工、铸工、纺织工、装卸工等，技术活动恰恰是泰罗的科学管理中当做核心内容来分析的活动。商业活动指经营中的购买、销售等活动，法约尔将商业活动独立出来，是为了强调对于企业来讲购销活动与生产活动同样的重要，如果一个企业对市场和竞争对手缺乏了解，将会对生产活动产生重大影响。财务活动包括了企业资金的筹措和运用，完善、有效的财务管理与资金运用是一个企业成功的基本条件。会计活动指资产负债表的制作、库存盘点、成本核算、记账与统计等工作。完善的会计活动可以使管理者定性、定量地了解企业的运行状况，以便进行有效的监督与控制。安全活动包括工厂设备与人员的保护，如防止工伤事故、盗窃、火灾、减少罢工等。

管理活动在法约尔看来是区别于其他五项经营活动的重要活动，他认为企业是一个社会有机体，是区别于物的组织的人的组织，这个社会有机体中的管理活动与动物有机体中的神经组织相近似，是一种信息系统的活动，是赋予有机体活力的因素。法约尔提出管理活动包括计划、组织、指挥、协调和控制五大职能，这一管理职能思想成为后来的管理理论大厦最重要的基石之一。

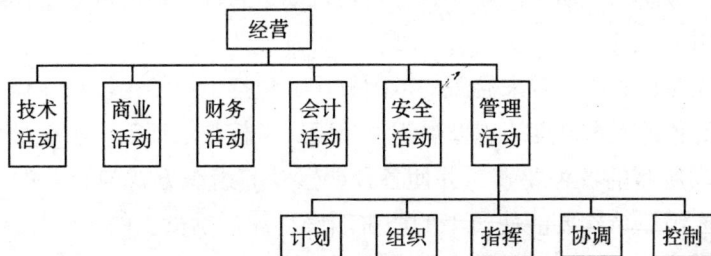

图 3-1 法约尔关于经营与管理的框架

第二节 经营管理矩阵

法约尔提出的计划、组织、指挥、协调、控制这五种职能，是从管理职能的角度划分的。如果在泰罗看来，管理是一门科学的话，那么在法约尔那里，管理就是由一系列特有职能构成的过程了。

我们在前面已经讲到，泰罗将企业活动分为计划职能与执行职能两种，但他的计划职能的外延较宽，接近我们一般所认为的管理职能，但其内涵不甚明确，而法约尔所提倡的管理五职能，比较准确地阐明了管理的本质含义。泰罗讲到的执行职能指的是具体的业务操作，与法约尔所讲的技术活动较为接近，

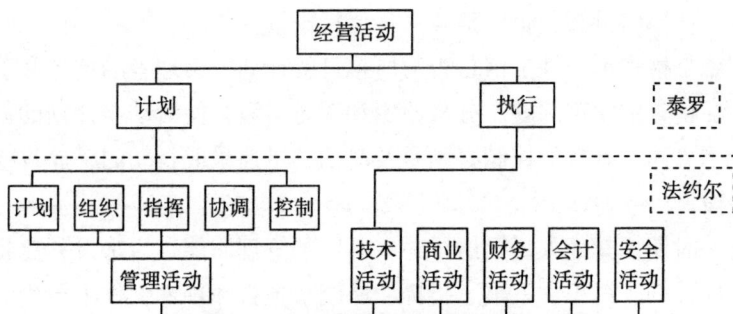

图 3-2 泰罗和法约尔理论框架的不同

而法约尔还更广泛地探讨了其他四项企业活动。

计划是法约尔强调的首要管理职能，包括预测和制订行动计划两个方面。法约尔认为，一个优秀的计划应具有统一性、连续性、灵活性和精确性，他还主张针对时间的变化和活动条件的变化，制订一系列长短不同的计划：日计划、周计划、月计划、年计划、五年计划和十年计划等。管理中的计划思想对于改变人们习惯于先动手、后动脑，盲目行动、忽视思考的低效工作过程起到了很大作用。

组织职能在法约尔看来涵盖的范围较广，包括组织结构设计、规范部门间相互关系的各种规章制度，以及员工的招聘、考核与培训等。组织是为企业筹措经营活动所需的各种要素，并使各种要素及其组织方式与企业的目标相一致。有效的组织结构要能使员工的职责明确，能鼓励员工的主动性和责任心。法约尔在组织职能中提出了 16 项任务，但其中不少与管理的 14 项原则相似。组织职能中虽然包括了人事的内容，但法约尔和泰罗一样，将管理的基本目标集中在"事"而没有集中在"人"之上，对企业中人的管理讨论的较为简单。

指挥是对下属的工作给予命令与指导，使下属及其工作处于有效运作的状态，逐步地趋向企业的计划和目标。指挥的任务就是让组织发挥作用，合格的指挥者必须做到八点：①对职工要有深入的了解；②淘汰没有工作能力的人；③了解企业与职工间定的协定；④树立一个好榜样；⑤定期进行检查，并用一览表表示出来；⑥召集主要助手开会，以便统一指挥和集中精力；⑦领导者不要陷于琐事；⑧尽力使员工团结努力、忠诚和有主动性。

协调职能是指企业的一切工作都要和谐配合，以便使整个经营活动顺利进行。协调是一种合适的比例，比如各种职能部门之间的比例以及职能部门与生产部门之间的比例等。这种比例要适合每一个部门及时地、经济地完成自己的任务。协调即强调彼此之间的合作，管理者必须在组织分工的基础上努力争取相互合作，使部门目标与企业整体目标保持一致。

控制就是检查每一件事情是否与所拟订的计划、管理者的指令和确定的原则相符，在检查中发现问题、分析原因和探讨对策，使活动与计划的偏差处于允许的范围之内。有效的控制必须是及时的、迅速采取行动的，而且要有相应的奖惩手段。

在这一时期，其他人还提出了一些不同的管理职能，后来古利克将其归纳为七种，即计划、组织、人事、指挥、协调、报告和预算，代表了当时人们对管理职能的基本看法。

我们可以这样认为，如果管理活动是不同于其他五种活动的特殊活动的话，那么，管理活动中的五种职能应该是贯穿于所有六项活动之中的了。这样才能区别出管理工作与其他技术性工作的不同，才能将管理工作表现为一种比较独立的活动。那么，经常用的图 3-1 就应该是如图 3-3 的画法了。

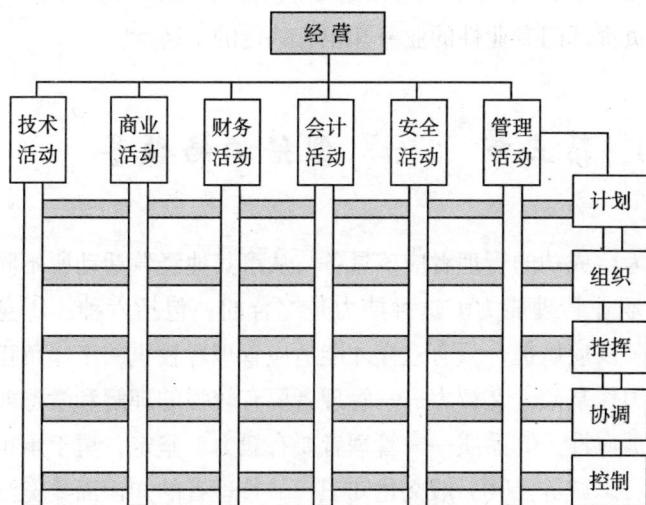

图 3-3　法约尔框架的矩阵式变形

按照图 3-3 来解释法约尔的思想有其特有的好处，这使我们比较容易理解两个现象：

第一，在管理学科里面，为什么会有很多业务管理学科的存在。比如所谓的技术管理、营销管理、财务管理，以及以后出现的人力资源管理等，而这些业务管理领域又分别要研究管理的五种职能：财务计划、财务组织、财务指挥、财务协调和财务控制等。

第二，为什么会有很多管理职能学科存在，如计划学（包括战略学、决策学）、组织学（包括组织设计、业务流程、职务分析）、领导学、控制学等。我们想，这大概是因为经营活动和管理职能之间本来就是一种矩阵关系所致，主要是看你横着切分还是竖着切分。

其实，这种矩阵式变形还使我们更容易理解现实企业组织的运作。比如，在技术、营销、财务等每个业务部门一般都存在两种人：一是管理者；二是执行者。这和泰罗的划分方法一致。管理者负责所在部门业务的计划、组织、指挥、协调和控制，他的下属负责具体执行这些业务。管理很重要，执行是基础，在人数很少的部门，人要身兼多职，既做管理，又要亲自搬东西。可以没有管理，但不可以没人做事。所以，在某些官僚化严重的企业，设置了"五官科"，一个正科长，四个副科长，大家都是管理者，整天讨论计划，业务反而没人做了。从工作分工来看，管理者主要做管理，也适当做一些业务；从知识结构上看，各部门管理者的知识应该是 T 型结构，他既要懂综合性的管理知识，又要对所负责部门专业性的业务知识有一定的了解。

第三节　"π"型结构的领导

　　法约尔认为，成功的管理者应该具备与从事其他经营活动所不同的特殊能力，也可以叫职业管理能力。这种能力是综合的，包括六种：①身体——健康、精力充沛、反应敏捷，只有这样才能适应管理者较重的工作负担，脑力劳动也必须有体力作基础。②智力——管理者要有较强的理解和学习能力、判断能力和优秀的适应性。③品质——管理者要有毅力、坚定，勇于承担责任，还要有创造精神、忠诚等。④一般文化知识——管理者的知识面要宽泛，要能理解自己担任职务之外的工作及其特点。⑤专业知识——对自己所担任的技术、商业、财务、会计、安全或管理方面的专业知识要有较深入的了解。⑥经验——仅有以上基础能力和知识还不够，合格的管理者还必须有经验，必须通过实际参加管理工作，从实践中体验管理。

　　法约尔所要求的这些能力可谓很全面，也不容易做到，对此，我们可以理解为做一个优秀的管理者实在不容易。从法约尔认为理想的能力结构来讲，只有某一种能力的"I"型结构肯定不行，既具有较宽泛的一般能力，又具备相对较强的专业能力，即所谓的"T"型结构看来还不太够格。

　　事实上，法约尔所指的管理者能力可能更接近高层而不是中层。作为掌控整个企业的更高层领导，因为其要对企业各种活动实施管理，所以，他不见得对哪个业务部门的专业有多精通，但必须对整个企业运作有深刻的理解，同时要求更为广泛的知识面，需要懂行业、政策、法律、文化等，基本上也是一个T型能力结构。但是，由于其工作主要不是直接管事管业务，人们对他的专业、技能水平要求降低，对他品德、人格、精神方面的要求提升，所以他可能是一位"π"型结构的领导。一要有品德，二要有知识，三要懂管理，这可能也是法约尔所追求的理想能力结构。

第四节　管理的原则

法约尔比较重视管理的一般原则和体系性，他通过总结自己多年的工作经验，提出了管理的 14 项原则。它们是：

（1）分工：专业化分工是组织与管理的必需手段。

（2）权力与责任：权力有正式权力与个人权力两种，组织授予的权力为正式权力，靠个人品质与能力获得的权力为个人权力。正式权力与个人权力要互补，权力与责任要对等。

（3）纪律：纪律实质上是企业与员工对他们之间的协定的服从和遵守，但纪律的好坏在很大程度上取决于领导人能否以身作则、奖惩严明。

（4）统一指挥：下级只能接受一个上级的命令而不能同时接受两个人或两种命令。

（5）统一领导：目标相同的一组活动，只能有一个领导和一项计划，健全的组织必须达到领导的统一。

（6）个人利益服从整体利益：在一个组织里，个人的利益和部门的利益不能置于企业整体利益之上。

（7）公正的报酬：员工是经济人，其报酬应该合理、公正，并要力图使大家都满意。

（8）集权化：小企业要绝对的集权化，大企业的权力要通过一系列的环节有秩序地下达。

（9）等级系列：企业要分成高层、中层、基层的上下等级系列，成为指挥命令的路线和信息传递的渠道，对于某些问题如例常性的信息或决策，为保证行动迅速，可通过"法约尔桥"进行。

（10）秩序：每件东西和每个人都有一个位置，而且都应在他（它）的位置之上。要按照物、时、人的内在联系有计划地选择和配置好位置，才能形成组织的秩序。

（11）公平：公平产生于善意和公正，公正就要切实履行订立的协定，但协定不是一成不变的，要根据情况的变化修改和补充协定，因此，对员工应是善意对待。

（12）人员的稳定：要有秩序地调整和补充员工，保持员工队伍的适度稳定是企业成功的关键。

（13）创造性：员工的创新精神是企业发展的巨大动力，尤其是在企业困难的时候，因此，企业应大力鼓励和激发员工的革新、创新精神，防止权力、纪律可能造成的僵化。

（14）集体精神：企业内部要努力创造团结合作的气氛。

尽管这些原则只是一种经验总结，可多可少，但由法约尔首次做出如此归纳，也是一个创造，后人对管理原则的分析也多数出于此。如厄威克·古利克后来把管理原则归纳为八条：①因组织设人原则；②一个最高主管和一人管理原则；③统一指挥原则；④专业参谋和代表参谋原则；⑤工作的部门化原则；⑥授权原则；⑦责权相符原则；⑧控制幅度原则。这八条是比较有代表性的。

第五节　管理教育与管理理论的普遍性

法约尔研究的一个重要组成部分是探讨了管理教育的可行性、必要性和管理理论的普遍性。他认为，人的管理能力是可以通过教育来传授、通过学习来获得的，尤其是对于大型企业或组织的管理者，通过实践和经验走向管理岗位并不是唯一途径，可以先在学校学习管理学方面的基本知识，先知后验，先学后干。尽管法约尔本人的经历是实践→理论的顺序，但他却推崇理论→实践的顺序。

法约尔还认为：①管理知识是一种区别于其他专业知识的，可以适用于一切组织的普遍的、独立的知识；②管理知识是一种越到组织高层越需要的知识。这些观点在当时具有划时代的意义。关于当时为什么缺少管理教育，法约尔认为，主要是因为缺乏系统的管理理论，没有管理理论就不可能有真正的管理教育。法约尔的著作特别致力于经验知识的理论化、体系化，与其基本思想有密切关系。法约尔的研究奠定了知识特别是管理知识在整个企业中的重要地位，为管理学作为一门新的学科而独立于经济理论打下了坚实的基础。

法约尔的研究之所以被称为一般管理，是因为与泰罗等人相比，他的管理知识体系要更加系统，结论的适用范围也更普遍得多。体系化、清晰化、概念化的一般管理知识，特别为管理学家们所推崇，因而成了迄今为止主流管理学教科书的普遍框架体系。

第六节　重实用而不重严谨的管理大家

虽然法约尔非常推崇管理理论的重要性，但他的成果表述却不像标准的理论那样。比如，法约尔的研究在定量方面就不如泰罗等人的科学管理，更没有现代管理中的那些数学模型，而且他对体系的逻辑严谨性方面不太重视。比如，法约尔提出的经营的六种基本活动、管理的五种职能或要素、社会组织的16项任务、管理者的六种能力以及管理的14项原则等，采用的是列举法，本身并没有十分明晰的逻辑关系，是一种似乎可多可少的经验性描述。因此，虽然后人继承了他的方法，却在管理职能或原则的数量上莫衷一是，无法形成统一看法。所以我们认为法约尔的成果更像经验知识不像理论知识，本章的题目用经验知识体系化，即隐含了这层意思。

比如，关于管理职能，有人认为可以是五种，也可以是六种、七种，有人认为就是计划、组织、控制三种，还有人认为就是一种职能——决策。将这些说法都列举出来竟然达到了15种：决策、计划、组织、用人、指导、指挥、领导、协调、沟通、激励、代表、监督、检查、控制和创新。由于人们对什么是管理这个大概念的外延认识不一，于是其对内涵就一定会出现不完全划分的逻辑问题。

对于这种划分方法的使用，实际上法约尔自己也做了很明确的说明。法约尔在《工业管理与一般管理》一书中谈到管理职能的内涵时说："计划、组织、协调和控制，毫无疑问是管理的一部分，正如人们通常所理解的那样。这里是否也包括指挥呢？当然不一定包括。"只是出于另外的三个原因，法约尔把指挥"并入了管理"。[①]

在谈到管理原则的时候，法约尔写得更为明确："管理原则可以有很多，并无限度。所有的加强社会组织或便利其发挥作用的管理规章和程序都属于原则，至少只要经验证明其够得上这个高度评价时，它就属于原则。"[②]法约尔就是以此为标准"列举"出自己"常用的"14项管理原则的。

这和法约尔对原则的看法有关。他认为，管理原则有多少条是无所谓

---

① H. 法约尔：《工业管理与一般管理》，团结出版社1999年版，第6页。
② 同上，第24页。

的，原则是灵活的，不是死板的。在管理方面，没有什么死板和绝对的东西，这里全部是尺度问题。在同样的条件下，他几乎从不两次使用同一原则，因为使用原则要注意三个方面：一是各种可变的条件；二是人的不同；三是许多其他可变的因素。这就好像人不能两次踏进同一条河流一样，管理也不能使用同一条原则。所以，他认为重要的不是原则本身，而是原则的使用，重实用而不重严谨，因而也就没有在原则之外再加上一个"其他原则"而使管理原则成为可以穷尽的。

同时，法约尔认为原则的使用是一门很难掌握的艺术，它要求智慧、经验、判断和注意尺度。由机智和经验合成的掌握尺度的能力是一个管理人员的主要才能之一。没有原则，人们就处于黑暗和混乱之中；没有经验与尺度，即使有最好的原则，人们仍将处于困惑不安之中。原则是灯塔，它能使人辨明方向，它只能为那些知道通往自己目的地道路的人所利用。看来，经验知识能够体系化，但不容易科学化。这和泰罗等人从事动作研究和时间研究，从而成就了科学管理有很大不同。法约尔的研究以组织和人为主，不易科学化，泰罗等人的研究以事为主，较容易科学化。

大家研习法约尔的书的时候，大都去注意那些所谓的原则和职能（要素），看来他所讲的那些原则外的智慧、经验和尺度反而是管理中更重要、更难的东西了。法约尔大概计划在其论述的第三部分——个人的观察和经验——中展开讨论，遗憾的是，这部分内容最终没能出版，今天我们所了解的，也就只有这些管理的原则和要素了。这个遗憾非同小可，我们甚至怀疑，根据这样"一本没有完整地写出来的著作"来解读法约尔，会不会曲解了法约尔的核心思想。

思考题：

1. 讨论管理活动与其他五项经营活动或业务活动的区别和联系。

2. 如何看待管理的原则？它是铁则还是灵活的？

3. 如何理解泰罗的计划职能与执行职能分类与法约尔的计划、组织、指挥、协调、控制五种职能的异同？

4. 你赞成做管理是先学习再实践，还是先实践再学习？

第四章　组织管理

本章目的：

　　了解巴纳德对管理理论的重要贡献。真正把管理者的工作看成是对一个组织系统的管理，而不仅仅是一系列的活动或事情。巴纳德把经理人员的职能看做是依存于组织体的神经系统，他们作为信息交流的渠道，维持一个协作努力的体系，以便使组织体能更有效地适应环境，维持生存。理解巴纳德所讲的：管理过程"与其说是科学的，不如说是艺术的；与其说是逻辑分析的，不如说是美学感觉的。因此，管理的过程是可以意会不可言传的，可以因结果感知而不可以因分析得到的"的深刻含义。

　　20 世纪初现代管理理论出现，在刚开始的 10~20 年代，是泰罗的科学管理兴盛的 10 年，以研究"事"为主；在 20~30 年代则是行为科学理论流行的 10 年，以研究"人"为中心；30 年代后期，巴纳德（Barnard）等人开始从社会系统理论（或组织理论）的角度对现代管理理论进行第一次的整合，人们对企业管理知识的认识也开始逐步加深。

　　巴纳德在美国电报电话公司、新泽西贝尔电话公司等长期做总经理，有着丰富的管理经验，这一点和法约尔很相似。法约尔没有写出来的东西在巴纳德那里有什么进展吗？于 1938 年出版的《经理人员的职能》一书是巴纳德的代表作，被称为企业管理文献中的经典著作。在现代管理理论学派中，人们把巴纳德看做是组织学派或社会系统学派的创始人，他结合社会学和系统论的思想来考虑经营管理问题，进行了创造性的研究。本章我们主要讨论巴纳德与法约尔的立场与理论的异同，特别是他对区分科学知识和行动知识研究的贡献。

第一节　巴纳德与法约尔的异同

一、巴纳德与法约尔的管理观

在把管理看做一个过程这一点上，两人有共同之处。但巴纳德认为管理过程"是一个整体的一体化过程，是一个在局部和整体、一般要求和特殊要求之间寻求有效平衡的过程"。这和法约尔把管理过程看做是从计划、组织到控制的一系列活动的连续和继起过程，是不一样的。法约尔将管理过程分为几个阶段，但巴纳德认为的管理过程不分阶段，他比较强调"和"、"协作"，而不是"分"、"管与被管"。

二、经理人员职能与管理职能

法约尔的管理职能与其管理过程的阶段是完全相对应的。而巴纳德认为经理人员的职能同组织的活力和持续所必需的所有工作都有关。从整体上看，经理人员的职能就是作为信息交流的渠道，就是"维持一个协作努力的体系"。

巴纳德的观点很微妙。他认为，经理人员的职能是非个人的，不是像一般所讲的"管理一群人"，他认为这样的理解虽然方便，但是是狭隘的，严格地讲是错误的，无助于正确理解管理工作。管理是在体系之内而不是之外的，经理人员的职能是维持而不是"管理"协作努力的体系。协作努力体系是自己管理自己，是自组织的，而不是由管理组织从外部来管理的，管理组织也是协作努力体系的一部分。

巴纳德认为经理人员的职能就好像相对于身体其余部分的，包括大脑在内的神经系统一样。神经系统指挥着身体的各种活动，以便使身体能更有效地适应于环境，维持生存。但很难说神经系统指挥着身体。身体与身体的活动不一样，身体的很大一部分职能独立于神经系统，相反的，神经系统却依存于身体。

这种看法与法约尔将管理活动看做企业六项经营活动中的一项有相似之处。

巴纳德认为经理人员的职能有四个：①提供信息交流的体系；②促成必要

的个人努力；③提出和制定目标；④制定道德准则。^①这就和将管理分为计划、组织、控制等职能的传统或主流观点有相当区别了。与法约尔等人更关注管理者的事理活动相比，巴纳德或许更重视人和人之间的组织关系。

三、学与悟

法约尔提出了管理的可教育性，并且很重视管理教育。这一观点为后来管理学科的建设帮了大忙。从此人们开始认为，管理者不但可以"干"出来，而且可以"学"出来。但巴纳德又从自己的角度提出了"学"与"干"的结合，并且强调了"悟"的重要作用。这启发了我们要更广泛地思考成为管理者的各种可能途径。管理者是可以干出来、练出来、学出来、悟出来、天生的，当然也有不少是上级任命的。

四、巴纳德到底要讲什么

人们在讨论巴纳德的主要贡献时，一般都指出三点：①组织是一种协作系统的概念创新；②正式组织与非正式组织理论及正式组织三要素的论述；③经理人员三大职能的分析。实际上，仔细阅读《经理人员的职能》一书，再考虑巴纳德的经历和立场，不难看出我们以往对巴纳德的贡献的认识是相当片面的，那就是我们忽视了巴纳德在研究理论知识和实践经验之间关系方面的贡献。

实际上，巴纳德《经理人员的职能》一书的附录"日常事务中的心理"，是巴纳德对管理学的最重要贡献之一，可能因为是附录的原因，大多数人将它们忽视了。"日常事务中的心理"是巴纳德的著名讲演稿，其中用相当多的篇幅讨论了科学知识和行动知识、逻辑的心理过程和非逻辑的心理过程的特征和作用，清楚地表达了巴纳德的基本管理观和知识观。这方面的研究为我们探讨管理知识的分类、不同管理知识的不同作用等提供了坚实的基础。

我们感觉，巴纳德在其多年实际管理经验的总结中想告诉我们的，不仅仅是管理的知识，更重要的可能是知识的管理。遗憾的是，巴纳德自己也没有把这一点说清楚，至少他在《经理人员的职能》一书中，没能花足够多的篇幅和足够大的力度阐述这一点。我们对此不能有苛求，因为这可能恰好证实了他

---

① C. I. 巴纳德：《经理人员的职能》，中国社会科学出版社 1997 年版，第 170 页、第 215 页。

自己的观点：管理的真谛只可意会不可言传。①

第二节　组织中的知识及其获得

一、科学知识和行动知识

知识在巴纳德的管理思想中虽不是中心概念，但他的知识观可以归纳为以下两点：第一，巴纳德区分了科学知识和行动知识的概念，他认为"所有的科学知识都是以语言和符号来表示的"，②但知识不仅是逻辑的、语言的，而且包括行动的（非逻辑的）、非语言的东西。他认为，组织的领导要懂得科学知识和行动知识的灵活运用，但他强调管理过程中行动知识的重要性。第二，组织的领导通过创造价值观、信念和创意，来维持组织知识体系的健全，来管理作为协作系统的组织。

巴纳德在讨论组织理论的根本问题时指出，"技术应用上必需的、常识的、日常的、实际的知识，有许多是难以用语言表达的。这是技术窍门的问题，可以叫做行动的知识。它必须在具体情景中应用。没有比管理技术更不能缺少它的了"。③他区别了技术与科学的不同职能，认为技术的职能是达到具体目的，获得成果，形成情景；而科学的职能是解释过去的现象、事件、情景。科学的目的不是产生具体的事件、结果和情景，而是说明我们称之为知识的事物。管理者的工作是处理具体问题而不是讲清抽象的道理，"为了处理具体事件，需要有大量暂时的、局部的、特殊的，而不是具有一般价值或普遍兴趣的知识"。④这些是行动知识而不是科学知识。行动知识常常被称为"直觉"，科学不提供行动知识，科学只是说明具有普遍重要性的知识。科学知识对一般企业有用，但对某个企业可能没用。巴纳德的意思已经很明显，他所说的科学知识用我们现在的话来说就是事实知识和原理知识，他所说的行动知识就是技能知识和人

---

　　① 看来巴纳德是一个不会说、不会写、很会干的人。人们批评他的书"最明显的缺陷是表述的抽象性、举例的稀少和平淡无味以及文体的晦涩难懂"。他自己也承认其"学说是难懂的、费脑筋的、抽象的、深奥的"。但耐人寻味的是，一个实际经验丰富的企业家却写出让学者们看起来都吃力的著作，真让我们不明白他到底是会写还是不会写了。

　　② C. I. 巴纳德：《经理人员的职能》，中国社会科学出版社 1997 年版，第 225 页。

　　③④ 同②，第 227 页。

际知识。

作为实业家的巴纳德重视实用价值强的行动知识，但并不否定科学知识应有的作用，他把科学知识看做管理的一种非常重要的附加手段，认为如果存在着能够利用的科学知识的话，行动知识的力量是可以得到扩展的。他赞成将局部的、暂时的、特殊的行动知识与全体的、经常的、普遍的科学知识相结合。

科学知识和科学思维是重要的，但我们的日常生活并不总是只有科学，你在日常生活中过分追求严密的科学思维有时反倒会产生混乱。下面两个人的对话就是一个典型的例子。

小李遇见小王。

李："你好！"

王："你到底是问我哪一方面呢？是健康、经济状况、成绩、心情、还是……"

李：（突然生气起来）"喂！我只是跟你打个招呼啊，谁知道你哪里好不好？真是的！"[1]

管理主要是日常的行动和决策过程，在很多情况下是非科学、非逻辑的过程。巴纳德认为："管理过程……是一个整体的一体化过程，是一个在局部和整体、一般要求和特殊要求之间寻求有效平衡的过程。"[2] 管理过程的本质，在于对自己所在的组织整体以及与其相关的环境整体的"感悟"。这种整体感悟超越了单纯的认知技巧和识别各种状况要素的技能的范畴，用以表达其确切含义的用词有：感觉、判断、感知、协调、平衡、适宜等。管理过程"与其说是科学的，不如说是艺术的；与其说是逻辑分析的，不如说是美学感觉的。因此，管理的过程是可意会不可言传的，可以因结果感知而不可以因分析得到的"。[3] 这种整体感悟实际上依赖的是行动知识而不是科学知识。

在这一点上，巴纳德似乎和法约尔有相当的近似。法约尔强调原则，更强调原则的运用，强调智慧、经验、判断和尺度把握的能力，从某种意义上讲，如果管理原则是科学知识的话，没有巴纳德所说的行动知识，大概也不会有助于管理的有效性吧。

---

① 加护野忠男：《组织认识论》，千仓书房 1988 年版，第 11 页。
② C. I. 巴纳德：《经理人员的职能》，中国社会科学出版社 1997 年版，第 186 页。
③ 同②，第 184 页。

二、知识的获得方式

行动知识不同于科学知识，行动知识只有通过坚持不懈的经验、体验才能获得。

一个孩子在幼儿园不小心把手放在炉台上烫着了，回家后妈妈像往常一样问他，今天学了些什么呀，孩子回答说，学了一首小白兔歌谣。但请你放心，今后他绝不会再那么随意把手放在炉台上了，哪怕炉台是凉的。这种经验也是一种知识，虽然他没有把这种经验当知识说出来。这种知识他是用身体学到的，比用脑子学到的记得更真切，所谓"一朝被蛇咬，十年怕井绳"也是这个道理。

巴纳德认识到了管理过程的本质——感悟的重要，但同时也指出了获得感悟的困难。"这个问题从知识方面来讲是容易理解的，但联系到具体情况，是最难懂的。其原因可能是对整体情况的感觉，一般只有通过密切和经常的接触才能得到；而对其中包含的许多要素了解的人，却实际无法用语言很快地把它们讲清楚"。他举例子说，有人问他，在他为组织作决策时，经济事实和一般经济知识在多大程度上以及如何影响他的决策，他经过了相当的努力才弄明白了这一问题。

其实，这种问题的问法本身是获得科学知识的思路，而不是获得行为知识的思路。因为科学知识总是我们所有知识中的一部分，所以我们平时所接触的自然科学也好，社会科学也好，尽管各类学科种类繁多，且都是重要和有用的，但它们总是相当的不完整，各种理论体系和结论都带有很大的臆测性，与日常生活有不小的距离并难以应用到日常事务中去。遗憾的是，"与我们的生活和工作有着密切关系的是它的日常现象，我们必须脱离开其中的科学问题来进行探讨，正如我们不用涉及 H_2O 的物理性质或化学性质而去研究如何利用水来饮用、游泳或航行"。

作为管理学的教育者，我们经常遇到的一个问题是，为什么满脑子管理学知识的学生并不能马上适应管理工作？有人经常把这一问题归结为管理教育体制和方法的失误，然后又穷追不舍地找"责任人"——管理学的教师水平太差、学生素质不高等。我们与企业界的人士认真讨论之后发现，管理学不等于管理，管理学是科学知识，而从事管理不仅需要科学知识，还需要大量的行动知识，尽管我们可以通过案例、模拟等现代教学方式的引进尽量地接近行动知识，但行动知识确实是很难在管理学的课堂上获得的。在课堂讨论的案例中，学生可以毫不在乎地把 2000 万元投资投下去，但在现实中，他可能连 200 元都犹犹豫豫不敢动，因为现实中会有切实的责任承担。

巴纳德对这一点已经有相当明确的见解。他认为，从事管理工作的人（不论是刚出校门的学生，还是有相当管理经验的管理者）常常遇到两个特别困难的问题：第一个是如何适应一项新的工作和新的职位。他自己是一个具有丰富管理知识的人，但他也发现当他职位改变之后，即使事先掌握了必需的全部知识，也要花好几个月才能恰当和令人满意地做好工作。第二个是个人或集团之间如何相互理解。他发现如果只是在有关事实知识差异的话，通常是比较容易达到相互理解的，但当相互理解上出现重大困难时，显然不是由于有关事实知识方面的差异。

三、逻辑与非逻辑的心理过程

巴纳德认为造成这些困难的原因有两种是特别重要的：一种是心理过程的差异。比如人们常说的"心理状态"的差异、"观点"的不同、"心理作用的方式"的不同等。另一种是形成见解或有意识行为的智力基础（明确的证据、证明或辩明）的差异。总之，造成这些困难的根源同知识和经验无关，而在于"心理过程"的差异。

当有人问紧急关头舍己救人的英雄"当时你在想什么"时，我们经常听到这种回答，"我当时什么也没想"。

巴纳德的研究把人的心理过程分为"逻辑的"和"非逻辑的"两种。其中"逻辑过程"是指可以用词语或其他符号表示的有意识的思考过程，即推理过程。"非逻辑过程"是指不能用词语或符号表示的，只能通过判断、决定或行为看出来无意识的过程。很明显，巴纳德在这里所说的逻辑心理过程的结果一定是科学知识，而非逻辑心理过程的结果一定是行动知识了。"非逻辑过程"的形成可能是无意识的，也可能是由于这种过程过于复杂和迅速，常常发生在瞬间，当事人来不及分析。英雄紧急关头舍己救人的行为就是这种"非逻辑过程"的典型表现。巴纳德认为，人们之间和人们所做的工作之间最重要的区别，就是所应用的或所要求的现实的思考即推理的程度的不同。比如，数学家、律师或会计师的工作对严密逻辑推理的要求要高得多，而市场营销、政治工作、企业家或管理人员的工作，则对逻辑推理要求不高。

首先必须明确这里存在着一个很大的误区，那就是我们一般认为逻辑推理是比非逻辑推理更高的思维能力。巴纳德认为形成这一误区的原因有两个：一个是对逻辑推理性质的误解；另一个是人们通过合理化来说服别人或为自己辩解的强烈愿望和需要，也就是使自己的行动和意见显得貌似有理，而掩盖了或没有意识到真正的动机。

巴纳德提出："我们必须首先克服偏重逻辑思考过程的倾向，使非逻辑过程得到正确的评价。"他认为，我们日常之所以有很多的失败，与其说是由于对推理的错误应用，不如说是对非逻辑心理过程的忽视。

巴纳德认为没有非逻辑的心理过程，我们可能什么事情也做不成。因为虽然它们总是不为人们所意识，但又在我们的日常生活中经常被应用。因为这种过程有些很难解释，人们就把它叫做"直觉"，有时被称为"灵感"、"出色的判断"、"天才的火花"，但绝大多数被叫做"感觉"、"正确的判断力"、"常识"、"判断"、"机灵的想法"等。

据说技艺高超的汽车修理师傅只要把车在他面前开过去，就能判断出车的毛病在哪儿。你让他说出为什么他却说不出来，只说是凭感觉。有许多会计师和企业家可以在几分钟甚至几秒钟之内，从一张相当复杂的资产负债表中得出一些有重要意义的事实。有着多年经验和专门知识的人能够从数字之间看到这些事实。他们要做推理，但更重要的是在推理之前他们能够从一连串的数字中找出能够有效地应用推理的东西。

非逻辑过程的出现有时是由于时间紧迫。管理人员每天要应付大量的事务，做出大量的决策，而且通常要在规定的时间内。不管资料信息是否齐全、真假如何，是否有些无法定量的因素，是否还存在着很多的不确定性，他们都要做出决定。如果条件许可的话，自然希望能经过逻辑的思考得出结论；如果条件不允许的话，那就要靠正确的判断力了。但这种"跟着感觉走"的判断绝不是附带的，而是经常的和必需的。

"在事情紧急的情况下，可以不按组织程序办，先斩后奏，即先处理，再汇报"，许多企业有如此规定。同样，在时间紧迫的时候，人也会本能地不按逻辑思考做，先行动，后反思。巴纳德曾借用他人的一个例子说明人有不思考而本能行动的时候。

某一次战争期间，一个士兵在山区巡逻。"他必须利用他下面 10 米左右一条很长的岩石缝爬上一座岩石山。他用绳子吊下去悬在空中，在岩石缝的左边几米远。如果他能够再下去一些就有一个岩石凸出处，能够从那里爬到岩石裂缝去。可是绳子已用完，无法再下降。他决定把绳子上荡到裂缝开口那里去。在荡绳时，他的脚从绳子中滑出来了，单靠他的手支持不了他的体重——瞬间他想到必须用牙齿咬住绳子——再过了一瞬，他的脚在空中摇荡并踩住了岩石板的凸出部。这一过程中的要点是，牙齿咬住绳子这一动作不属于登山技术，从来没有事先考虑过，当然也从来没有事先练习过，能够救他的唯一办法是没有经过任何有意识的思考而自发地想出来的。这是个测验一个人智力的问题：如果你处在这种情况下，会怎么办？这个问题的答案不是由思考得出的。在这个时候，人的理性已得出没有办法的结论。"① 这正是我们经常讲的"急中生智"的典型例子。②

四、知≠会

有了完备的管理学知识也不见得能做一个好管理者，在管理学科的考试中考 100 分的学生也无法肯定他毕业后一定能成为优秀的管理者，这和我们经常说的"高分低能"现象有相似之处。这里确实有教育观念和教育体制的问题，比如，传统教育往往使受教育者错误地抱有智力上的优越感，对学历较低或在正规学校以外的其他领域接受教育的人的能力和成绩视而不见。其结果是骄傲自满，严重误解个人实践经验和有意识的获得这些经验的重要性。但这不仅仅是教育上的问题，事实上也与人的素质结构或知识结构有着密切关系。

我们可以这样认为，人在学习能力、逻辑思考能力方面的差异要比在感悟能力、非逻辑思考能力方面的差异小得多。为什么同样是在学校品学兼优的学生，走向社会后却能干出完全不同的业绩，是因为虽然他们有着基本相同的训练、教育和知识，但在判断能力、预测能力、感悟能力方面差异很大，而这一点在学校这一环境中不容易表现出来。

传统的学校教育对人的主要评价尺度是看你"知道什么"、"知道多少"，而现代社会特别是现代企业是看你"会做什么"、"会做多少"。前者主要是科学知识，后者主要是行动知识。一个"知道的比谁都多，会做的比谁都少"的人，可能是难以毕业走向社会尤其是成为企业人的人。现实的社会尤其是务实的企业，当然不会欢迎那种"不能将知识转化为非知识，即转化为财富和价值"的人。

---

① C. I. 巴纳德：《经理人员的职能》，中国社会科学出版社 1997 年版，第 242 页。
② 同上，第 237 页。在强调非逻辑过程的重要性的同时，巴纳德并没有完全否定逻辑推理的作用。"推理是防止不合逻辑的思考过程的错误的有用手段；它也是想法、假说同实验、经验之间的中间阶段。它对文明的累积价值是极为巨大的。而且，逻辑表达是传达知识的必要方法。推理是一种社会的机能，而不是个人的机能"。

巴纳德认为非逻辑过程的源泉来自两个方面：一方面是无意识地接受的，或者是我们并未有意识地去接受而深受影响的。它们或来自生理的条件或因素，或来自物的环境和社会环境。另一方面是我们或多或少地通过有意识的努力和学习而进入我们的心中的。它们包括大量的事实、模式、概念、技术、抽象以及我们一般叫做正式知识或信念的事物。

通过有指导的经验、研究和教育，这后一方面的源泉会极大地增加。但如果指导方法上有重大缺陷的话，人就有可能变为"只知不会"的人。他可能对科学精神的神圣笃信不疑，可能对定量分析的精巧五体投地，也会因此而无视直觉和需要勇气的非逻辑判断过程。你让他写个报告，为了追求科学化，他可能把难以定量的因素或无法以排列整齐的形式表现的因素抛在一边，罗列一些貌似全面和精确的材料，同时还会给你配上大量五颜六色的统计图表。为了追求合理化，他还会非常注意和选择问题中易于用语言表现的方面，使自己的见解以容易说和容易写为依据，甚至以他认为你喜欢听和喜欢读为依据。报告写出来虽然"语言流畅，用词准确，逻辑清晰，结构合理"，可就是找不到感觉。

我们知道有不少经验丰富的管理者对理论和所谓科学分析采取不信任的态度，这里不能说没有道理。其中最重要的原因可能是他们担心过多的理论和推理分析会影响直觉的、非逻辑的心理过程，而这种过程他们认为在许多场合是不可或缺的。巴纳德认为，分析的习惯固然可能在一件事上教给人许多东西，但同时可能会破坏对事情的整体感。而这种整体感恰恰是管理者最要紧的东西。巴纳德甚至举例说，在他认识的"最有头脑"和最能干有为的人中，有一些几乎不能够清晰地表达自己的思想情感。他认为这很有意义，因为"他们的精神力量不是表现在他们所讲的方面，而是表现在他们所做的方面"。我们身边大概也有这样的人物吧。真正的大人物往往是"大智若愚"，甚至有的连普通话也说不好。我们的电影工作者最懂这个道理，不信你去看几场电影或电视剧，某些电影或电视剧里的领袖人物都只会说方言。

五、理论研究与日常事务的区别

进一步说，即使语言的、逻辑的东西，用在理论研究和用在日常事务时也有不可忽视的差别。比如，纯粹的理论研究是追求真理，并把真理用语言或符号等形式确切地表达出来。而日常事务中，如果你把真实情况准确地说出来，却往往不能被人接受。这不仅由于同样的语言对不同的人或在不同的情况下有着不同的意义，还由于人们有一种无意识地对别人的讲话打折扣，或理解出原来没有的意思的倾向。因此，日常事务中的讲话，"不能以讲话者或者作者看来是真实的方式来说，而必须以听者或读者理解出是真实情况的方式说"。这种观点从根本上说是来自巴纳德的"权力接受理论"。管理者在日常事务中可能要形成一种习惯——不管他本人是否意识到，他必须经常以从自己的观点看来是不正直的方式讲话，以便达到结果的正直。这种说话方式对管理者简直是一种考验，因为这会使他经常陷入双重的两难境地—— 一个是道德上的两难，另一个是理智上的两难。（道德方面是"做符合个人道德的事"还是"做符合组织道德的事"，理智方面是"不正直地做符合目的的事"还是"正直地做不符合目的的事"）。

　　理论研究的关键是要求"做对"，日常事务的关键是要求"做成"。唯一能够说明手段的正确性的，只有目的的实现。管理者对员工说明某一项工作的意义和计划，不管你用什么方式和手段，只要最后的执行结果失败了，就只能说管理者说明的很差。所以，为了取得结果的成功，实际上常常需要抄近路式说明，需要使用不恰当的类比，需要隐瞒可能会引起混乱的事实和描述。所谓管理者理智上的两难，就是指这种说话用词的方式，会造成说假话的习惯，久而久之会破坏做人诚实的品德，如果说"无商不奸"的说法有点道理的话，可能与此有些干系。巴纳德说他"见过不少人由于双重人格行事的理智方面的困难，造成道德退化，并最终导致理智上的崩溃"。[①]

　　在我们身边，也有这样的例子。比如，我对吃东西并没有什么偏好，因而当太太问我喜欢不喜欢今天她做的菜时，我经常回答的一句话是："其实你做什么都行，只要我肚子饿了，什么都好吃！"我可是实话实说，因为小时候家里不富裕，没吃过什么好吃的，确实觉得东西好吃不好吃并不重要，而肚子饿不饿才重要。但有一天，我突然感到了些什么，就问太太："当我那样回答时，你心里想什么呀？"殊不知太太回答说："我觉得你不承认我做菜付出的辛苦。"这时我才一下子回过味儿来，我是研究管理的，但我绝对成不了一个合格的管理者。因为尽管我说的是实心话，但那是说给我自己听的，而不是说给听者听的，不是考虑了听者的心理需求之后说的。这样做的结果是对别人不好，对自己也不好，因为这样说太太不会高兴，也不会因此想到去做更好的菜给我吃，她只要把开饭的时间推后一小时，等我饿了就行了。

---

① C. I. 巴纳德：《经理人员的职能》，中国社会科学出版社 1997 年版，第 253 页。

六、实践到认识：巴纳德理论的形成

因为知识问题并不是巴纳德最主要的关心点。他虽然区分了逻辑过程和非逻辑过程、科学知识和行动知识，强调了非逻辑过程和行动知识的重要性，并认为它们在日常经验中不是明确分开，而是混在一起的，但巴纳德并没有对它们之间的关系作进一步的探讨。他认为逻辑过程主要是社会的机能，而非逻辑过程主要是个人的机能，这也是一个很重要的观点，但他没有去展开讨论。对于现在的企业组织来讲，这些恰恰已成为非常重要的知识管理领域的问题了。

巴纳德的组织理论或社会系统理论的研究，是将实践、行动知识转化为理论、科学知识，同时又极其重视实践、心理和行动这一新知识源泉的典范。正如巴纳德本人所说："本书是否有助于所期望的组织科学的建立，要由他人来判断。我在本书中所提出的，是对我多年来在各种组织的实际工作中观察到的事情和别人的经验做出粗略解释的一种假说框架，当然也补充了一些社会科学方面的知识。这并不是科学家或学者的著作，而是对这些问题有兴趣的实务研究者的著作。由于这个原因，如果说本书有什么价值的话，主要只是表现了概括经验的一种观点。我至少提出了在这一领域中的思考过程。"①

按照我们所提出的实践、经验、思考、理论、再实践的认知环理论，巴纳德的著作是在其亲身实践，获得直接和间接经验的基础上，经过独立思考形成的独自的理论体系，是一个经过完整认知循环后的结果。巴纳德虽然只是一般性地谈到了管理者个人在知识创造中的作用，对组织的知识创造过程几乎没有触及，但我们以为，他用自己写作《经理人员的职能》这本著名管理学论著的实际行动，已经说明了他的意思。

思考题：

1. 如何理解巴纳德提出的经理人员的四个职能？
2. 什么是行动知识？它和科学知识的关系是什么？
3. 简述非逻辑心理过程对管理者的重要性。
4. 管理中的"知"和"会"的不同是什么？

---

① C. I. 巴纳德：《经理人员的职能》，中国社会科学出版社 1997 年版，第 228 页。

第五章 决策管理

本章目的：

了解决策管理理论的重要概念，比如有限理性、决策人、满意解、程序化和非程序化决策等，从决策这一全新角度理解管理和管理者的行为。掌握决策理论中人和组织解决问题的决策过程中的搜集情报、拟订方案、选定方案和评价方案四个阶段，以及识别问题、确定决策标准、为标准分配权重、拟订方案、分析方案、选择方案、实施方案和评价效果八个步骤。掌握传统和现代的程序化和非程序化决策的技能。

第一节 新的管理观

赫伯特·A. 西蒙（Herbert A. Simon）是美国的经济学家、管理学家，也可以称他为社会学家或计算机专家，因为他在管理学、经济学、组织行为学、心理学、政治学、社会学和计算机科学方面都很有造诣。西蒙 1916 年生于美国威斯康星州密尔沃基，1943 年获得芝加哥大学博士学位，1949 年以前先后在芝加哥大学、伯克利大学和伊利诺伊工艺学院任教，1949 年以后则一直在卡内基—梅隆大学任教。由于他在决策理论方面做出的卓越贡献，被授予 1978 年度诺贝尔经济学奖。他和决策理论的另一位代表人物詹姆斯·马奇（James G. March）合写过《组织》一书，其他主要著作有《管理行为》（1945 年，并于 1947 年、1957 年再版）、《经济学与行为科学中的决策理论》、《管理决策新科学》、《思维的模型》等。20 世纪 80 年代曾多次来中国讲学，是这些管理大师中唯一与我们谋过面的，当时我们还送给西蒙教授一幅写有"博大精深"的书法。

西蒙认为，以前的管理理论尤其是研究一般管理原则的理论，都有一个致命的弱点，那就是他们总是成对地出现，每一对管理原则差不多都可以找到一个看来同样有道理、同样可接受的对立原则。举例说，如专业化原则、命令统一原则、管理幅度原则，以及按照目的、过程、客户或地域进行组织分工的原则等。事实上，为了提高管理水平和管理效率，有时需要专业化，有时需要多样化，其他的原则也大抵如此。西蒙认为这些本不是什么管理原则，而是人们判断管理状况的判据，但被人们误认为管理原则了。这就造成了管理理论上各持己见、争论不休的局面，也让企业的实际工作者无所适从，管理者们对管理理论的不满意也就不言自明了。西蒙认为，消除以往管理理论的弱点，通往真正管理理论的正确途径应该是：系统而全面地识别全部重要的判据，权衡这些判据，并在使用这些判据来判断管理状况时以管理效率为最高原则。

西蒙认为，组织的行为是众多决策过程所构成的一个错综复杂的网络，其中各个决策者的行为又受自身理性限度的约束，因而考察影响决策者理性限度的因素便至关重要。他认为，决策者的理性限度不是静止不变的，如果组织为决策者提供的各种前提，乃至组织环境本身，可以使决策者的理性限度发生变化，克服和缓和决策者受到的各种理性约束，从而使决策者的决策更接近于理性。管理的任务就是构筑克服决策者理性限度的组织环境，形成使决策者的决策更接近理性的平台或土壤。在这种意义上，可以说，凡是有利于提高决策效率与合理性的原则和措施都是合理的，否则就是不合理的。这样才能推动管理理论的前进，减少无谓的论争。西蒙的这种思路中，实际上又包含了权变的思想。

一、管理就是决策

西蒙正是在这种认识的基础上开始从决策的全新角度重建管理理论。他认为以往的管理理论只重视管理结果和管理过程，但忽视了到底选择哪种管理行为才能有效达到目标的判断和决策过程。事实上，管理过程中每一阶段的每一管理行为，如计划、组织等，其中都有一个可分解的决策过程（见表5-1）。西蒙认为正是这一决策过程，构成了管理的核心，他还提出了"管理就是决策"的创新观点并发表了多种著述，形成了著名的决策管理学派。

管理观有多种，比如有卡斯特、孔茨、奥唐奈等人的过程观，有雷恩、霍德盖茨等人的用人观，西蒙则持决策观。从字面上讲，不少人理解决策就是做决定，一位企业家曾经很形象地说明这一含义：管理就是点头摇头。虽然过于简单，但很到位。点头是决定，摇头也是决定。尽管决策（行为）和管理（行

表 5-1 管理职能与其中的决策问题

职能	决策问题	职能	决策问题
计划	组织的长远目标是什么？ 什么战略能够最好地实现这些目标？ 组织的短期目标应该是什么？ 每个目标的困难程度有多大？	领导	我应该如何对待缺乏积极性的雇员？ 目前哪一种领导方式最有效？ 调整工资将如何影响工人的生产力？ 何时是激发冲突的最好时机？
组织	直接向我报告的下属是多少人？ 组织的集权程度应该有多大？ 职务应如何设计？ 组织应何时实行改组？	控制	组织中的哪些活动需要控制？ 如何控制这些活动？ 业绩偏差达到什么程度才算严重？ 组织应建立何种管理信息系统？

为）在内涵上是相互交织渗透的，但看问题的角度却是不同的。我们来比较一下管理职能论与决策论吧。

首先，每个管理职能中存在着多种决策。我们把管理职能简单分为计划、组织、领导、控制，然后细分一下每种职能要解决的问题，就可以看出，这些问题实际就是我们要进行的决策。也就是说，每一职能中都渗透着多种决策。我们甚至可以将管理职能看做是对某一类决策的一种归类方法，比如进行计划类决策的过程叫计划职能，进行组织类决策的职能叫组织，进行控制类决策的职能叫控制等。管理者要完成每一种职能都要做出很多具体的决策。

其次，每一个决策过程中都包含着各个管理职能。当我们不将决策简单地看做一种行为而看做一个过程的时候，我们又会发现，每一个决策过程中又包含着管理的全部职能。比如，决策理论认为人和组织解决问题的决策过程分为搜集情报、拟订方案、选定方案和评价方案四个阶段；或更具体地分为识别问题、确定决策标准、为标准分配权重、拟订方案、分析方案、选择方案、实施方案和评价效果八个步骤。[①]这样的话，管理职能就又包容在整个决策过程之中了。所以，决策理论和管理职能论（或管理过程论）实际是你中有我、我中有你的关系（见图 5-1）。

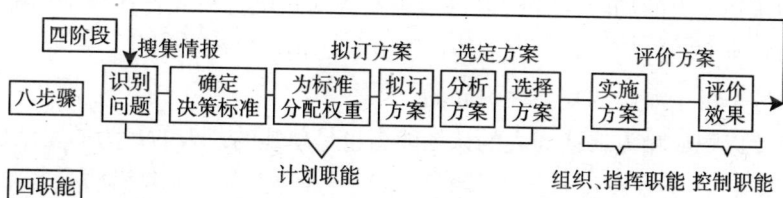

图 5-1 西蒙的决策过程与法约尔的管理过程比较

---

① 斯蒂芬·P. 罗宾斯：《管理学》，黄卫伟等译，中国人民大学出版社 1997 年版，第 119~123 页。

这里的较大区别是，决策理论绝对重视计划这一职能，基本强调到无以复加的程度了。因为无论是将决策过程分为四个阶段还是八个步骤，决策过程的绝大部分时间和内容都是在做计划。决策理论中可能隐含着这样的意思：即合理性的决策或计划过程是管理中最重要的。这倒符合企业管理中先动脑，后动手；充分动脑，减少动手；民主决策，权威管理等有效经验。

二、西蒙的"蚂蚁"

西蒙的研究受到计算机科学和认知科学的较大影响。他通过研究人类解决问题和制定决策的本质，提出了"信息处理系统"的组织观。信息是决策的基础，信息处理技术的迅速发展，使决策的效率和合理性大大提高了。但是，在"信息爆炸"的当代，重要的不是获得信息而在于对信息进行加工和分析，并使之对决策有用。西蒙认为今天的稀有资源不是信息，而是处理信息的能力。决策理论的核心概念和根本前提是人类认知能力的局限性。所谓人类认知能力的局限性，是指人在较短或一定的时间内处理信息能力上的界限。决策学派据此提出了信息处理范式。他们将人的思考过程看做一种信息处理过程，认为"一个人之所以能够思考、学习和创造，是因为人的生物天资赋予了他以程序和由于他出生后的环境与原有程序交互作用而在该程序中所产生的变化共同使人能够思考、学习和创造的。所以，如果计算机也能像人一样思考、学习和创造的话，那是由于借助于程序的作用，是程序使计算机具有这种能力"。[①]

西蒙的研究中有一个著名的"蚂蚁"比喻。一只蚂蚁在海边布满大大小小石块的沙滩上爬行，它要回家。蚂蚁的爬行留下了弯弯曲曲的轨迹，忽左忽右，忽前忽后，非常复杂。西蒙认为，这种复杂性绝不表示蚂蚁认知能力的复杂性，而只表示着海岸岩石分布的复杂性。蚂蚁在海边爬行，它虽然能感知蚁巢的大致方向，但它不能预知途中可能出现的障碍物，视野也是很有限的。由于这种认知能力的局限性，所以每当蚂蚁遇到一块石头或者什么别的障碍时，就不得不改变前进的方向，这就造成了复杂的爬行轨迹。因此，蚂蚁行为表象的复杂性是由于海岸的复杂性引起的。

西蒙以蚂蚁喻人，认为人的认知能力也是单纯的，人的行为的复杂性也不

---

① 赫伯特·A. 西蒙：《管理决策新科学》，中国社会科学出版社1982年版，第58页。这一方面的研究后来发展为人工智能科学的研究。人工智能理论的核心假设是：人类的思维是由程序控制的，人们可用编制程序的方法来描述人类控制符号的情况，使计算机去模拟人类的思维过程，也就是说使计算机更像人。

过是反映了其所处环境的复杂性。西蒙的信息处理系统组织观认为：第一，人和蚂蚁一样是一个极其简单的行为系统，人的认知能力是有局限性的。第二，因为人的认知能力有局限性，所以人的决策就不得不以满意原则为标准，而不能以最优化（最大化）原则为标准。第三，为了在满意的基础上保证尽可能大的合理性，就应该通过组织结构的设计，使组织内信息处理单纯化，以尽量减少和克服个人认知能力的局限性。

决策理论把人和组织视为一个信息处理系统，将人和组织解决问题的决策过程分为四个阶段：

（1）搜集情报阶段。指收集企业所处环境中有关经济、技术、社会等方面的情报以及企业内部的有关情报并加以分析，以便为拟订和选择计划提供依据。

（2）拟订方案阶段。以企业要解决的问题为目标，依据第一阶段所收集到的情报，拟订出各种可能的备选方案。

（3）选定方案阶段。即从可供选择的各种方案中选出一个适用的行动方案。

（4）评价方案阶段。对已做出的抉择进行评价。他们假定如果人们能够按照这种阶段化、程序化的方式来处理信息和解决问题，就可以提高行动的合理性和工作的效率。

三、决策人假设

无论决策过程多么细致、严密和科学，也无法达到绝对的合理性和最优化。西蒙认为要实现绝对理性的决策原则，必须有三个前提：一是要决策者对可供选择的方案及其未来后果要无所不知；二是决策者要有无限的估算和预测能力；三是决策者脑中对各种可能的后果有一个完全且一贯的优先顺序。但是，这样的决策行为却因以下三个方面的理由而无法达到绝对化。

首先是知识的不完全性。知识的机能是对备选方案进行选择。要做到绝对合理，就需要对各种备选方案可能的结果具备完整的知识，但实际上我们在此方面的知识经常只能是部分的和片段的。

其次是预测的困难性。因为结果是未来的、还没发生的，所以在对这些结果做价值评价时，就不得不用价值判断和想象来弥补经验和数据的不足。但是，价值判断更是不完整和不可确定的，这使预测只不过是一种对未来的期待。

最后是穷尽方案的困难性。绝对的合理性要求在可能发生的所有替代方案中选择，但人类的想象力还远达不到将所有可能的结果和途径都考虑到的地步，尤其是对企业中一些较为复杂事务的决策。

据此，西蒙等人提出了有限理性和满意解的概念。现实生活中决策者的理性是介于完全理性与非理性之间的有限理性，由于决策者的价值取向和目标往往是多元的，他们的知识和能力水平是很有限的，在决策中常表现出冲突的行为。无论是个人决策还是群体决策，大多数都是发现和选择满意方案的过程。在知识的不完全性、预测的困难性和穷尽方案的困难性的约束下，要作出的决策就不可能是最优解，而只能是带有一定妥协性和主观性的满意解。我们认为，在某些情况下，管理者甚至会选择非不满意解或较少不满意解，也就是两害相权取其轻。否则，管理者就不能处理和解决现实问题，而只能像学者一样提出理论模型和假设来分析问题。

基于人及人的组织不可能全知全能的前提，西蒙与马奇在《组织》一书中提出了不同于以往管理科学和行为科学理论中的"经济人"、"社会人"不同的人性假设。

首先，他们提出"机械人"假设。即把组织成员看做和机械一样是进行一定工作的生产工具，员工只能被动地接受命令，完成作业，在解决问题时不发生什么作用。

其次，提出了"动机人"的概念。这种人性假设认为人是为了满足个人的某种需求、动机和目的而劳动的。行为科学理论就持这种观点。

最后，提出了人性假设。即西蒙、马奇所强调的"决策人"假设，又称"管理人"假设。即组织成员都是为实现一定目的而合理地选择手段的决策者。巴纳德的社会组织系统理论和西蒙的决策理论倾向于这种假设。

他们认为，"决策人"是在有限合理性的基础上，追求满意化而不是最优化决策的。可以说，管理人是比较现实的，他们追求决策的合理性，但又会在某种程度的合理性上达成妥协。这些观点为我们今天走进管理的大门提供了坚实的台阶。

四、三性决策模型

决策理论把人和组织解决问题的决策过程看做信息处理过程，提出了搜集情报、拟订方案、选定方案和评价方案的四个阶段，但并没有对信息的内容或性质作出分析。笔者认为，既然是决策人，应该从决策人的目的和价值观的角度来发展决策理论，而不仅仅是处理纯粹客观的信息。因此，我们在此提出一个"三性决策模型"，作为西蒙决策模型的发展或补充。

决策人收集和处理何种信息，又按照何种顺序使用这些信息呢？我们认为，信息可以分为必要性信息、可能性信息和重要性信息三类。为了决策的成功不得不收集和处理的信息为必要性信息，比如客户需求、政策规定、法律制度信息等；为了执行决策所需要的资源条件为可能性信息，比如时间、人力、财力，物力及其信息等；为了选择优先做什么决策的紧急、高价值信息为重要性信息。

从三性角度看，决策人也可分为三种类型：第一种是首先考虑可能性信息，从有什么资源条件出发制定决策，这种决策人比较谨慎和保守；第二种是首先考虑重要性信息，从决策人的价值导向、意义大小或兴趣爱好出发制定决策，这种决策人比较主观和决断；第三种决策人是首先考虑必要性信息，从决策要满足的客户需求、规则约束出发制定决策，这种决策人比较客观和高效。

站在管理者的立场和职责上看，决策人应该从有利于组织目标实现的必要性出发，其次考虑可能性，最后考虑重要性，这样的顺序更容易制定出成功的决策。管理者要考虑对外界的贡献而不是自我价值，更不是个人兴趣，因此，客户需要的才是必要的、不得不做的。管理者还要保证决策的成功，就需要执行决策的可能资源条件，仅有需求没条件达成，也无法形成决策。只要当必要和可能做的事情或任务众多的情况下，管理者才开始进行重要性排序，有取舍地选择相对更重要或紧急的事情做。

我们认为，这样的三性决策模型能帮助管理者分类和简化要收集和处理的信息，帮助管理者决定优先处理的信息，从而形成更有效的决策方案。

我们用如下公式来表示三性决策模型。

$$必要性 \times 可能性 \times 重要性 = 有效的决策$$

五、价值前提与事实前提

西蒙的决策理论吸收了不少巴纳德的思想和观点，但西蒙与巴纳德在决策的前提设定上却有着根本的区别。西蒙认为科学研究和行动需要有两个基本前提：一个是价值前提，另一个是事实前提。但西蒙是在舍象了信息的价值和含义之后来研究信息处理和问题解决的，可以说他追求的是"决策的纯科学化"目标。他之所以从实践性和主观性很强的管理理论中舍象掉价值要素，可能和他本身是一位没有企业实际工作经验的、追求科学主义的纯学者这一背景有关系。

西蒙的理论是建立在我们已经确定了所用信息即事实的前提之下展开的。这和他把注意力集中在信息概念，并把信息看做待处理的对象这一角度有密切关系。如果我们采用了知识而不是信息的概念，如果我们不仅把信息看做待处理的对象，而且把处理信息的主体也包含进去的话，恐怕西蒙只要事实前提而将价值前提舍象掉的做法就有疑问了。正像西蒙自己所讲的"没有前提就没有结论"，没有价值前提也就没有可进行价值判断的结论。

在现实生活中（用巴纳德的话讲是在日常事务中），离开了价值前提人是行动不了的。退一步说，即使行动了也没实际意义。《爱丽丝漫游奇境记》中爱丽丝的故事似乎在讲这一道理。

爱丽丝说："请告诉我，从这里到那里去我应该走哪一条路？"

猫说："那就要看你要到哪里去了。"

爱丽丝说："我不在乎到哪里去。"

猫说："那你走哪条路都没有关系。"

西蒙告诉了我们"怎样走路才快"的道理和方法，但"要不要走路和走到哪里去"的问题还必须由我们自己来决定。但这样的问题往往难以科学化，不得不由着我们的价值观和"感觉"来。这就产生了直觉决策与理性决策相结合的问题。在以下的情况下，我们可以多用理性决策：①问题清楚；②目标统一；③有已知的选择；④有明显的偏好；⑤有一贯的偏好；⑥没有时间和成本的约束；⑦追求最大化报偿。

但在下面这样的情况下，我们就要运用直觉决策了：①存在很大的不确定性时；②基本没有先例可借鉴；③变化难以科学预测；④事实很有限；⑤事实不足以明确给以指导方向；⑥分析性数据用处不大；⑦每一个备选方案都不错；⑧时间有限又必须做决策，如遭遇危机时。

总之，理性决策需要资源和知识，直觉决策需要悟性和胆识。但是，管理界流传的"要项目时拍脑袋，要承诺时拍胸脯，有人反对时拍桌子，出了问题时拍屁股"的所谓"四拍"式决策过程是绝对要不得的。在研究生的论文写作中，也经常出现类似的决策（见表5-2）。这些并不是直觉决策，而是毫无信

表 5-2 学位论文写作决策中容易出现的问题

序号	问　题
1	题目选择：过大，超越个人信息处理能力的有限性
2	方法选择：研究方法、解决问题方法没有操作性
3	感性偏好：依兴趣和嗜好歪曲问题本质，按兴趣和嗜好选择题目和数据，解释统计数字
4	信息选择：容易获得的信息往往挤走质量高的、重要的但不易获得的信息
5	直奔目标：判断与结论先行。有意识、无意识倾向于过早地在决策中偏向某个具体的观点，并使整个写作过程为其服务

续表

序号	问　　题
6	固执己见：前一段的方法和结论被证明不成功，但认为是努力不够而加大投入，力图证明前面的没有错，且越有人反对越坚持
7	暧昧创新：论文中分不清哪是自己创新的，哪是学习继承前人的，甚至让人产生剽窃的嫌疑
8	为己而写：不考虑导师、答辩委员的想法和社会有用性，纯粹为自己而写。观点偏激，视论文为产品而不是商品
9	忽视本质：自己的论文自己不想再看，纯粹为应付答辩，浪费自己的时间，也不能真正提高研究问题、整理知识的能力

心的主观臆断了。

　　需要指出的是，西蒙的决策理论较少谈到决策机制或者集体决策问题，但这却是管理决策中特别重要的一个方面。比如，联合国安理会常任理事国的决策机制是一票否决权，比如华为公司采取的是轮值 CEO 制度。再如，在委员会决策机制中，是"从贤"还是"从众"，也会存在不容易确定的问题。在决策重大事项时，有的企业采取的原则是"从贤不从众"，而非"少数服从多数"。"贤"不仅指贤人，更指贤策，这和信息在谁手里有关系。有企业家提出遇事"先听多数人意见，再和少数人商量，最后个人决定"的决策程序，也是一种解决方法。我们认为，有效决策要看前提，其原则有四：一是多数人都厉害时，从众；二是多数人不厉害时，从贤；三是无法理性判断时，从心；四是无能为力时，从命。换句话说，一是民主，二是权威，三是价值观，四是顺其自然。这些都是应该在决策理论中深入研究的课题。

第二节　决策技能的开发

　　因为西蒙认为管理即是决策，所以，决策技能开发也就是管理技能的开发了。西蒙从决策角度开发技能的观点对我们提高管理技能水平有重要作用。

一、管理可以学会吗

　　通常人们相信优秀的决策制定者即管理者，就像一个优秀运动员一样是天生的，不是后天学会的，而且还可以举出很多例子来佐证。比如，李嘉诚、松下幸之助没有学过管理，泰罗、盖茨连大学也没上完，等等。西蒙认为这种信念只有一半的真理，管理是可以学习的，管理技能是可以开发的。这和法约尔

"管理知识是可以传授的"观点一致。我们也曾以《学出来的企业家》为书名，提出 MBA（工商管理硕士）只要教育和学习得法，优秀企业家就是可以学出来的观点。

这里首先要讨论天赋与人为的关系。不可否认，"造化"所赋予人的运动方面的生物潜能是不同的，同样，造化也赋予人以不同的智慧、天性和许多别的特点和潜能。但是，我们也看到，在体育界，不少天生条件看来应该优秀的运动员并没有取得应有的运动成绩；在企业界，许多聪慧过人的企业家也没有成为业绩骄人的企业家。看来，要获得成功，先天和后天都是需要的，当某个有天赋的人依靠实践、学习和阅历，将其天赋发展成为成熟技能的时候，一个优秀运动员就诞生了。一个杰出企业家的诞生，也是由于本人具有天赋（包括智慧、精力和某种与人共事的能力），依靠实践、学识和经验，将其天赋发展成为了成熟的技能。决策技能和运动技能一样，是可以学会的，是可以进行训练的。

二、决策技能和让人决策技能

管理就是通过其他人、与其他人合作来完成组织的目标。因此，管理者的职责就不仅包括本人制定决策，也包括负责他所领导的组织，或组织的某个部门，或部门的某个成员能有效地制定决策。事实上，后者可能比前者还要重要，因为他责任之中的大量决策制定活动并不是他个人的活动，而是其下属人员的活动。

从这个意义上讲，管理者就不但要会决策，而且要会使他人决策。换句话说，就是管理者不但要有自我决策的技能，还要有使人决策的技能。这是两种完全不同的管理技能。遗憾的是，不少管理者自己会决策，但不会教人或让人决策。我们没有理由认为在自我决策过程中具有很高技能的人，也应该同时在设计高效决策制定系统，使人决策有效的方面具有同样高超的技能。西蒙曾举例说，认为这两种技能之间存在必然联系，就好比假设某一举重运动员就一定能设计起重机一样荒唐可笑。

但是，这些技能掌握与否和运用如何正好是判断管理者优秀层次的标准之一。我们通过对很多管理者的观察提出了如下假设：三流管理者自己做事，二流管理者带人做事，一流管理者思考让人做事，超一流管理者让人思考。

三、程序化决策和非程序化决策

决策技能即是如何做决策。西蒙首先把决策分为程序化决策和非程序化决策两种类型，指出适应不同的决策有不同的技能，并区别了现在常用的传统技能和将来要用的现代技能。这就使决策技能分为了四种类型（见表5-3）。

表5-3　决策类型和决策技能

决策类型	传统技能	现代技能
程序化 重复的、例常的决策，由组织制定其决策的程序	(1) 习惯 (2) 事务性常规工作：标准操作规程 (3) 组织结构：职责分工、分目标系统、明确规定的信息联系渠道	(1) 运筹学：数理分析、模拟、计算机模拟 (2) 电子数据处理
非程序化 一次性、非例常的、新的决策，用通用问题解决过程处理	(1) 判断、直觉、创造性 (2) 经验 (3) 管理人员的选拔和训练 (4) 设立专门从事非程序化决策部门	探索式解决问题的技能 (1) 决策者培训 (2) 编制探索式计算机程序

程序化决策与非程序化决策是性质相反但不是毫不相干的两类决策，它们是一个光谱一样的连续统一体，一端为高度程序化的决策，另一端为高度非程序化的决策，并且，"世界大部是灰色的，只有少数几块地方是纯黑或纯白的"。

决策可以程序化到呈现出重复和例行状态，可以程序化到制定出一套处理这些决策的固定程序，以致每当它们出现时，不再需要重复处理它们。决策可非程序化到使它们表现为新颖、无结构、混沌的程度。处理这些问题没有灵丹妙药，因为这类问题是全新的，在过去从来没有发生过，也可能因为问题的确切性质和结构尚捉摸不定或非常复杂，或者因为问题非常重要而需要用完全独特的方式处理等。

程序化决策与非程序化决策的分类有些像例常问题和例外问题的分法。这倒使我们想起，管理者的任务可能有两个，即不仅要作决策，而且要不断地将非程序化决策转化为程序化决策。

四、决策技能的分类

西蒙认为，区分程序化决策与非程序化决策的主要依据是：在解决我们决策制定中的这两方面的问题时，采用的是不同的技能。对于传统的决策技能，不管是程序化决策的还是非程序化决策的，我们都比较熟悉了。对于程序化决策中的现代技能，由于运筹学和IT（信息技术）的迅速发展，已经比较为人们所熟悉。但是，我们对非程序化决策的现代技能和方法还很缺乏认识和了解。

鉴于决策技能问题在决策理论中的重要性，在此，我们对四类不同的决策技能做一较详细的分析。

（一）传统程序化决策技能

西蒙认为，传统程序化决策技能首推习惯。习惯是制定程序化决策全部技能中最为普通和应用最多的技能。这些习惯技能部分由组织提供，部分是由通过聘用有此习惯技能的新员工获得的。新员工的习惯技能一般在由社会办的教育训练机构中习得，企业组织等也因为训练员工的习惯技能而付出巨大开支。

与习惯紧密相连的另一种传统技能是标准操作规程。它与习惯技能的区别在于，习惯已经内化在人的行为中，已经记录在人的中枢神经系统里了，而标准操作规程还是刚形成为一种由正式书面形式记录下来的程序。由于标准操作规程是成文的，因此为新员工提供了一种教育他们尽快合于组织所要求的习惯技能模式的手段。联想集团的所谓"入模子"教育也就是这样一个手段。标准操作规程还能提醒老员工注意那些由于不经常使用而没有形成他们习惯的技能，并具有通过文字将习惯技能公之于众，使员工不断检查、对照、改进技能的作用。

组织结构本身就是对决策制定过程的一种不完全的记述和说明。组织结构首先是在对职务进行分析，对工作流程进行判断，对哪类决策应该有哪些部门和人员负责进行的设想和设计。同时，组织的等级结构还决定着整体目标和分目标之间的连锁，规定着组织部门间、人员间信息情报的流通渠道。

在改进和提高传统程序化决策技能方面，企业常用的方法主要有：通过培训、有计划地轮换岗位，来提升员工的知识、技能和习惯；不断制定和改进标准操作规程，并做到切实使用而不是做摆设；灵活调整组织结构，按组织目标修订职责分工等。

这些传统的程序化决策技能，可以说在很早以前的人类历史中就产生和广泛运用了，比如修长城和修金字塔就是运用了这些决策技能，但是，由于以前并没有留下多少成文的记载，人们只能从那些建筑物或工具上推测这些技能了。从 20 世纪初开始的以泰罗、法约尔等为代表的科学管理运动，就是对重复性、例常性工作技能的标准化，是传统程序化决策技能的一次革命。

（二）传统非程序化决策技能

制定程序化决策依靠的是比较简单的心理过程，这种心理过程一般可以让人理解，因为人们可能有着基本相同的习惯、知识和想事做事的程序。但是，制定非程序化决策所依靠的是目前人们还不甚了解的复杂的心理过程。正是由于我们不了解，所以有关非程序化决策的理论和技能描述就显得非常空泛。不仅理论界是这样，现实中的管理人员也好像告诉不了我们多少东西。比如，当我们请教管理者是如何制定非程序化决策时，他经常告诉我们是靠"判断力"，这种判断是通过某种不确定的方式由经验、感觉、洞察力或直觉决定的。有的管理者则告诉我们那些复杂而重要的决策靠的是"创造精神"，甚至是一个字："悟"。

但是，我们怎样才能提高"判断力"、"创造精神"和"悟性"呢？这可是一个难题。但不如此，我们就谈不上提升非程序化决策的技能水平。可以考虑的一些手段是，比如思维训练（反向思维、建设性思维等），比如养成遇事问一个为什么的习惯，比如对复杂情况的各种可能表现列出清单等。圣吉的《第五项修炼》中的系统思考训练等也可能是有效方法之一。

对于一个组织来说，提高传统非程序化决策技能的方法不外有三个：一是选拔人才，靠人才特有或天生的卓越判断力和创新精神，来改进组织制定非程序化的复杂决策的过程。当我们还没有弄清楚非程序化决策心理过程的奥秘时，这是不得已但聪明的办法——用人之智慧。二是有计划地通过知识、思维培训和工作体验提高决策者的非程序化决策技能。尽管学习过程和解决问题的过程一样还神秘莫测，尽管我们还不熟知这些技能是怎样学和练出来的，但事实告诉我们，受过训练和有经验者的技能就是比没有受过训练和无经验者的技能要高。因此，我们不能忽视这些手段。二是设计有利于制定非程序化决策的组织结构。不少优秀的企业都设有专门研究较为复杂的非程序化决策的部门，如有销售部门也有市场部门，有技术部门也有战略研发部门，后者就是专门服务于非程序化决策制定的。西蒙指出，非程序化决策的位置符合"格雷沙姆定律"，即程序化决策有排斥非程序化决策的倾向，如果一位管理者同时担任着既有程序化决策，又有非程序化决策的混合型工作，那么，他就有一种重视程序化决策轻视非程序化决策的倾向。建立专门的组织可以保证合理有效地将智慧和精力分配给非程序化决策。

西蒙认为，人类的思维、问题解决和学习的过程，还是一个很神秘的过程，即使我们可以用一些辅助手段提高决策者的技能，但也不过是将他们由托儿所提升到幼儿园，还很难对非程序化决策的制定者进行更进一步的教育。这实际上是提出了学习理论的研究课题。

（三）现代程序化决策技能

对于程序化决策的新技术，西蒙主要提出了运筹学、数学工具、计算机模拟和信息处理等现代决策方法问题。其中，运筹学在今天几乎成了管理科学同义语，包括了众多科学方法在管理学中的应用。人们一般还把泰罗等人的科学管理看做是管理科学（包括运筹学）的早期基础。但实际上，运筹学最早不是从工厂而是从军队或战争中产生的。但是越到后来，由于工业工程（IE）等的居中发展，这些科学方法越来越多，融合度也越来越高，就再也分不出异同来了。

西蒙认为，程序化决策新技术的发展，使以前那些常规的程序化决策实现了自动化，而靠判断力进行决策的领域又不断为运筹学、计算机等手段所代替，这样，程序化决策的空间在迅速扩大，像自动化工厂一样，将来企业的经营决策也会自动化了。

（四）现代非程序化决策技能

但西蒙也很清楚地看到，尽管程序化决策制定技术的进步在不断减少非程序化决策的领域，但这种进步好像依然没有触动管理决策制定活动的"重要部分"，尤其是中高层管理者要解决的管理问题，还不能很好地用数学或计算机手段来处理，西蒙判断说，"也许永远不能"。

西蒙认为要创造性地或者说要探索性地解决问题，只有两条途径好走：一是找到如何从实质上增加人类在非程序化决策环境中解决问题的潜力；二是找出用计算机帮助人类解决问题而又不用先将问题简化为数字或数学形式的办法。这两种途径都需要我们对人类解决问题的过程有一个更深刻的理解，实际上也是对人类思维过程的理解，特别是对人类的感性思维的理解。

以西蒙为代表的决策学派，似乎更倾向于如何不断地增加程序化决策和使用现代化决策技能的立场，他们认为"问题解决过程的复杂性是由大量极其简单的基本元素间相对简单的相互作用集聚而成的"。他提出的"目标—手段分析法"就是力图通过把非程序化决策简化为一系列的程序化决策而最后完成非程序化决策。换句话说，他认为，非程序化决策总是可以分解程序化决策的。乍听起来也有道理，但总让人觉得这种方法就像研究劳动价值论的学者们，因无法明确地说明复杂劳动的内涵，而轻易地采取了"复杂劳动等于数倍简单劳动"的简化方法一样，将什么不该舍象的东西舍象掉了，给人一种"倒出去的洗澡水里是不是还有孩子"的不安感。

其实，西蒙也意识到了管理中总有一些不能完全科学化的东西，但他没有重视它。西蒙认为，只要我们承认非程序化决策总是可以分解程序化决策的，那么非程序化决策制定的自动化程度问题也就不再是个技术问题，而将变成一个经济问题。他举例说，从技术上讲，我们今天完全可能不依赖石油、煤和核燃料而直接通过阳光取得全部能源。但从经济上讲，这是完全行不通的。他认为，只是计算机的使用费用使我们"花不起这笔钱去搞非程序化决策的制定工作，除非这种决策的成果等于五个中级管理者的工作结果"。这样他就把对组织有重大意义的非程序决策问题转化为简单的经济问题了。

可以说，巴纳德所说的逻辑与非逻辑概念与西蒙提出的程序和非程序概念在语义上是非常接近的。但在这对概念的价值判断上，两人却完全不同，巴纳德强调非逻辑心理过程（即非程序化）的重要性，西蒙却重视程序化（即逻辑化）的过程及其技能。

因此，尽管西蒙提出了非程序化决策，也区别了非程序化决策的技能，还在论述管理者应具备的品质时提出重大决策往往是非程序化决策，没有一定的章法可循，因此要求决策者要有丰富的经验，有敏锐的预测能力和机智的判断能力等。但他对决策过程的逻辑性和人类认识能力的局限性还是强调得有些过头了。

他力图研究信息与知识的编码化，但同时却忽视了巴纳德所说的非语言的、非逻辑的心理过程的作用；他重视了知识的科学化，却忽视了行动知识（珀雷尼把它称为隐含知识）本来就是科学知识的源泉。对于西蒙来说，非程序化决策所用的技能如判断、直觉、创造性、经验等行动知识或隐含知识只不过是一种噪声，人的思维推理、决策的逻辑性比起价值、含义等方面来要重要得多。他对某种问题中所包含的模糊性、多义性和信息的冗长性的重要作用没有给予足够的重视。尽管他认识到了知识的整体就像冰山一样，大部分是藏在水面下边的，而且是不能用词语表达的，但他还是强调知识的共同性——"那掩藏起来的巨大的下部冰山和我们看到的那部分冰山一样，都是冰"。

五、知识的增长

西蒙是一位重视知识作用的学者。他认为，人类知识的增长是产生变革和进步的第一个主要因素。这个因素引导着系统的方向，尤其决定着实现技术变革可能性的限度。资本的增长则是变革的第二个主要因素。在可以实现技术变革的范围内，这个因素决定着其经济方面的内容。[1] 从这些看法可知，西蒙非常重视知识的作用，认为知识的增长是变革的必要条件，资本的增长是变革的充分条件。

---

[1] 赫伯特·A. 西蒙：《管理决策新科学》，中国社会科学出版社 1982 年版，第 12 页。

西蒙认为，新的知识实际上就在于对思维与学习过程的一种基本理解，更确切地说就是对复杂信息处理的一种基本理解。他认为，人类知识的直接增长，指的是从人类思维方法所得到的更深理解；人类智能的间接增长，指的是计算机的人工智能对人类智能的加强。看来，西蒙认为的知识之中，关于思维、学习的方法类知识占有相当重要位置。

西蒙关注的是信息处理，而且主要是个体的信息处理问题，因而他注意信息或知识的量，而对其质，比如信息或知识的类型问题就不太看重了。同时，他无论在个体层次还是在组织层次，都忽视了人的知识创造的可能性，实际上他最基本的思维模式来自笛卡尔式的合理主义。西蒙把组织与环境的适应关系看做是被动的，他认为，企业就是一个通过改变以处理信息为目的的组织结构来被动地适应环境变化的组织，他没有研究能动地影响环境的组织行为这种现象。实际上，能动地影响着环境的组织，不仅仅是在有效地处理着信息，而且还在创造着信息和知识；不仅在解决问题，而且在发现问题，甚至在创造问题。因此，组织就不仅仅是减轻信息处理负担的一种手段，也是不断增加内部多样性，不断打破现有的思维和行为模式并创造新模式的、进化着的有机体。

我们所说的：三流企业卖力气，二流企业卖产品，一流企业卖技术，超一流企业卖规则（指能成为新市场规则或游戏规则的产品标准与知识体系），在一定程度上就是这个意思。

提高处理信息的能力和行动合理性的手段是各种决策技能（包括传统技能和现代技能）的采用，换言之，是我们"知识"的提升，因为知识可以看做是处理信息的手段。西蒙承认技术就是知识，是如何制造东西的知识，是如何去做工作的知识。技术是知识的核心部分之一，但不是知识的全部。西蒙本人也察觉到了技术知识与分析技术知识的经济和社会价值，以及展望和研究这些价值的"知识"之间有着巨大的差异，但他和巴纳德一样没有将知识作为理论的核心概念，对信息或知识的类型问题就不太看重，因而没能对知识问题进行更深入的展开。

思考题：

1. 举例解释决策过程的搜集情报、拟订方案、选定方案和评价方案四阶段。

2. 请对比分析识别问题、确定决策标准、为标准分配权重、拟订方案、分析方案、选择方案、实施方案和评价效果八个步骤和法约尔的管理五职能。

3. 管理者为什么应该在满意解的情况下作出决策？

第六章 文化管理

本章目的：

理解作为功利和经济组织的企业为什么要建设企业文化、企业文化的内涵、优秀企业推崇的企业文化，以及企业文化在企业中的地位和作用。掌握企业应该何时采用何种方法建设企业文化，理解企业家在企业文化建设中的决定性地位。

第一节 从成功到成道

观察中国的优秀企业，像海尔、华为、万科、TCL、山东电网等公司，虽然它们的行业不同，经营的模式不同，但它们都有一个共同的特点：企业的成长培育了优秀的企业文化，优秀的企业文化又帮助企业不断地成长。再看世界级的优秀企业，如惠普、通用、IBM、松下、索尼等，在优秀文化方面都有相同的特征。我们似乎可以得出这样的结论：优秀的企业都有优秀的企业文化，优秀的企业文化可以推动企业持续成功。换句话说，优秀的企业文化是企业持续成功之道。

现代企业的管理正处于由计划、组织、控制为主的管理模式，向愿景、价值观、思维模式为主的管理模式转变的阶段。前者以事为中心，后者以人为中心，并力图通过人更有效地做事。我们将这种以人为中心的，以愿景、价值观和思维模式为主的管理，叫做企业文化管理。

一、优秀企业的文化管理

最著名的中国企业的文化管理文件莫过于《华为公司基本法》，最著名的跨国公司企业文化管理文件莫过于《惠普之道》。《华为公司基本法》包括公司的宗旨、基本经营政策、基本组织政策、基本人力资源政策、基本控制政策和接班人与基本法的修改六章，可以说是华为公司核心价值观和基本政策的综合体现，其内容和形式成了众多中国企业文化管理的范本。其提出的"为了使华为成为世界一流的设备供应商，我们将永不进入信息服务业"，"认真负责和管理有效的员工是华为最大的财富。尊重知识、尊重个性、集体奋斗和不迁就有功的员工，是我们事业可持续成长的内在要求"，"决不让'雷锋'吃亏，奉献者定当得到合理的回报"等新理念影响巨大。具体请参看本书附录。

《惠普之道》提出了五条企业价值：①我们信任并尊重个人；②我们关注高层管理的成就和贡献；③我们坚持诚实经营、毫不妥协；④我们通过团队精神来实现共同目标；⑤我们鼓励灵活性和创新精神。同时，它还确定了七条企业目标：利润、客户、关注的领域、成长、我们的成员、管理和公民，并提出了四项经营策略和管理方式：走动式管理、目标管理、开放式管理和公开交流。正如惠普公司创始人之一比尔·休利特所言："这是由一种信念衍生出来的政策和行动，这种信念是：相信任何人都愿努力地工作，并能创造性地工作，只要赋予他们适宜的环境，他们一定能成功。"企业文化管理就是为员工创造一种环境、一个舞台、一块土壤。

二、对企业文化要素的一般研究

优秀企业基本上都有自己的文化纲领、文化宣言或商业准则之类的文件，当然，一个企业不是仅仅靠企业文化就能成功的。在有关优秀企业的成功经验或原则的研究中，一般是把企业文化作为重要因素看待的。对于众多优秀企业研究的结果，人们归纳出多种企业文化的一般特征。

比如在《追求卓越》一书中，彼得斯和沃特曼在研究了高新技术、消费品、传统工业、服务行业、能源化工行业等多个领域中，包括惠普、IBM、英特尔、宝洁、3M、柯达等60多家世界知名企业之后，总结出了成功企业的八大属性：行动至上，贴近顾客，自主性和企业家精神，人本重于资本，基于价值观的实践，不偏离核心业务，组织简化与总部精干，宽严并济。

柯林斯和波勒斯在《基业长青》一书中，选取所谓的高瞻远瞩型公司进行研究，其中包括美国运通、波音、花旗、通用、惠普、IBM、3M、索尼、沃尔玛等近20家世界知名企业，研究成果认为这些企业基业长青的奥妙在于：造钟而非报时——公司领导人致力于建立组织，而非使公司依赖于领导个人魅力而存在；利润之上的追求——公司能够不断前进的根本原因在于超越利润的价值目的，而只要坚守这些理念，利润将会随之而来；保存核心，刺激进步——

固守核心价值的内涵，但随时准备改变和演进其表象；远大的目标——激动人心的远大目标往往能够激发所有人的能量，并使之凝结在一起；教派般的文化——只有真心认同企业理念，且行为规范与企业要求严格一致的精英分子才可能留在企业内，如教派般界限分明；择强汰弱的进化——不断尝试，创造机遇，保留有效部分，迅速放弃无效的东西，以更好适应环境；内部成长起来的经理人——用企业内部成长起来的经理人保持核心理念的一贯性；永远不够好——永不满足，不断改善，自我要求极为严格，明天要比今天更好，杜绝任何自满；起点的终点——理念宣言只是一个起步，必须持续不断地将理念转化为公司的一切作为。

　　谁是优秀企业？国际上有三大奖项——1951年设立的日本戴明质量奖、1987年设立的美国波多里奇国家质量奖和1992年设立的欧洲质量奖（现已更名为欧洲质量管理基金会卓越奖），其评奖的基本理念越来越多地体现对企业文化的重视。戴明质量奖设立较早，主要关注与产品质量有关的生产制造组织管理及基本标准，包括10项：公司的方针计划；组织与其运营；教育、普及；信息的收集、传递和运用；分析；标准化；管理；质量保证；效果；将来的计划。但其全员参与、高效率、高质量、低成本、持续改善的全面质量管理理念，为日本企业提升竞争力起到了至关重要的作用。受日本产品取得全球成功的影响，美国开始学习日本的全面质量管理理念，并提出了自己的6σ管理理念和顾客全面满意（TCS）概念，并设立了类似戴明质量奖的美国国家质量奖——波多里奇奖，其评奖的核心价值观包括有远见的、着眼于未来的领导人；顾客驱动的卓越绩效模式；全面的视野与管理创新；企业和员工的学习；注重雇员和合作伙伴；注重成果和创造价值；对市场的敏捷反应和社会责任。可以看出，这个奖比戴明质量奖更加关注企业文化要素。

　　欧洲人也不甘落后，在1992年设立了欧洲质量奖，其评奖的基本价值观包括：结果导向——卓越取决于兼顾并满足所有相关受益者的需要（受益者包括员工、顾客、供应商、社会以及企业的投资人）。以顾客为中心——顾客是产品和服务的最终裁判人。使顾客忠诚，留住顾客以及获得市场份额都是通过清楚地识别顾客目前的和潜在的需要而得到最优化。领导和坚定的目标——组织中的领导行为创造了清晰一致的组织目标，也创造了使组织及其员工取得优秀的环境。过程和事实管理——当组织内部的所有活动被理解并系统地加以管理时，当有关现行运营和有计划的改进等决策是通过使用包括受益者意见在内的可靠信息作出时，组织运行就越有效。人员开发和参与——组织中员工的潜能是通过价值分享，相互信任和授权的文化氛围，即鼓励员工参与等得以充分的释放。不断学习，创新的改进——当组织是在不断学习，创新和改进的文化氛围中进行管理和分享信息时，其绩效最优。发展伙伴关系——当组织与其伙伴有互惠关系，建立信任，分享信息并保持一致时，其工作最有效。公共责任——当采用的道德手段超出社区的期望和要求时，组织及其员工的长期利益会得到最好保护。这个奖项似乎更系统、更全面地涵盖了优秀企业的表现要素，对企业文化和企业伦理做了更多关注。

杰弗里·贝尔就是利用美欧国家质量奖评选优秀企业的标准和价值观，再加上澳大利亚杰出企业评选标准，在《竞争力》一书中提出了与企业文化密切相关的 10 项管理原则。

原则 1：领导以身作则——领导富有远见卓识，能够以使命愿景激励员工；身体力行公司的价值观，并使之渗透传达到每个角落。

原则 2：全力实现战略目标——保证战略目标的明确，使战略计划考虑到利益相关者的需要，安排好实现目标的步骤，准备做出变革，让员工知道企业对他们的期望，每个员工都被赋予应有的能力，考查向目标推进的成绩。

原则 3：重视客户对价值的理解——企业价值决定于客户感知价值，必须了解今天客户的需求并预测未来客户需求和市场潜力。

原则 4：为改进成果完善系统——建立基于绩效的管理系统，了解流程的能力，为了市场结果修正系统。

原则 5：改进决策过程——强调对事实的分析，建立组织绩效评估系统，及时纠偏。

原则 6：减少不确定性——让人们理解变化，却在工作中遗忘变化，用数据讲解反映变化，减少特殊原因和一般原因引起的变化以减少成本。

原则 7：让你的员工成为发动机，而不是齿轮——尊重员工和合作伙伴，管理以人为本，员工与企业共同成长，维持价值链生态，与合作者共创价值。

原则 8：建立学习型企业——以客户为中心培育学习型组织，追求创新，培育学习型组织就是为了给创新营造良好的环境。

原则 9：做一个良好的企业公民——企业应当成为遵守商业道德的典范，承担相应的社会责任。

原则 10：为所有利益相关者创造价值——关注长短期利益平衡，关注利益相关者的权益，保持均衡发展。

此外，在麦肯锡公司的 7S 模型中，指出了企业在发展过程中必须全面地考虑各方面的情况，包括战略（Strategy）、结构（Structure）、制度（System）、风格（Style）、员工（Staff）、技能（Skill）、共同的价值观（SharedVision）等，都把企业文化要素列为优秀企业的关键成功要素。

三、为什么企业文化研究热起来

进入 20 世纪 80 年代后，一些过分追求战略分析科学化、计量化的美欧企业开始失去活力和竞争力，人们又开始由侧重科学主义管理转向人本主义管理。这就是企业文化管理的抬头。

比如，托马斯·彼得斯和罗伯特·沃特曼所著的《追求卓越》一书是这一倾向的代表。他们对成为管理界思潮主流的纯理性主义、纯科学主义提出了挑战，认为美国一般企业落后的主要原因是过分追求以理性主义为基础的"科学管理"的思想方法，使管理者过分依赖定量的、逻辑分析的方法和数据模型的建立，过分相信复杂的结构、周密的战略计划、严格的规章制度、自上而下的控制、明确的分工和规模经济等科学、理性的手段。

他们承认理性的重要性，但认为理性主义做过了头，就会暴露其自然的缺点。这些缺点包括：

（1）定量分析法具有一种内在的保守倾向。它使降低成本成了压倒一切的课题，忽视了销售收入的提高，也忘掉了产品的质量和价值。

（2）分析方法走向了极端，就会导致一种抽象的、无情的哲学。过多的理性分析把企业这种有机体中的活生生的灵魂给抽象掉了。

（3）狭隘的理性主义往往造成消极的行动。

（4）过分的理性主义观点瞧不起试验，也不喜欢工作过程中的差错和失误。

（5）理性主义反对试验，就不可避免地会使事情过分复杂化和缺少灵活性。

（6）理性主义方法不喜欢非正规性。

（7）理性模型贬低了价值观的重要性。

（8）理性主义者的天地里，很少容得下内部竞争。

这样，就像西蒙等以"人的信息处理能力的局限性"为前提建立决策理论一样，托马斯·彼得斯和罗伯特·沃特曼等以"人的理性的局限性"为前提建立了企业文化理论。其中的基本思路是：即使事物或信息处理过程的合理性可以是绝对化的，但处理这些事物或信息的人的思维和行动却不是很理性的。

人所固有的不理性主要表现在以下六个方面：

（1）人都是以自我为中心的，看自己的优点多，看别人的长处少。但事实并非如此，人们的才能呈正态分布，并不像自我认为的那样聪明。

（2）我们通过具体事例进行思考的次数，至少不少于依靠确切的数据来进行推理的次数。

（3）人作为信息的处理者，能清晰记忆的东西并不多，而无意识的心理过程却很强。

（4）人是环境的产物，对外界的奖惩感觉非常鲜明，且自我意识很强。

（5）人们平时的行动比语言更能说明问题。

（6）人们非常需要生活得有意义，并乐于为此做出牺牲。同时又需要自立，自己掌握自己的命运。

他们在此基础上提出了企业中人的基本需要的新理论，与马斯洛的五层次需求模型有了很大的不同：①人需要生活得有意义；②人需要对自己有一定的节制；③人需要积极强化，以便能在一定意义上把自己看做胜利者；④人在相当程度上是行动和行为塑造了其态度和信念，而不是态度和信念塑造了行动和行为。

四、企业文化研究的方法论

企业文化研究一般属于综合主义管理阵营，他们不太接受非此即彼、非黑即白的两分法，认为那些优秀公司都能够很好地运用兼收并蓄的方法。在这一点上，企业文化论的方法偏向于中国或东方的思维模式。当然，他们也不承认中庸之道，而是有些倾向周易的思想。比如，在柯林斯和波勒斯所著《基业长青》中，就明确提出用"太极生两仪"的观念和方法理解那些高瞻远瞩的公司的管理行为。"高瞻远瞩公司不在短期和长期之间寻求平衡，追求的是短期和长期都有优异表现；高瞻远瞩公司不光是在理想主义和获利能力之间追求平衡，还追求高度的理想主义和高度的利润；高瞻远瞩公司不光是在保持严谨形状与刺激勇猛的变革和行动之间追求平衡，而是两方面都做得淋漓尽致。简单地说，高瞻远瞩公司不希望把阴和阳混合成灰色，成为既非至阴、又非至阳、不清不楚的圆圈，而是同时和随时以阴阳区分目标"。[①]他们特别推崇的是斯科特·菲茨杰拉德所说的：所谓一流的人才，是那种有着在心里坚持两个相反的想法却依然能够运作的能力的人。一流的公司也是如此。

---

① ［美］詹姆斯·C. 柯林斯、杰里·I. 波勒斯：《基业长青——企业永续经营的准则》，中信出版社2002年版，第58页。

企业文化的研究不仅开拓了将组织看做一个认知系统的新视角，而且明确了价值、意义、忠诚、象征、信念等概念的重要性，使人们对管理的研究进入了一个新的领域。

第二节　企业文化的内涵、地位和作用

人们对什么是企业文化给出了相当多的定义，我们在此做些列举，但我们认为定义的内涵及其差别本身并不太重要，重要的是理解企业文化在企业管理中的地位和作用。下面我们分别来分析。

一、企业文化的内涵

关于企业文化，国内外学者各有自己的理解，并没有给出一个明确的、公认的严格定义。

特雷斯·E. 迪尔和阿伦·A. 肯尼迪在《企业文化》一书中认为：企业文化是"价值观、英雄人物、习俗仪式、文化网络、企业环境"。[①]

《Z 理论》一书的作者威廉·大内认为："一个公司的文化由其传统和风气所构成。此外，文化还包含一个公司的价值观，如进取性、守势、灵活性——确定活动、意见和行为模式的价值观。"[②]

《日本企业管理艺术》一书援引著名美国管理学家德鲁克的观点，认为："企业管理不仅是一门学科，还应是一种文化，即有它自己的价值观、信仰、工具和语言的一种文化。"[③]

美国学者约翰·P. 科特和詹姆斯·L. 赫斯克特在《企业文化与经营业绩》一书中认为，企业文化是"指一个企业中各个部门，至少是企业高层管理者们所共同拥有的那些企业价值观念和经营实践……是指企业中一个分部的各个职能部门或地处不同地理环境的部门所拥有的那种共通的文化现象"。[④]

中国社会科学院工业经济研究所韩岫岚研究员认为："企业文化具有广义

---

① ［美］特雷斯·E. 迪尔、阿伦·A. 肯尼迪：《企业文化》，上海科学技术文献出版社 1989 年版。
② ［美］威廉·大内：《Z 理论》，中国社会科学出版社 1984 年版。
③ ［美］理查德·帕斯卡尔、安东尼·阿索斯：《日本企业管理艺术》，中国科学技术翻译出版社 1984 年版。
④ ［美］约翰·P. 科特和詹姆斯·L. 赫斯克特：《企业文化与经营业绩》，华夏出版社 1997 年版。

和狭义两种理解。广义的企业文化是指企业所创造的具有自身特点的物质文化和精神文化；狭义的企业文化是企业所形成的具有自身个性的经营宗旨、价值观念和道德行为准则的综合。"①

中国社会科学院刘光明博士认为："企业文化是一种从事经济活动的组织之中形成的组织文化。它所包含的价值观念、行为准则等意识形态和物质形态均为该组织成员共同认可。"②

国内外学者对企业文化的表述和理解不尽相同，我们比较认同这样的观点：企业文化就是企业员工共同信奉和遵从的价值观念、思维方式和行为规范。

二、企业文化的地位和作用

企业是个功利组织，何必去追求什么文化？说白了，企业文化管理的目的，在于凝聚全体员工的力量，赢得市场竞争的胜利，求得企业的扩张与发展。因此，企业文化必须作用于企业管理，企业文化必须贡献于企业效益。企业文化是功利色彩极浓的文化，它与学校文化、军队文化乃至家庭文化的重要区别在于其功利性。

我们认为应该从以下七个角度来理解企业文化的地位和作用。

第一，文化应该是企业管理的重要组成部分，而不应该是"两张皮"。最新管理理论认为，包括文化管理在内的比如创新管理、战略管理、知识管理等综合性的管理职能正日益成为现代企业管理中的重要组成部分。很多企业成立了企业文化部专司企业文化管理工作。

第二，文化是企业前进的灯塔，为企业指明长期奋斗的愿景目标。管理学中有两个重要假设：一个是战略决定组织，另一个就是文化决定战略。为什么同行业、同地域的企业会有完全不同的战略，这往往会追溯到两个企业的文化差异。以企业领导集体的追求为导向形成的企业核心价值观，牵引着企业的愿景目标，从而在很大程度上决定着企业的战略方向。

第三，文化是员工与企业之间的一种心理契约，是劳动合同的一种补充。员工进入企业后，一般都有着劳动合同的权、责、利约定，但企业对其干部和骨干员工会有更高的要求，希望他们不仅组织上"入企"，而且在思想上"入企"，拥有足够数量的一批"志同道合"的骨干是企业管理有效、兴旺发达的

---

① 转引自刘光明：《企业文化》，经济管理出版社1999年版。
② 刘光明：《企业文化》，经济管理出版社1999年版。

基本保证，企业文化管理就是与这个"志"和"道"相关的工作。海尔公司选用干部首先看两条：①能不能吃苦；②能不能吃亏。有了这两条再考察能力，竞聘上岗。公司要求干部有敬业精神和奉献精神，在关键时刻能与公司同甘共苦。

第四，文化使员工感到工作的意义，使员工有一种超越金钱的更高追求。在市场经济社会，金钱有着巨大的能量，但金钱也是一种只能多不能少的关键因素。金钱给人诱惑，机会给人成就，而文化给人以高尚。我们通过文化管理可以使员工感受到紧张、劳累，也会使员工得到精神方面的享受。

第五，文化是共同的观念和思维模式。企业文化学家谢因认为，人们之间的共同体验足够丰富的话，就会产生某种共同的观念或共识。如果这种共识长期以来都具有有效性的话，就会成为人们习以为常的无意识的东西。所谓企业文化，从这个意义上说，就是群体体验学习的成果，是某个组织或群体在学习处理适应环境和整合内部的各种问题的过程中，发现、开发的基本思维模式，这种思维模式经长期的运用、强化，其有效性得到了广泛的承认，并作为思考、看待、解决同类问题的正确方法传递给新的成员。

第六，文化给企业的扩张冲动以理性约束，使企业追求可持续成长的最终目标。企业本质上是个经济组织，但现代企业已经不再单纯追求利润最大化，而是追求企业的可持续成长。企业家和投资者反思企业核心价值观念，可以理性地发挥企业家精神和控制资本增值冲动，使企业在战略上做到"做什么，不做什么"；在理念上决定"提倡什么，反对什么"；在目标上确定"追求什么，放弃什么"。

通过成功并购公司取得巨大成功的美国思科公司认为，并购成功必须具备五个条件：①并购双方有共同的愿景（文化条件）；②并购后短期内能赢得被并购公司员工的信任（文化条件）；③文化上的相似性（文化条件）；④双方的长期战略一致（战略条件）；⑤大宗收购的对象最好不要距离太远（空间条件）。如果只满足四个条件，就要等一等；只满足三个条件就坚决放弃并购。可以看出，文化在思科公司并不是口号，而是影响和约束经营决策的重要要素。

第七，文化乃企业经营之道。正所谓企业爱财，取之有道，赚"应赚该赚"之财。正所谓企业爱才，用之有道，用"心同德同"之才。企业文化使我们能够区别什么是成功、什么是成道。企业成功，即实现功利组织的本质目标；企业成道，即企业持续成功所必要的道路、道理和道德。

第三节　企业文化与可持续成长

没有文化，企业也能够赚钱，但没有文化的企业难以实现可持续成长。有文化的企业知道为什么去赚钱，知道为谁去赚钱，知道什么钱应该赚，什么钱不应该赚。企业文化搞得好的企业未必是一个成功的企业，但企业文化搞得不好的企业是注定做不大、做不强、做不长的。

一、企业文化牵引企业可持续成长

追求可持续成长的企业具有支撑企业不断发展的内在机制。这种内在机制至少包括两个基本点：一是以持续成长为企业行为最高宗旨或核心价值观；二是以认同这一宗旨和价值观的职业经理人及其接班人为经营主体。企业建立这一内在机制，必须要培育和建立追求企业持续成长的企业文化。这样的企业文化可以统一目标、统一方向，为企业的可持续成长提供最基本的保证和支撑。具有了这样的企业文化，企业在经营者更替或者是遇到困难时，才能顺利渡过难关，实现可持续成长。

二、企业文化约束企业发展战略

企业文化是在企业成长的过程中培育和建立的。可持续成长企业最重要的核心价值观就是追求企业生命的延续和健康。但随着企业的发展阶段的不同，企业文化并不是僵化的、一成不变的。对于同一企业生命周期的四个阶段，企业文化的特征是不同的。也就是说，在企业成长的过程中，文化也在成长与变革。即：一方面，企业文化是企业成长的结果；另一方面，企业文化也推动着企业成长。

企业要实现可持续成长，不仅要有量的积累，并且要顺利实现质的变化。在企业成长的过程中，变革与创新是一个永恒的主题。而一切创新的起点是观念的创新、文化的创新。尤其是在企业成长过程中的战略转折点，企业家面临的是环境的不确定性、信息的不充分性，要在合适的时机做出合适的决策，文化的力量必然会起到重要的作用，"文化决定战略"的管理学假设也佐证了这一点。

企业文化的约束力使企业家和全体员工在可持续成长的道路上目标一致，

心无旁骛。文化的约束力帮助企业家做出正确的决策，以企业活下去为目标，追功利不追虚名，追效益不追正义，追经济不追政治。

三、战略转折点上企业文化的作用

文化的约束力一方面可以引导企业在正确的道路上前进，避免陷入成长过程中可能发生的陷阱；另一方面，一旦企业遇到陷阱，文化的约束力帮助企业及时察觉陷阱、摆脱陷阱和处理危机。企业文化的力量在企业跨越成长中的战略转折点时会得到突出的体现。企业文化应该帮助企业顺利渡过成长中的战略转折点，实现企业可持续成长。企业文化的作用模式如图 6-1 所示。[①]

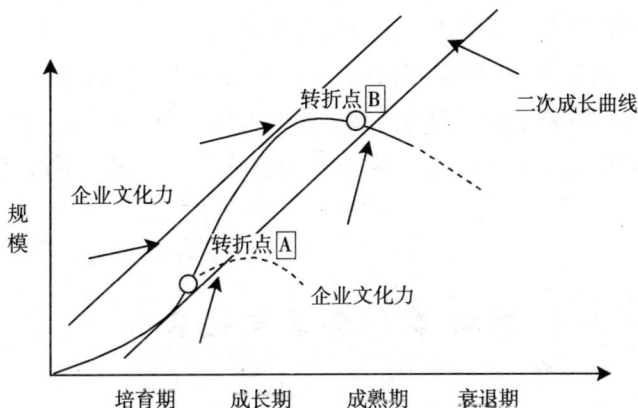

图 6-1　企业文化的作用模式

我们在成长管理一章已经讲到，企业生命周期一般分为培育期、成长期、成熟期和衰退期四个阶段。由于企业生命周期的四个阶段在组织结构、运行方式等方面都有较大的差异，所以四个阶段的企业特征有着质的不同。企业的可持续成长既有量的扩大，又有质的变革和创新。量的扩大会带动质的变革与创新，质的变革与创新又为量的扩大提供可能性。企业生命周期四个阶段之间的转折点是量变积累发生质变的转折点，尤其是由培育期到成长前期和由成熟期后期到衰退期之间的转折，是企业的战略转折点，也是企业能否实现可持续成长的关键点。

战略转折点既是机会点，又是危险点。这里有两个常见陷阱，即冒进陷阱

[①] 此图参考王亚的研究论文绘制。

和保守陷阱，企业文化在此时的作用尤其关键。

企业成功渡过培育期进入成长期时，处在一个蒸蒸日上的环境中，往日的成功使企业充满了自信，展现在企业面前的是众多的机会，丰厚的利润回报也使企业具有了扩张的实力。这一切都诱发着企业急于扩张的欲望，企业极易掉入冒进陷阱。这时正是企业文化对盲目扩张进行约束的时期，最基本的是通过反思和确定企业的核心价值观，避免超速扩张和盲目多元化的行为。众多民营企业的失败，就是因为此时企业文化力约束不足。

企业在成熟中后期，市场地位稳固，组织庞大，管理规范，但整个企业开始不思进取，逐渐失去了企业家精神和创造力。如果任由这种情况发展下去，企业就会掉进保守陷阱，开始走向衰退。这时就要革新旧文化，创造新文化。国有企业很大程度上需要解决的就是这个问题。

企业冒进陷阱和保守陷阱都处于企业生命周期的转折点。顺利渡过转折点，避免掉入陷阱是企业实现可持续成长的关键，企业成功渡过成熟期中后期的转折点，实际上是实现了向二次成长曲线的飞跃，摆脱了最终走向衰退的命运。

第四节　企业文化建设

一、企业家的重要作用

我们来看 GE 公司原 CEO 韦尔奇先生是怎样看待企业文化的：

"一开始就确定企业文化的基调，对企业以后的快速发展是非常有益的"，他希望企业的文化建设要趁早。"一个真正想做到员工才智最大化的企业就不能让多种文化并存"，他要求企业文化体系要统一。"在某些个人的工作风格和待遇面前，我们会做一定的让步，但我们的文化决不能遭到破坏。我们放弃了许多高科技企业的收购，就是为了保持自身的文化"，他认为，用人和经营不能损害企业文化的根。韦尔奇如此重视企业文化，是因为他深谙企业家和企业文化对企业成长的不同作用。

一个快速成长的企业一定有一个有能力的企业家；一个能实现健康、可持续成长的企业，一定有一个由优秀企业家营造的高绩效的企业文化和高素质的干部队伍。企业创业和成长初期的成功可能是由这个企业家来牵引和推动的，但这种企业家个人的力量应该和必须在一定阶段转化为企业文化和制度的力量，才能继续牵引和推动企业的前进。由企业家力量到文化和制度力量的转换过程能否成功，是决定企业命运的重大问题。这个力量转换不容易，需要企业家个人的升华、科学管理的跟进和职业管理队伍的成长，其中往往还伴随着企业组织的动荡。

有人认为企业文化就是企业家的文化，这有一定的道理。企业家在企业文化形成中确实起着不可替代的作用。首先，没有企业领导群体的推动，中层干部和一般员工是很难自动自发地建成企业主流文化的；其次，企业文化中的核心思想来自企业家，他们有着自己的追求，有着经营企业、管理队伍的独特观念。思想家不一定能成为优秀的企业家，但优秀的企业家大多是思想家。企业文化不是民主讨论产生的，也不是找几个学者攒出来的，企业家的人格魅力、一举一动、一颦一笑，都对下属有着直接的、巨大的影响。其领导风格、人格力量、品性、行为方式乃至个人嗜好，都可能是企业文化的核心体现。可以说，没有思想的企业老板，拥有的多是没有文化的企业。

但是，真正有优秀文化的企业又恰恰是不因企业家的去留而影响企业成长的，因为企业文化建设的任务之一就是将企业家文化变为企业的文化，将企业家的意志、直觉、创新精神和敏锐的思想转化为成文的企业宗旨和政策，使之能够明确地系统地传递到职业管理层，由职业管理层规范化地运作。

二、如何塑造企业文化

没有没文化的企业，只有不同文化的企业。企业文化建设就是要把散在文化变为统一文化，将隐性文化变为显性文化，将消极文化变为积极文化。

首先，企业文化建设要处理好"三大外交关系"：一是处理好和党政方针政策的关系；二是处理好和传统社会文化的关系；三是处理好和股东投资者经营理念的关系。

其次，企业文化建设要解决好"三大内政方针"：一是要针对企业的核心生产经营工作；二是要针对企业近中期的突出矛盾；三是要针对干部员工的主要思想问题。

再次，企业文化建设要注意好"三个基本层次"：一是要树立可持续成长的企业最高宗旨或核心价值观；二是要造就一支认同这一宗旨和价值观的职业经理人及其接班人的队伍，以占员工总数的10%~15%为佳；三是要建立向这支队伍倾斜的价值评价、价值分配和价值创造的分配激励机制。

最后，文化观念要落实到企业的具体方针政策中去。比如，深圳华为公司提倡人力资本增值优先于财务资本增值的观念和政策；确定不单纯追求规模的扩张而是使自己变得更优秀的追求；制定"双高"（高绩效和高素质）标准的干部选任制度；实施"不让雷锋吃亏"的分配制度等。通过政策和制度保证企业的敬业奉献者得益，得过且过者吃亏，才能维持企业文化的效用，形成与企业方针政策相联系的企业文化，比仅仅提出一些团结、创新、求实、奋进等缺乏操作性的"八字方针"要有效得多。

文化观念还可以落实到具体行为中去。比如，规范员工言论行为提出的"五讲五不讲"，就很有操作性：讲主观不讲客观，讲内因不讲外因，讲自己不讲别人，会上讲会下不讲，别人讲自己不讲。试想，这种行为规范用在日常工作会议尤其是工作总结反思会议上，一定是氛围融洽、简短有效的会议。

三流企业没文化，二流企业学文化，一流企业造文化，超一流企业卖文化。这就是说，没文化的三流企业只知道赚钱，学文化的二流企业开始学习如何赚钱，造文化的一流企业明白了自己的赚钱之道，超一流企业则将自己的文化变为了价值。文化管理水平的提升也是企业成长阶段的标志之一。

思考题：

1. 为什么讲道德上限不讲规则底线、讲全员认同不讲干部认同的企业文化难以落地？

2. 企业文化的作用是什么？

3. 企业文化建设的三个"三"是什么？

第七章　企业的演变与管理的进步

本章目的：

宇宙有三个世界：一个是现实世界，一个是知识世界，一个是思维世界。本章跳出现代管理理论的知识世界这个圈子，与企业演变和成长的现实世界联系起来，了解企业演变与管理理论发展的关系。读者要知晓迄今为止企业演变的五个阶段，以及与之适应的理论发展的五个阶段，更要了解管理理论研究的四个新动向。最后两个新动向，已经开始进入思维世界了。这样，本章就把三个世界联系了起来。

本书第一章讲到，以往管理学者在研究各种管理理论时，一般将各种管理理论按其研究方法、内容或产生时期分为各个学派，比如最常见的方法是把它们分为古典管理理论、行为科学理论和当代管理理论丛林。人们较多地关注理论与理论之间的关系和脉络，但较少跳出管理理论的圈子"鸟瞰"管理的整体及其与活生生的企业成长的关系。我们在第一章也是这样做的。

理论来自实践，又是为实践服务的，倾向于应用科学的企业管理理论更是如此。人们虽然有时也谈到管理理论的源泉，但一般停留在议论所谓的理论来源于实践而已，即较少从管理理论产生的背景原因，从管理理论研究的现实对象出发，来审视管理理论作为一个理论学科的发展规律性和偶然性。我们比较注意"分析"而不是"统合"，比较习惯于孤立地看待某一种或几种管理理论，而对各种理论发展过程中的连带关系及相互间的本质异同缺乏一个比较明晰的背景平台。局限在学者圈子里，焦点集中在理论的逻辑推演的做法，影响了我们对企业管理实践的关注，也影响了我们对管理理论创新动力的研究。本章我们要研究的是管理理论发展与企业演变的关系。

在本章，我们要换一个视角来"管理"我们的管理知识。我们尝试用历史的视角与实践的视角来通观管理理论，以使我们获得某种新的感觉和认知。当然，这不是要研究企业管理史和企业成长史，而是将时间要素引进来，观察管理理论发展和企业演变的阶段特征，以及它们之间的相互关联。事实上，管理理论历史发展的主线，是与管理学研究的主要对象——企业的演变及其演变过程中所表现出来的核心课题密切相关的。我们认为，尽管优秀的管理理论成果"影响着"企业成长的实践，但企业成长的实践却"最终决定着"管理理论的发展。

本章我们先从群体企业演变的角度展开讨论，在第八章，我们再从单个企业成长的角度进行分析。

第一节　历史演变的五个阶段

现代企业诞生至今的演变历程可以用五个历史阶段来概括，企业管理理论基本上是适应这五个阶段而发展起来的。这五个阶段是：现代企业制度的确立与普及阶段；大企业体制的形成阶段；多元化、国际化战略的展开阶段；事业重构运动的兴起阶段；企业制度与管理再造的思潮阶段。

企业演变的每一个阶段都有其共同的、区别于其他阶段的核心管理课题，解决这些课题的现实需求催生了与之相应的管理理论。

一、现代企业制度的确立与普及

19世纪中叶至19世纪末的大约50年，是以股份公司制度为代表的现代企业制度确立与普及的时期。股份公司最初在英国、荷兰等西欧国家萌芽，以后逐渐扩展到北美、亚洲等地。一般认为，股份公司的最大特点有三个：一是实行了有限责任制度，创造了区别于自然人的法人组织这一现代组织形式；二是实现了一股一票的股东权利平等制度；三是确立了股东大会中少数服从多数的现代组织原则。股份公司制度的出现和确立，从根本制度上克服了传统企业制度对企业持续成长的人为界限。比如，企业的发展开始较少为创业者个人的去留和能力所限，企业发展的重要资源如资金和经理人才也可以从较大范围内筹措与选拔。可以说，股份公司为后来企业相当长期的发展提供了一个坚实的制度平台。

与现代企业制度的确立和普及相适应，这一时期的管理理论主要集中在企业论或企业制度论方面，提出了法人组织、营利企业、企业家、所有与经营的分离等一些最基本的概念体系。这时的管理理论与经济理论联系紧密，大多数内容还交融在经济理论之中，尤其是和经济学中的企业理论、个体资本理论等交织在一起。研究者也基本上是经济学者兼研管理的形式。例如凡勃仑等人就是如此，他们所研究的管理理论一般集中在企业动机、目的、方法、效果在内的有关企业行为的领域，这与我国蒋一苇先生于 1979 年所提出的"企业本位论"的研究有相当的一致性。我国对企业本质目的、动机、政企分开、治理结构、股份制等现代企业基本制度的实践及研究（抛开 1949 年以前不说），可以说从蒋一苇等人开始一直到今天，依然属于"正在进行时"。大概可以认为，从最基本的意义上讲，在我国，具有现代气息的企业在 20 世纪 30~40 年代刚刚萌芽就被历史淹没掉了，改革开放以来，才真正开始进行现代企业制度建设。因此，与老牌资本主义国家相比，基本上晚了一个世纪。自然，这对我国管理理论的发展历程产生了重大的影响。比如，从我们目前的认识水平来讲，现代企业制度就是股份公司制度，与此相应的基本理念、概念和运作方法，基本上都要从头学起和做起。我们可以做得快些，但很难跳跃过去。

二、大企业体制的形成

从 20 世纪初到 50 年代，是现代企业"由小到大"的成长壮大时期。由于股份公司制度为企业扩张提供了制度平台，突破了企业发展过程中的人为界限，所有权与经营权的分离为企业组织的巨型化创造了条件（如传统企业中个人资本的弱小，投资者本人管理能力与身体状况的限制等）。但同时，由于现代企业发展早期，西欧国家中普遍出现了如马克思所描述的残酷剥削工人、摧残女工和童工身体健康等问题，因而在这些国家中，"企业性恶论"相当流行，这使企业在西欧等国家的继续扩张受到了很大的阻力和制约，从而使现代企业继续发展的中心地转移到了新兴资本主义国家——美国。特别是第一次世界大战，大大刺激了美国重工业和化学工业企业的增长，第二次世界大战又促进了美国汽车、石油、化学、钢铁等行业企业的极大扩张。因此，进入 20 世纪后，现代企业在美国企业的带领下，开始进入以大企业为主导的"大企业体制"时期。

大企业体制的主要特点是每个主要行业里面，都有几个到十几个大型企业形成寡占，从而控制整个行业的市场游戏规则，并在一定程度下影响政府的行为。

大企业体制的基础来自"三个大量"，即大量消费、大量流通和大量生产。第一次、第二次世界大战之后，各国都忙于恢复经济、扩大生产，市场需求量很大，对企业来讲，只要增加投资、扩大生产、提高生产效率，并保证产品的基本质量，就不愁产品卖不出去。按当时的生产能力，即使开足马力也难以满足庞大的市场需求。以卖方市场为特征的大量消费首先催生了大量流通体系的建设以及与此相应的管理，比如铁路、港口、公路、电报电话等与运输业和通信业相关企业的成长，以及商业流通企业的发展，大量流通体系等旋即为大量生产体系提供了基础，加上能源、动力等基础技术进步的支撑，大量生产体系逐渐在各国形成。

在"三个大量"的经济体系和大企业体制的建立过程中，经济学中的"规模经济论"成为这一时期的主导理论，人们以研究生产规模与经济效益的关系为中心，推出了一系列的研究成果。

可以说，现代管理理论在这一时期才逐渐从经济学理论中比较明确地分离出来，成为一门独立的学科。在管理理论建立的初期，与企业由小到大的规模发展和"规模经济"理论相适应，早期管理理论的研究可以说是"建立在生产理论上的，以提高效率为主要研究课题的"理论。其特征有以下几点：①着眼点集中在企业内部；②以研究效率的提高为核心；③以基层和专业（职能）管理为重点。我们所熟知的以泰罗为代表的科学管理等是如此，法约尔的一般管理也是对企业内部管理的研究。20世纪30~50年代发展起来的从霍桑实验到后来的行为科学研究，虽然与泰罗等人更重视"做事效率"的研究角度不同，但本质上也是研究如何激发人的工作积极性，以提高"团队效率"为核心目的的管理理论。巴纳德的社会组织理论也属于企业内部的组织理论。

我国在这一时期的50年代前后，由于学习和引进苏联的工厂管理知识和技能，可以说采取了很多与泰罗的科学管理基本相同的管理方式、方法，如果这些能不受国际环境和政治因素的影响而坚持下来的话，可以说中国的管理水平是可以在短期内提升很大一块的。但是，"历史不承认如果"，环境因素的巨大动荡使后来中国企业的管理长期处于极不正常的忽左忽右的摆动之中，极大地阻碍了我国企业管理水平的提高和管理理论的研究。

三、多元化、国际化战略的展开

自20世纪60年代初中期开始到70年代中后期，企业的经营环境出现了较大的转变。一方面，市场容量开始有了一定的有限性，技术进步使大量生产体系高效产出的商品造成市场日趋饱和，企业的预期成长率越来越低。同时，行业内的生产集中度提高，成长的不确定性增加，以及政府反垄断措施的强化等，都使得企业在主业范围内的成长空间日益缩小。同时，人们对规模经济概念的理解也不断加深，规模经济理论告诉我们，生产规模扩张到一定程度后再继续下去，就会提高单位产品的费用，从而影响企业的经济性，因而规模扩张是有局限性的。但另一方面，受资本增值本性和企业家精神的牵引，企业的成长和扩张又是必须持续的、不能停顿甚至是不能放缓的。因此，为寻找持续成长的空间和机会，企业普遍采取了跨行业多元化经营（Diversification）和跨国界的国际化经营两大发展战略。到 70 年代末，现代企业普遍走了一条经营领域或市场领域"由少到多"的典型道路。工业发达国家的大企业在这一阶段或自我投资，或兼并收购，大规模地进行跨行业扩张，经营多个行业、控制多个事业单位的"巨象型"企业成为这一时期企业的典型形式。同时，以往限制企业扩张的国境线也开始为企业的飞速扩张所突破，大企业的触角在全球蔓延，在多个国家拥有市场、工厂和投资的跨国公司（也叫全球公司、多国籍公司等）也在这一时期兴盛起来。

适应企业成长模式的重大变化，这一时期的管理理论取得了多方面的创新和长足的发展。首先，了解市场，了解竞争对手，整合好企业经营资源与环境的关系成为企业经营的核心课题，以研究内部效率性为主的管理理论开始向研究企业对外部环境的适应性偏移。由于外部环境复杂多变，不管你内部效率有多高，只要企业不能适应外部环境的变化，都可能变为无目的的效率，企业经营可能一败涂地。因此，尽管生产效率课题没有失去其重要地位，但获得经营成功的关键课题已经落在企业能否适应环境变化做出正确决策的相关领域之内了。企业管理的中心由基层转向高层，由专业（功能）性管理转向了综合性管理。

同时，企业多元化经营的现实也对以往的与"规模经济"理论相适应的管理理论提出了挑战。因为多元化经营已不仅仅是个规模问题，而是多种事业之间的经营资源配置问题以及相应的组织设置问题，因而"多元化经济"理论在这一阶段被提了出来。同时，人们开始重视研究环境与战略、战略与组织、企业决策与领导行为等方面的理论课题，并出现了否定以往一般管理理论中的所谓普遍性原则，重视因时、因地、因人、因事权衡利弊的权变管理。安瑟夫的企业战略理论，钱德勒组织结构服从战略的假设，西蒙的决策理论，劳伦斯、洛希为代表的权变理论等，为企业的多元化和国际化经营提供了坚实且丰富的理论基础。

四、事业重构运动的兴起

20 世纪 70 年代末至 80 年代末，在国际上，企业成长进入了一个新的阶段。如果说企业以前追求多元化经营和国际化经营依然是"大的就是好的"这一思路延续的话，那么，事业重构运动（Restructure）的出现则是企业发展历程中由"追求量的扩张到追求质的变革"的一次大转轨。事业是指多元化企业的"元"，即包容在大企业内部的各个行业或产品群领域，如日本松下电器公司有家电、通信、自行车、住宅设备、产业机械等不同事业领域。这些行业或产品群领域在组织上一般统领在一个事业部之内。企业的事业重构不同于单纯的多元化经营，事业重构往往是新事业增加与旧事业的放弃同时进行，其目的不再是企业的"大"和事业的"多"，而是企业投资结构和战略布局的"完善"与"优化"。

这时的企业逐渐明白有所不为才能有所为，从而将"经营战略"推进到"战略经营"的阶段。例如美国通用电气（GE）公司，在此之前就已经发展成为一个跨行业、全球性的公司，到 80 年代初期，该公司根据其"独一无二"的产品战略目标，重新配置资源，调整事业结构，将不能在既定期间内通过改造改进而成为行业第一、第二者坚决卖掉和关闭，并将出售生产线和业务所获得的资金用于有发展前途的事业部，集中资源发展高科技、高收益的产品和业务。同时还采取兼并、收购其他公司的生产线或业务，扩大自己的生产经营能力。多数进行资源优化配置的公司都在强调多元化事业之间的相关性，使所经营的事业群或者拥有共同的市场平台，或者运用类似的技术，或者生产近似的产品，而把同原有事业不甚相关的经营单位"关、停、并、转、卖"掉。

事业重构运动出现的本质原因之一，是由于企业在成长过程中过于重视追求扩张造成企业利润不断降低，在一定程度上损害了所有者的利益，促使所有者开始强化对企业扩张行为的利润制约力度。在此之前，随着股份公司制度的不断完善和所有权与经营权分离程度的提高，企业行为与经营目标越来越为经营者所左右，"扩张第一"、"市场占有率第一"成了企业的首要经营目标。这一倾向在初期阶段曾带来企业规模与利润的基本同步增长，但到了后期，由于世界范围的市场开拓已经基本完成，企业扩张前景明显看坏，扩张所带来的利润越来越薄，加之"亚洲四小龙"、南美地区等新兴工业国家参与竞争，促使企业扩张率与利润率之间出现矛盾并迅速激化，所有者的压力使经营者开始在扩张与利润两个目标之间寻求协调和平衡（见图 7-1）。因此，考虑和规划经营资源整体结构和如何应变环境成为经营者的首要课题，研究企业如何从原有事业领域撤退的理论也应运而生。事业重构运动的兴起预示着以往单纯追求规模扩张和事业领域扩张的发展思路已经走到了尽头。

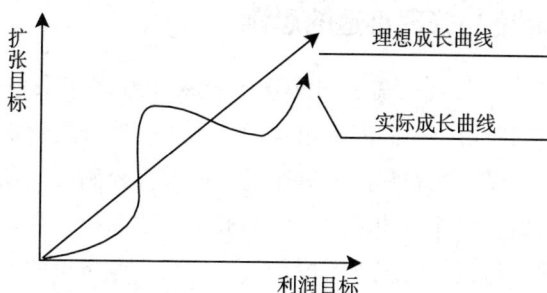

图 7-1　企业扩张目标与利润目标的平衡

与这一阶段相适应的主要管理理论分为两个方面。首先是企业集团理论、网络组织理论及资源配置的 PPM 模型等。其中研究日本的企业系列、中间组织等特殊企业间关系现象的理论取得了不少成果，对环境→战略→组织→效果链式相关关系的研究也比较流行。其次是有关企业文化的研究更加盛行。"有所为有所不为"的企业观、事业观促进了企业文化理论的研究，以人为中心的管理观念在继承行为科学理论的基础上得到了蓬勃发展。所谓企业文化，主要是指一个企业特有的宗旨、经营哲学、价值观和行为模式等，包括价值标准、经营理念、行为准则、道德规范、风俗习惯、典礼仪式、形象传统等，它是一种以价值观体系管理为核心对员工进行企业意识教育的微观文化体系，对增强企业的凝聚力、向心力和员工对企业的忠诚度有重要作用，在一定情况下决定着企业的经营战略，因而决定着企业的成长方向和成长速度。随着企业文化理论的兴起，管理理论中对以人为中心的管理学、领导学（领导艺术）等被大力提倡和宣扬，对卓越公司管理经验的研究风行，不少人赞成"战略加文化就等于卓越"的观点。

此时的中国企业还处于改革开放的第一阶段（1978~1991 年）。这个阶段的主导思想是所谓的"两权分离"，即企业资产的所有权与经营权相分离。这是学习了国外企业 100 多年前的经验，开始进行企业制度变革。在这种指导思想下，先后搞了"放权让利"、"利改税"、"拨改贷"，后来又搞了"承包制"等，直到 1979 年蒋一苇先生提出"企业本位论"，中国研究企业理论才算真正开始。只是到了 90 年代中后期，才有比较前卫的中国公司采取了比较理性的事业重构规划，如深圳华为公司的永不进入信息服务业战略、深圳华侨城集团的退出战略等。1999 年中共中央的十五届四中全会也在此时提出了国有企业要进行战略性调整，要有进有退的部署。

五、企业制度与管理再造的思潮

进入 20 世纪 90 年代，美、日等国开始对 100 多年来曾对经济和企业发展起过重大作用的股份公司制度提出疑问。由于一部分经营者利用对经营权的控制，妄权专断、谋取私利和世袭等所谓"内部人控制"问题的出现，使股东们感到了利益的损害和地位的威胁，于是股东反攻夺权、要求改革董事会和股份公司制度的呼声迭起，出现了反股份公司、反企业本位的思潮。另外，人们还感到，仅仅进行企业内部的事业重构似乎已难以解决现代企业所面临的可持续成长问题，于是开始思索如何才能使企业再完成一次根本的革命。这两方面的要求促使了企业再造思潮的诞生，使管理学的革新与发展又回到了企业整体的层次。这就是由 Restructure 到 Reengineering 和 Recorporation 的思路大转换。

一个多世纪以前，现代企业制度的确立与普及是对社会生产力的一次大解放，它为企业的高速发展和扩张提供了制度性的条件，其后（除社会主义制度内的工厂制以外）很长一个时期基本上没有再对企业制度提出过明确的质疑，显示了以股份公司为代表的现代企业制度的极大包容性。但 90 年代以来企业制度再造思潮的出现，使企业制度进入了继续创新的阶段，有人已经提出了"后现代企业制度"的观点。

问题大概出在"所有权与经营权的分离"这一企业管理理论的中心课题之上。现代企业制度建立以来，实践与理论大都集中在如何使所有权与经营权尽可能分离的思路之中，目的是为了强化经营者的地位，使企业发展尽可能地摆脱所有者的制约或束缚。其前提或假设是所有者虽然有资本，但他们不如经营者那样拥有更有效地经营企业的知识和能力，两者的分离能更好地发挥经营者的知识和能力而使资本增值，从而也更有利于资本所有者的利益。而现在，由于某些经营者的作为，所有权与经营权分离的思路开始受到怀疑，人们开始认为，为了实现现代企业的可持续发展，考虑所有者与经营者之间的关系已不仅仅是分离，更不是越分离越好；反过来，也不是要简单地回到传统企业的两权统一。人们已经开始认识到，最重要的是探索两者有效结合的实现形式。

不少理论在此方面进行了有益的研究努力。比如，很多人进行了现代企业制度的比较研究，指出了现代企业制度的形式多样性。事实上，尽管现代市场经济国家的企业都普遍采取了股份公司这一法律形式，但在所有与经营的关系处理上，并非只有一种模式。人们认为，至少存在着美国、日本和德国三种主要模式，它们各有优点又各自存在着特有的问题，从对企业成长发展的实际影响来看，也不能对其优劣进行简单评价。这也反映了要对企业制度进行一般理论上的突破并不是一件容易的事。

代理理论（Agency Theory）是研究企业制度创新的重要理论之一。代理理论把所有者与经营者等的关系用一种法律的概念即"本人—代理人"来表示，并把研究焦点放在如何解决两者矛盾的机制之上。这一立足点既不同于"所有者与经营者完全结合"的新古典派企业理论，又不同于"所有权与经营权完全分离"的经营者派企业理论。代理理论把企业看做是一个由签订着一系列代理契约的人所形成的组织体，分析的焦点是企业的内在均衡过程。它一方面重视投资风险承担与经营决策职能的分离，另一方面又强调代理关系的存在，重视对经营者机会主义行为的制约机制，因此具有折中主义的色彩。但由于代理理论除了代理这一关键概念之外，还对信息的不对称性、逆选择、道德风险等构成代理理论框架的概念及属性进行了独到的分析，具有一定的操作性。

治理结构理论则从另一个角度来研究制度创新，其中的经理期权与员工持股制度是人们对治理结构理论的具体应用之一。经理期权与员工持股制度的本质，是使经营者与员工也成为所有者，通过他们的双重身份，使所有者与经营者、员工形成利益共同体或命运共同体，从而在一定程度上解决代理问题、激励问题、人才稳定性问题和企业可持续成长的动力问题。对这一问题的研究还创造了新的分配理论，提出了区别于按劳分配原则、按资分配原则的"按知识分配"新原则，在一定程度上解释了"所有权决定经营权，但什么决定所有权"的重大课题，即知识决定出资权（或认股权）。这就使现代企业制度到达了股东选择企业与企业选择股东相结合的新阶段。

管理理论的很大一块领域是研究如何做事的，这一领域的理论也可以叫做"事理学"。现代管理理论诞生以来，研究事理的观点主要集中在组织"分层"和职能"分工"等方面。从泰罗、法约尔到孔茨、罗宾斯等都是如此。这种事理学的观点为人们理解管理、设计组织和提高工作效率有重大的历史作用。但是，由于市场要求的反应速度越来越快，信息处理和传递技术的迅猛发展，部门边界甚至企业边界的模糊化、虚拟化，以"分"为基本原则的传统组织和分工模式虽然在100多年来经过了不断的改进和完善，但到今天却遇到了前所未有的挑战。尽管提高效率仍然是企业成功的重要条件，但如何保持企业的核心竞争力和持续成长力已经成了管理的最关键课题。以海默（Hammer）和钱皮（Champy）为代表的企业业务流程重整（Business Process Re-engineering，BPR）的研究，就是融合了以往的理论研究结果和企业实践经验，力图从流程而不是从职能分工上根本改善企业的经营导向和工作目标的重要研究之一。

业务流程重整理论强调，企业必须以先进的信息系统和信息技术（IT）以及其他先进管理技术（JIT、TQM、MRP）为手段，以顾客中长期需求为目标，通过最大限度地减少对产品价值增值无实质作用的环节和过程，建立起科学的组织结构和业务流程，使产品质量和规模发生质的变化，从而提高企业核心竞争力。这些研究提出了如何认识现有流程、如何确定重整目标、如何选择重整方式，以及如何保证重整成功的条件等各种具体操作性观点。

与业务流程重整相应的领域产生了一系列新的管理理论方法和运动。比如，ISO9000 质量保证体系认证运动，尽管很多企业人士承认只是拿到了中英文两张证书，管理水平和内容并没有多大实质性的提高，但这似乎成了企业的"市场准入证"，在当时火热了一阵子，正好应了"管理也是一种流行"这句话。类似的还有如生产资源计划（MRP、MRP Ⅱ）、企业全面管理系统（ERP）等。

上述理论从不同的角度对 100 多年来的管理理论进行了开拓性的探讨，使管理学领域出现了很多令人兴奋和发人深省的亮点。人们的眼光越来越朝向未来而不是过去甚至不是现在，人们越来越重视知识的创新而不是知识的积累和整理。

由于时间尚短，有关企业制度再造与管理再造的理论还处于不甚明晰的阶段，所以要断定这一时期的主导理论比较困难。正因为如此，我们才把它叫做思潮。但这一思潮中有些支流却是比较明显的：一是有关知识创新的知识管理理论；二是有关成长模式创新的企业成长理论；三是有关管理观念创新的矛盾管理理论；四是有关思维创新的管理思维模式理论。我们要在下一节做一概略介绍，然后在以后的章节对其中的主要部分做详细讨论。

第二节　管理理论研究的新动向

目前，国内外管理理论界所关注的新课题基本上是以企业制度与管理再造思潮为主线的。从第一节的讨论中我们已经知道，现代企业的演变首先是经历了制度创新，然后在此基础上展开了技术创新、产品创新并促进了大企业体制的形成；又通过事业创新和事业结构的创新推动了企业的多元化和重构，使现代企业在股份公司基本制度基础上发展到了顶峰时期。而今天，创新又开始向包括企业制度在内的企业整体创新的方向转变，这预示着企业与管理理论创新层次的不断提高和创新内涵的不断深化。

在企业进入 21 世纪和知识经济新时代的今天，人们的观念变化越来越快，思想也越来越活跃，创新的周期也越来越短。因此，管理理论研究的新动向不是经简单归纳就能看清楚的，但我们认为可以将目前人们研究的主要课题分为以下几个方面：

一、知识管理理论

人类社会正由工业经济社会走向知识经济社会，这一全新的社会发展阶段认识和判断，是从现代企业中发生的某些重大变化开始的。比如，比尔·盖茨的微软公司 20 多年时间的财富积累就超过工业经济时代那些老牌企业几百年的努力；企业中有知识的人正在迅速取代那些仅仅有资金的人成为权力和财富的拥有者。企业的竞争力主要不再是由规模和财力，而是由拥有知识的质和量来决定了。这些重大的变化触及了企业管理理论的一些根本问题，这预示着现代企业正在走向一个全新的时期，有关企业管理的理论体系也可能要来一次大的革命。知识管理理论就是对这一领域的研究。

以往的管理理论认为，管理的对象是人、财、物，以后又增加了信息，而知识管理理论认为知识才是现代企业的最重要资源，对知识的管理才是管理的核心任务。能够对知识进行有效创造、吸收、传递、加工和销售的企业，才是知识经济时代最有竞争力和发展前途的企业。知识管理理论对知识和信息的异同做了明确的界定，对知识做了有价值的、角度独特的分类。这些研究，无论是对企业的知识管理，还是对个人的知识管理，都具有很强的现实指导意义。为此，本书专门用两章的较大篇幅对知识管理进行了详细的探讨。

本书的写作实际上是以知识管理为主线展开的，这条主线包括了对已有管理理论知识的管理，包括了对企业实践知识的管理，还包括了对研究管理知识方法的管理。我们对泰罗的科学管理、法约尔的一般管理、巴纳德的组织管理、西蒙的决策管理等所展开的重新认知，都是从知识管理的角度进行的。

二、企业成长理论

企业成长理论也在这一时期取得了较大发展。企业成长理论本来并不是20世纪90年代才出现的全新理论，但其以经营资源及其结合方式为主线，兼顾企业制度与经营管理两个方面，不断推出新的理论观点，因而一直是推动企业管理理论发展的一个重要分支。企业成长理论从总体上把握企业的动态，按照经营资源的变化形式区分了现代企业的量的成长与质的成长，又按照经营资源的取得方式将企业成长分为内在成长（自我积蓄）与外在成长（M&A），而这些不同的成长既是企业经济目标刺激的结果，同时又为这些经济目标所制约。

企业成长理论指出，企业内存在着规模经济、成长经济、多元化经济和革新经济以及它们的结合形式——复合经济。企业的可持续成长一般会从制度革新开始，从而在一个制度平台上进行产品创新、技术创新、事业结构创新，最终又会进行新的制度创新。指出了尽管制度创新不是经常的创新活动，但到一定阶段又是不可避免的规律。企业成长理论指出，企业是个可持续成长的组织体，其内部蓄积的经营资源中永远有一部分是未利用资源，未利用资源与外部竞争压力共同造成经营资源间的不均衡即矛盾，成为企业成长过程中的主要矛盾，这个主要矛盾成为企业不断发展、革新的原动力。企业制度革新也好，经营资源重组也好，最终是要使这种原动力得以释放，换句我们容易理解的话说，制度的革新就是解放和不断解放企业的生产力。

本书是将企业成长和知识的成长联系起来进行探讨的。从某种意义上说，企业的成长已经不是传统所说的销售额的成长、利润的成长、员工人数的成长，而是正日益成为企业核心资源的知识的成长。可以说，在知识经济时代，衡量一个企业重要标准不是看它生产了多少产品，而是看它生产了多少知识。

三、矛盾管理理论

矛盾分析方法是我们认识和研究世界一切事物的根本方法之一。唯物辩证法认为，世界上任何事物都充满着矛盾，一切事物都是在自身的矛盾运动中发展、前进的。矛盾是一切事物发展的动力，也是企业及其管理发展的动力。按这种方法论去思考我们本章所讲的企业的成长和管理理论的发展，就会了解企业管理的历史演变过程始终充满着矛盾的运动，而且在不同发展阶段都有其主要矛盾，管理行为及管理理论的任务就是要解决与缓和这些矛盾。但在解决和缓和某些矛盾的同时，又会产生或激化某些新的矛盾，因而，企业和管理理论的发展就呈现出了阶段性。

矛盾管理理论与业务流程重整理论相比，它们重视整合而不是分工的观点是一脉相承的，因而矛盾管理力图在突破长期以来形成的职能管理体系上有所作为。但矛盾管理理论还有一个更重要的创新点，即重视企业可持续成长动力的研究。管理者的管理行为，本质上是在对围绕企业的各种矛盾进行识别、判断、处理和创造的过程中，寻找、控制和利用成长原动力的行为。矛盾管理理论认为，由于环境的持续变化、人的不断学习，甚至企业的成功等原因，都会造成企业发展过程中的不平衡，解决矛盾就是制造矛盾，如果管理者不对矛盾的本质及其规律有一个清醒的理解，势必产生方法上和心态上的问题。

矛盾管理理论不仅针对企业实际，还针对企业管理理论本身发展提出了辩证思考。在以往管理理论的研究中，人们创造了很多相互对立的概念，往往使学习者无所适从。比如，同样是经营战略，有计划式战略和随机应变式战略；比如组织，有突出个人的单兵组织和突出集体的团队组织；比如系统，有命令式系统和自主式系统；比如领导行为，有权威型领导和民主型领导；比如成果评价，有硬性指标和柔性指标；比如竞争力，有超强能力和最灵活能力；等等。如果研究者或学习者各执其词，就会陷入无谓的理论或概念论争，如果说两者兼顾，但实际上又确实有很多经营问题是不可调和的两难和必须解决的麻烦。比如，我们在第六章将现代管理理论分为科学管理与人本管理、理论管理与应用管理，主要目的也是为了理解而不是为了应用。从矛盾管理的观点来看，理论上矛盾的东西来自于研究者所特有的研究角度、价值理念甚至是嗜好的区别，也正是这些区别、冲突和矛盾，促进了人们对企业管理的多方面观察，促进了理论的创新和发展。一个学派对另一个学派的批评、学者对管理者行为的批评，以及管理者对学者的批评，在矛盾管理理论看来，都是再正常不过的现象，都是推动企业成长和管理理论发展必不可少的动力。

现实的管理世界是对立统一的，各种管理理论也是对立统一的，包括我们认知问题的方式也是对立统一的，分析这三个方面有助于我们更好地研究理论和解决问题。应该注意的是，矛盾管理理论所用的对立统一方法或者说辩证分析方法，已经不是简单的二分法，而是更复杂的四分法，并加入了时间的动态概念。

四、管理思维模式理论

管理者有管理者的思维模式，非管理者（包括被管理者和学者）有非管理者的思维模式。企业管理不仅要研究管理实践和管理理论，还需要研究管理者的思维模式，这可能更有利于管理者找准自己的角色定位，更有效地处理管理问题。换句话说，管理者要知道如何做事，要知道如何管人，还要知道如何思考。

不少研究出于这个假设：思路决定出路，思维模式决定管理模式。

有人说，搞多元化经营是为了东方不亮西方亮。海尔集团的张瑞敏说，我们是亮了东方再亮西方；有人说，我们要走技术领先的道路，联想集团的柳传志说，我们的成功来自"贸工技"道路；有人说，我们要做世界 500 强企业，华为公司的任正非说，企业只有"活"着才是硬道理。他们的思路都没有错，但为什么有这种微妙的差别呢？

管理者的讲话，是说给自己听的还是说给他人听的？管理者的目标，是要做正确的事，还是做成功的事；管理者选择，是做重要的事，还是做可行的事；管理者的思维，是倾向于逻辑思维，还是倾向于非逻辑思维；是倾向于破坏性思维，还是建设性思维；是倾向于讲道理的思维，还是想办法的思维；是倾向于排他性思维，还是兼容性思维；是擅长于两极思维，还是灰度思维，所有这些都是值得研究的课题。

人与其说受制于工具，不如说受制于视野。要想提高我们工作的效能，需要反思我们看待世界的角度。看待世界的角度就是我们的思维模式，就是我们对事情所做的假设。

信息是座山，知识是堵墙，智慧是层窗户纸。研究管理者的思维模式，可能就是在捅这层窗户纸，使我们对成功管理、卓越管理产生更有效的认知。

思维模式不是一成不变的，如何改变思维模式以便适应环境和企业成长等所带来的矛盾或不平衡呢？于是，范式（Paradigm）创新理论成为近年来人们广泛关注的理论领域之一。范式创新理论是研究一个组织如何认识和变革原有范式，并建立新范式的机制的理论，是科学史学者托马斯·库恩的科学革命理论在管理学领域的应用。范式是指一个组织的成员所共有的有关组织自身、组织环境、组织中工作着的人们特有的观念和思维模式，是组织发展过程中形成的、为企业核心人物倡导及多数人拥有的东西。现代企业在原来制度平台上形成了较大的惯性，现代大企业普遍患有保守、官僚、低效率等所谓"大企业病"，范式创新理论则针对这些病症提出了反常识思考、价值链重组、创造性破坏、范例的重要性、知识的共有和企业自我革新等一系列概念，力图解决思维的惯性和创出一条企业重塑和制度创新的路子。范式创新理论认为，到了一定的阶段，组织原来的范式就必须转换，但是，这种转换是很困难的，特别是在原有范式上取得较大成功的组织就更是如此。因此，该理论注意研究范式转换的具体操作，如日本神户大学加护野忠男教授曾提出范式转换的四阶段理论：①领导的发动；②中层干部的突击；③变革的连锁反应；④新范式阵脚的加固。这四个阶段非常近似于战争理论和群众运动式的模式。

与范式创新理论密切相关的是企业再生论（或企业蜕变论）。企业再生是指企业原有主力事业绝对老化时，为了恢复企业的成长力而进行的，通过新的战略思想激发旧事业的活力或开发新事业的过程。这一理论研究了如何才能及时察觉企业老化征兆，并提出了企业再生过程的四个阶段：①老化的认识；②战略式学习；③战略再设计；④变革的扩大再生产。

企业的创新不同于一般研究机构的创新，我们在其他地方曾对创新经济性进行研究，提出企业创新的三个误区，即过快创新、过早创新和过度创新，也是一个很重要的观点。

思考题：

1. 为什么需要把企业演变和管理理论发展联系起来？

2. 企业演变和管理理论发展五个阶段的主要特征是什么？

3. 现代管理理论发展的四个新动向是什么？还有其他的动向吗？

第八章　知识管理

本章目的：

现代企业经营资源已经不仅仅是传统的人、财、物三种，知识已经成为更重要的第四种资源。本章介绍管理学界对知识管理的深入而广泛的研究成果，希望读者了解知识资源的本质特征，知识在现代企业尤其是知识型企业中的基本作用，并通过学习企业知识创新机制的营造，了解企业如何提升来自知识战略的核心竞争力。

第一节　知识研究的回顾

去高科技企业走一圈，你确实会感受到知识在其中的特别重要性。一位研究电子学的博上从美国回来，在首都机场刚下飞机就有人举着牌子迎接他，他并不认识这几位非常热情的迎接者，他们自我介绍说是某公司的高层领导，希望他到该公司工作，并许之以高薪、股权、高级住房、专用汽车等。一头雾水的他赶忙问：让他去做什么工作，对方一愣，又回答说："还没想好呢，你先来了再说吧！"

某几个大学某专业的全体毕业生被一家公司全部招聘而去，不分男女性别，不分成绩好坏，"一锅端"。

一些人远远而又紧张地盯着某研究院的大门口，只要进入他们招聘视野的研究人员一出来就会跟踪到家，千方百计挖到自己公司来。"钱不是问题，用钱能解决的都不是大问题，关键是人，关键是人的脑子！"

这就是企业上演的"人才掠夺战略"的经典一幕。

有知识的人才正占据企业的核心位置，知识作为一种战略资源正不断被赋予新的含义，使我们不能不重视它。在过去及现在，受经济理论的影响，管理学界在说明相关问题时，经常使用的是生产要素的概念。一般认为，企业的生产要素有人、财、物三种。后来，随着企业发展过程中无形资产的增加和重要性的提高，包括技术、经营技能、商标、信誉、顾客网络等统称为信息的第四种要素也被加了进来。现在看来，用"知识"一词比用"信息"更为确切，于是有人认为，人、财、物、知识并列构成现代企业组织的四大生产要素。更有人如德鲁克认为，唯有知识才是真正的生产要素。知识要素具有以下基本特征：

第一，知识要素是赋予并表现企业个性的要素。人、财、物要素在某种意义上是任何企业都可以得到的东西，但只有这些要素却无从创造价值。只有将这些要素很好地结合起来，并适应市场、技术的需要，发挥其适当技能和作用的时候，才能创造价值。这种结合力与激发力的源泉，就是知识要素。运用同样的人、财、物要素却产生了不同的经营成果，原因就在于企业知识要素构成的企业个性。

第二，知识要素是市场交换性较低的要素。正因为知识要素经常是企业所独有的，是企业的个性，所以知识要素在市场上进行交换的可能性比较小。企业个性的培养必须经过较长期的自我积累过程。比如工厂设备、长期资金等固定要素，虽然花费时间和成本，但还是可以进行市场交换的；闲置资金、设备等也可以借贷于他人并收取利息或使用费。但企业的信誉、运营方式和习惯、士气等是较难买到或卖出的。

第三，知识要素是可以在成长的同时不断地再生产出来，并与原有的知识要素重新组合，增殖出新的成长能力的要素。知识要素是活的、动态的存在。需要特别说明的是，人力资源具有双重意义上的重要性。人不仅仅是劳动力的提供源，也不仅仅是一般的买主与卖主，更重要的是"知识载体与知识处理主体"。知识要素在企业中的积累过程，在很多情况下实际上是在企业中的人的身上的积累过程。比如，技术和经验需要在技术人员与熟练工人身上积蓄；企业与用户之间的信赖关系最终也要落实到直接相关的个人身上。知识的再生产与创新与人力资源是密不可分的。

"知识"是一种活的、能动的要素，知识要素不像其他要素那样，只是等着被开发利用，它会能动地刺激企业去扩张，去发现和利用那些未知的、未利用的资源。

一、德鲁克与知识社会

企业的成长与发展决定管理理论的成长与发展，而企业的发展又是与企业所处的社会环境的变化密切联系着。以往的企业以产业企业为主，以往的管理也是以产业企业为主要对象来展开的，所以，以往的社会都被称为产业社会。但是，这一产业社会在不断地变为服务社会，变为信息社会。在管理界起主导作用的管理思想家们近几年来正创造新的概念，来描述和说明最近出现的一些本质性变化的兆头，来警示人们关注未来的知识社会和知识型企业的管理。

彼得·德鲁克是最早察觉到这一时代大转折的管理思想家之一。他早在1959 年前后就提出了知识劳动、知识劳动者、知识社会和知识经济等全新的概念，他的新著《后资本主义社会》更是明确指出我们正在进入知识社会。在知识社会时代，最基础的经济资本不是资本，不是自然资源，也不是劳动力资源，而是"知识"，知识劳动者将在知识社会中发挥核心作用。

德鲁克认为，知识社会中所有组织都面临的最重要的挑战之一是：以自我变革管理为目的的实务方法的系统构建。组织必须不断地抛弃老旧化知识，必须通过对所有活动的不断改进、对成功事物的应用推广、连续的组织革新等不断地进行学习，才能够在知识社会中生存发展下去。

德鲁克指出："工业发达国家企业的管理者所面临的最大挑战，是如何提高知识劳动者，服务劳动者的生产效率。这一挑战可能是未来数十年最重要的经营课题之一，而且可能成为决定企业间竞争结果的终极原因。不过，最重要的，是这个问题可能会改变工业发达国家的社会结构和左右人们生活的质量。"[1]

德鲁克不仅重视知识，而且注意到了隐含知识的特征和重要性。他认为，技能知识是一种独特的知识，是既无法用语言也无法用文字说明的，只能"做给你看"的知识。学习技能的唯一办法就是通过师傅带徒弟一样的过程积累经验。[2] 德鲁克认为，科学的、计量的方法可以将个别的经验转化为体系，将一个故事转化为信息，将技能转化为某种可以教和学的东西。但他没有谈到知识转化过程，必须由人们之间的相互作用和知识的共享作条件。德鲁克的立场比较靠近综合主义管理阵营。

二、圣吉的学习型组织

企业组织和人一样，必须面对不断变化的环境。在经济变化与技术革新日益加剧的今天，适应变化、把握变化、创造变化的必要性越来越重要了。

---

[1] Drucker, P. F. "The New Productivity Challenge", Harvard Business Review. November–December, 1991, p.69.

[2] Drucker, P. F. "Post-Capitalist Society", Oxford：Butterworth Heinemann. 1993, p.24.

我们知道，学习有两种基本类型。一种是以一个我们坚信正确的基本认知框架为前提，去获得解决一个比较小的问题的诀窍。另一种是超越现有的认知框架，创立新的认知体系。第一种叫做单向学习，第二种叫双向学习。在创造知识的时候，这两种不同类型的学习相互作用，并形成某种螺旋式上升的状态。

《第五项修炼》的作者圣吉发现很多组织为各种各样的学习障碍所苦恼，为了强化组织的学习能力，他提出了"学习型组织"的概念和模型。圣吉认为，学习型组织作为企业竞争优势的源泉，具有能动的创造学习和被动的适应学习这两种能力。他认为，有志于把企业建设成学习型组织的管理者应该做的事情有五件，即所谓的五项修炼：①运用系统思考（不等同于逻辑思考）；②努力自我超越；③挑战心智模式；④建立共同愿景；⑤促进团队学习。

圣吉最强调的是系统思考的重要性，认为系统思考是整合其他各项修炼成一体的理论与实务。他赞成以整体性系统思考的哲理，替代今日几乎风行所有领域的分解主义——将复杂问题以简约的方式不断切割、不断细化的当代主流的西方文化。①圣吉指出："学习型组织的核心是一种心灵的转变。从将自己看做与世界分开，转变为与世界联结；从将问题看做是由外部的某些人或事所引起的，转变为看到我们自己的行动如何造成问题。学习型组织是一个促进人们不断发现自己如何造成目前的处境，以及如何能够加以改变的地方。"②

圣吉的理论中并没有直接提到要对科学主义和人本主义进行整合，但他字里行间的意思却很清楚。他强调理性与直觉的融合，并引用古代回教国度"盲人和瘫子的故事"来形象地描述。盲人比作理性，瘫子象征直觉。我们必须学会整合两者，才能找到走出森林之路。

圣吉可以说是处于人本应用管理象限的学者。他像巴纳德一样，重视直觉、经验的作用，但他认为"系统思考"可能是整合理性与直觉的关键。③他承认："人类有认知上的限制，我们同时只能掌握少数个别的变量。我们意识层处理信息的机制，很容易因细节性复杂而超载，迫使我们必须求助于简化的方法来理解事情。"也就是说，圣吉承认决策理论等的合理性。但同时，圣吉又提出问题的另一方面。"我们如何解释在交通拥挤的道路上以60公里的时速开车，或打网球，或演奏莫扎特奏鸣曲这些极端复杂、涉及上百的变量以及需

---

① ［美］彼得·圣吉普，张成林译：《第五项修炼》，中信出版社2009年版，第213页。

② 同上，第13页。

③ 同上，第194页。

要快速的改变，而且必须立刻判定、反应呢？我们对这些工作熟练之后，做这些事情仅需少许或不需有意识的注意力。例如，我们在交通拥挤的道路上可以一边驾驶，一边与身边的人交谈，而不会注意换挡；职业网球选手的注意力可以完全放在对手的策略和得分上面，而不是击球上面；演奏会上的钢琴家心里所想的只是美的表现，而非机械性的指法技巧。"

"显然，我们的心里有一个方面善于处理细节性复杂，一般称之为'潜意识'，以表示它是在我们正常的意识'之下'的一个心智层面。在潜意识的层次，我们具有意识层次所没有的、处理细节性复杂的巨大能力。"①

圣吉所说的"潜意识"与巴纳德的"非逻辑心理过程"、西蒙的"非程序决策"是极为相似的，不同的是，圣吉在强调"潜意识"的同时也重视理性，认为掌握了系统思考的方法就能达到理性与直觉的融合。可以说，圣吉是兼顾科学主义与人本主义，同时比较靠近人本主义的管理学者。

圣吉还强调理论与实践（应用）的融合，他认为系统思考的修炼可以达到理论与实践的融合。在这里，可以看出他在试图跨越笛卡尔的二元论思维模式。他所提倡的心智模式、共同愿景和团队学习等概念，就是一种实践性很强的组织学习模型。

组织学习理论在对管理学做出重大贡献的同时，也存在几个比较大的缺点。首先，组织学习理论家们没有从"学习就是发展知识"的角度看待学习，他们基本上是局限在"刺激—反应"的行为主义概念之上。其次，他们多数依然使用个人学习的譬喻，尽管有了20多年的研究成果积累，但从来没人对构成组织学习的要素去进行一次综合概括性的考察。再次，从人们广泛理解的角度看，所谓组织学习，是指为适应而被动的自我变化，是组织成员在过去的个人经验的影响与组织知识平台的支持下，对日常业务进行开发与修正的过程。因此，组织学习理论没能提出知识创造这一更本质的概念。最后，双向学习或者说忘却理论的概念与组织发展（Organizational Development）有着过强的关联。阿吉利斯和萧恩（Argyris 和 Schon，1978）提出，组织进行双向学习，也就是要主动地对自己固有的思维模式、看问题的角度等进行质疑与改变是极其困难的。组织学习理论承认这种观点，并主张要克服这一困难，就必须有某种人为的介入，比如需要引入组织发展的程序等。这种看法的漏洞在于他们假定，在组织的内部或外部有某个人客观正确地知道实行双向学习的最优时间和

① ［美］彼得·圣吉普，张成林译：《第五项修炼》，中信出版社2009年版，第422页。

方法。而这种假定的背后，又是笛卡尔的二元论组织观。但实际上我们也完全可以做出另一种假定，比如从有组织的知识创造的角度看，双向学习既不是什么特殊，也不是什么困难的事体，而是组织每天都在进行的活动。组织体是一个经常不断地改变着看问题的角度、思维模式，并不断创造着新知识的存在。在这样的知识创造型组织中，双向学习的能力是组织的天生能力，它可以不断地进行知识结构的重组，一边学新的，一边忘旧的，没有必要再做其他多余的假设。但学习型组织的研究可以说与知识管理只有一步之遥了。

　　刚才我们对现代管理理论中与知识有关的主要研究成果进行了回顾和分析。首先，我们了解了很早以来，管理理论就比较重视知识在管理中的作用，知识管理并不是今天突然来到我们面前的，这使我们今天研究企业中的知识管理时有不少可借鉴之处。管理学大师们在很早之前就识别出了知识的重要和地位，这种洞察力和前瞻性是非常人所能及的。但同时，刚才的分析也告诉我们，因为以往的管理理论并没有将知识作为其理论的核心与关键概念，因而从知识管理的角度来看这些前人的理论时，自然有许多局限性，使其不能满足今天企业管理的客观需要。其中最重要的有三点：一是他们虽然在提出理论，在创造新的知识体系，但却没有从正面来研究知识本身，没有对知识本身进行系统的研究。二是虽然较新的管理理论不断指出了知识在管理中的重要性，但对知识的研究也只是停留在现有知识的获得、蓄积和利用上，有关知识是如何创造出来的根本没有涉及，这使人们仅仅把企业组织看做一个处理信息和知识的系统，而忽视了它同时而且更重要的是一个知识创造系统的特征。三是他们只研究了知识本身以及各种知识之间的转换，但对知识与非知识的关系，尤其是知识的价值化过程没有展开研究。而这些恰恰是知识管理所重视的核心课题。这就给我们今天专门研究知识管理留下了机会。在以下的各节中，我们将讨论知识管理研究的新成果。

第二节　知识经济时代的企业与管理

一、知识经济要做实，重点在企业

　　到目前为止，人们对知识经济的认识还很不一致。一般说来，有关知识经济的讨论是从如下三个层次入手的。

第一个层次是社会层次，讨论的是知识社会或知识经济社会。著名管理学家彼得·德鲁克早在 1969 年就写下了《非连续的时代》的长篇巨著，详细讨论了知识社会的课题。我们所熟悉的未来学家阿尔文·托夫勒、丹尼尔·贝尔也在 20 世纪 70~90 年代相继对作为未来社会形态的知识社会做了较深入的探讨。社会层次是有关知识经济研究的最宽泛的层次。

第二个层次是经济层次，直接探讨知识在经济中的作用和以知识为基础的经济的特征。如美国经济学家 F. 马克鲁普的《美国的知识生产与扩散》一书，主要研究了知识经济与知识产业的现象，联合国经济发展与合作组织提出的《以知识为基础的经济》的报告更是如此。目前，我国有关知识经济的大部分书籍都是在经济层次上展开的。

第三个层次是企业层次，集中探讨企业的知识管理课题。即站在企业的立场上看待知识，将知识看做经营资源、财富，看做竞争力量，将知识创造和知识处理当做主题的层次。本书与本章的基本立场，就是站在企业层次的。

人们一般都认同，认识与发展知识经济的基点应该在企业。如果说美国已经呈现出知识经济雏形的话，那也是走在知识经济时代前列的优秀企业所表现出来的。目前，我国出现的知识经济热并没有什么不对，认识到知识社会及知识经济时代的来临对我国社会和经济的发展确实至关重要，但我们不能只在知识社会与知识经济是什么和如何重要这一层次上议来论去，中国目前最需要的是尽快将有关知识经济的研究推向企业层次，了解我国企业家在与知识经济相关的方面做了些什么，帮助企业家理解知识经济给他们带来了什么机遇，如何去迎接知识经济时代中竞争对手新形式的挑战等。

在世界经济竞争的主题由国家与国家之间转向企业与企业之间的时代，我们要考虑的知识经济框架实际上是建立在知识型企业的诞生、成长与普及的基础上的。知识经济社会的基本细胞依然是企业。知识经济的造势，我们已经做得足够大，知识经济要做实，重点在企业。

二、知识型企业

但是，知识经济时代的支柱企业，已不同于工业经济时代曾经辉煌过的传统企业。工业经济时代的支柱企业是物质生产型企业，而知识经济时代的支柱企业是知识型企业。这就是我们要讲的"二流企业卖产品，一流企业卖技术（服务），超一流企业卖知识"。

知识经济的兴起，为中国企业提出了挑战，也提供了机遇。站在 21 世纪的门口，也站在知识经济社会的门口，中国企业历史性地担负着带领中国经济走向世界经济舞台的重任，中国企业能否在加入世界贸易组织后，在充分利用好参与制定世界贸易规则的机会的同时，顶住竞争的巨大压力，已经不在于我们有多大的市场潜力、有多少的自然资源存量、有多大的资金能力，而在于我们有多聪明，即我们的知识能力与知识创新能力。

中国企业要发展，必须解决三个基本问题：一是竞争力源泉问题；二是成长动力问题；三是发展道路问题。只有解决好这三个基本问题的企业，才能成为中国经济的支柱企业。改革开放以来，中国涌现出了一批有竞争力、有持续成长动力的企业，它们似乎找到了一条适合自己发展的道路，这就是：形成了支持企业可持续成长的知识创新体系，建立了按劳分配与按生产要素分配相结合的、科学合理的价值分配与激励机制，创立了一系列有利于知识交换与知识销售的知识管理模式。我们把这些成功的企业叫做知识型企业。

在很多情况下，知识型企业已不像工业经济时代的企业那样，它们的经营活动的中心已不再是生产物质产品，而是在创造比物质产品价值要高得多的知识产品；它们已不仅仅是按既定游戏规则在市场上靠规模经营、靠资金实力、靠技术创新等手段"参与竞争"，而是靠制定游戏规则、创新知识体系来"支配竞争"了。

知识型企业把顾客看做学习者而非消费者，把他们自己看做教育者而非生产者，他们在力图使企业与顾客之间传统的"买卖关系"改变为"教学关系"，将传统的"交换关系"改变为"共享关系"。这与以往的企业管理模式、思维模式等都有了本质的不同。在知识经济时代，能向顾客提供和共享知识的企业要胜过那些没有这么做的企业，虽然自己没有储存和创造多少知识，但知道如何将知识转化为价值的企业将会是最成功的企业。从我们所熟悉的行业分类来看，知识经济时代的支柱企业将不再属于建筑、钢铁、化工、汽车和机械等行业，它们将主要活跃于电子信息、通信、教育培训和咨询等行业之中。

三、职能管理与知识管理

在工业经济时代，企业管理的典型模式是按职能类型进行分工与合作的职能管理模式。在一个企业，一般分为3~5个阶层，每个阶层基本上按财务管理、生产管理、人事管理、技术管理等业务分为若干职能部门，各职能部门在企业总体目标的制约下完成自己的分目标。企业内部的指挥命令系统亦按此职能体系展开，各种信息的收集、加工、传达和分配按此职能体系进行，人事考核、评价和分配、奖赏制度也是与此相适应的。

在工业经济时代，效率是企业管理中最重要的课题，职能管理模式在工业经济时代，适应生产力水平的需要，为提高企业管理的效率起到了巨大的推动作用，这一效率主要源于职能分工促进组织规模与生产规模扩张所产生的规模效益，和人们在某一特定领域长期工作所产生的经验效果或学习效果。

在知识经济时代，知识型企业中职能部门之间的界限在不断变得模糊并流动起来。不断建立、调整和解散的项目小组，职能部门与产品线交织在一起的矩阵组织，围绕企业战略目标不断调整经营重点和经营资源的动态网络管理等，正日益成为国内外领先企业普遍采用的新型管理模式。企业中的命令、指挥不再按职能管理系统逐级传达，而是视需要直接到达目的地，各项职能管理中的例常业务已经形成计算机网络管理，人事考核、评价和分配、赏罚制度也开始较少考虑其所处的职位要素。

在知识型企业中，人、财、物甚至信息等资源的使用效率问题已经变得不那么重要，核心的管理问题已由效率转为创新。工业经济时代为人们创造了足够的物质生产条件，组织规模的扩大和生产规模的扩张已不再重要，甚至原有的规模已经变成了负担，靠某种特定业务职能的学习只能做一些低层次、低附加值的熟练工作了。

知识管理与知识创新管理已成为成功企业一种新的特征，它们的成功之处不是对业已存在的人、财、物和信息资源的管理，而是对自己独特的知识资源的管理和对企业知识创新体系的建设。这里必须区别信息管理和知识管理的不同，由于信息只有同人们的认知能力和认知方法相结合才能产生知识，所以，知识管理实际上是一个运用信息创造某种概念和行为对象的过程。知识管理的关键不是要员工在职能管理的体制下各司其职，最大效率地完成其分担的工作，而是要创造一种机制和氛围，使企业员工个人及组织的知识创新能力能最大限度地发挥出来。

知识经济是知识与经济特别是与企业密切结合基础上的经济，离开企业的实际运作，知识经济将是空中楼阁，从宏观上看是知识经济，从微观上看则是知识管理。因而，我们在本章将结合现代企业的管理实际，探讨企业知识的特征、企业知识的创新机制、知识的销售和知识价值的实现形式等问题。

第三节　现代企业中的知识

在知识经济时代，知识概念被赋予了新的内涵。

首先，知识已不仅仅是人们通常所说的认识论意义上的知识。如《现代汉语词典》称"知识"是："人们在改造世界的实践中所获得的认识和经验的总和。""知识"一般表现为信息、资料、数据、文字、形象、符号、技术、经验、技能、文化、理论等形式，这些形式都超不出文化和科学技术的范畴。而在知识管理理论中，人们对"知识"赋予了完全不同的新含义。在这里，知识与经济与企业密切相关，知识开始成为经济学、管理学意义上的概念。知识通过与经济和企业的密切结合成为资源、财富、价值创造要素、竞争力的源泉。

其次，有知识的人不再仅仅是通常被人们称作"文人"的群体，甚至不再指一般意义上的"知识分子"和学者，有知识的人更多的是指那些善于创造知识并能够有效地实现知识价值的人。有知识的人不仅存在于学校、科学研究机构等，更多地存在于企业等组织内。

最后，人们对知识本身有了各种新的分类。如联合国经济发展与合作组织等提出的 Know-what（事实知识）、Know-why（原理知识）、Know-how（技能知识）和 Know-who（人际知识）的分类，编码化知识与经验知识的分类；野中郁次郎、竹内弘高等人提出的形式知识与默然知识的分类；迈克尔·杰逊等提出的专门知识与通用知识的分类；鲍勃·奥伯莱等人对信息、知识和智慧的联系及区别的观点；内容相似概念不一的隐含知识与显在知识的分类；等等。这些研究都使人们加深了对知识内涵和知识价值的认识。

一、企业知识不同于社会知识

在知识经济时代，人们对知识认识的深化首先表现在对知识的分类与细化上，上述分类是一般的分类，但我们这里先讲另一种角度，即企业知识与社会知识的不同。

企业是社会的一部分，企业知识自然是社会知识的一部分。但是，企业知识在与社会知识有着共性的同时，也有着明显的个性。特别是一些成功企业的知识，具有显著区别于一般社会知识的特性。首先，企业是一个以营利为目的的功利集团，企业的一切活动都是围绕经济利益运行的。因此，对于企业有用的知识应该是能为其创造价值的知识，能为企业目标服务的知识，是企业特有的知识而不是社会一般的知识。当然，这并不是说企业知识与社会知识丝毫没有关系，更不是说企业丝毫不会关心一般社会知识。相反，有远见和成功的企业恰恰知道如何同从事一般社会知识研究、基础科学研究的大学和科研机构进行有效的信息与知识交流，知道如何通过资助和合作一些基础科学研究，达到获得对企业来说至关重要的科学家网络的目的。

但是，企业即使是高科技企业，归根结底是企业，而不是科研机构和学术机构，企业所需要的知识是能够落实到行动上的知识，体现在商品上的知识，企业内的研究开发部门也不是纯粹的科研机构，这些部门的科研成果不能仅仅停留在文字上，企业中的科研人员也不能热衷于著书立说，得意于发表文章。说到底，企业的知识必须是能够商品化的知识。

从本质上说，成功的企业中应该存在一个有别于社会知识体系的独特知识体系。比如，在联想集团，新员工都有一个"入模子"的培训过程，这个培训过程的目的不是帮员工学习一般的社会知识和通用技术，而是旨在传播联想集团特有的企业文化、精神、价值观念、行为模式、做事原则和在联想集团工作所需要的特殊技术知识。"联想要形成一个坚硬的'模子'，进入联想的职员必须进到联想的'模子'里来，凝成联想的理想、目标、精神、情操行为所要求的形状"（联想公司柳传志语）。这个"模子"是联想人的"模子"，不是一般中国人的"模子"。联想人的"模子"从本质上讲，就是作为联想人要具有的一个特殊的知识体系。

不同层次的组织有不同层次的知识体系，企业知识与社会知识不同。同样，企业内部的某个个人、某个团队也具有不同的知识体系，知识管理就是对这些不同但相互关联的知识体系的管理。从企业层次看，知识就是资源、财富，就是价值创造要素，就是竞争力源泉，当知识被赋予了这种全新意义的时候，知识就在企业中取得了前所未有的地位。

二、知识是资源

不少人认为，在知识经济时代，知识和土地、人力、资本、信息一样，成为企业生存发展的重要资源。不仅如此，阿尔文·托夫勒等学者甚至认为知识资源与其他资源处于一个完全不同的层次，知识资源应该是所有资源的最终替代物，是唯一有意义的资源。这是因为，知识作为一种非物质资源，与土地、人力、资本等物质资源有着诸多本质上的不同。

　　首先，物质资源会枯竭，知识资源则可以生生不息。取之不尽是知识资源的本质特征之一。"自然资源决定论"、"人口决定论"之所以对人类社会的未来持悲观论调，正是因为其忽视了知识资源的存在及其特征。知识经济理论认为，决定人类前途的不是空间、土地、自然资源，而是人的知识和能力。知识资源可以持续增长，也正是因为其有了这种不同于物质资源的本质特性，才使人类社会与经济有了可持续增长的可能性。同样，一个企业只有保持了知识资源的可持续增长，才可能有企业本身的可持续成长。

　　其次，物质资源是有形的，知识资源是无形的。物质资源是实在的，是看得见、摸得着的，如土地、建筑、设备、毛线。资本基本上也是物质的、有形的东西。但知识不同，知识有时会以信息、数据等形式表现在语言中、书本上或软盘里，如事实知识（如《少年百科全书》）、原理知识（如《资本论》），但知识的本质往往是人或组织的一种能力、一种经验、一个象征性的符号，或人脑中的一个创意。如技能知识（某种诀窍）和人际知识（如知道谁有知识和知识在哪里）。很多研究认为这些潜在的、无形的知识往往构成企业的核心竞争力，比有形物质资源更显得重要。

　　再次，物质资源的扩张是有限的，而知识资源却可以无限扩张。无形就能无限，知识爆炸似乎使人们产生了恐惧感，但技术的进步却使人们获得知识变得更加容易交流和储存知识变得更不需要时间与空间，这也使人们对知识有了无限的需求。商品市场在一定时期内是有限的，人的物质需求是有限的，人对财富、金钱的需求也是有限的，但人对知识有着无限的需求，这就给知识的无限扩张提供了可能性。知识的这种性质为知识创造型而不是物质生产型企业提供了无限成长的空间。

　　最后，物质资源只能是物理空间上的换位，知识资源则可以充分共享。货币资本也是一种物质资源，比如我给你投资 1 万元，我就少了 1 万元，你有了这 1 万元并用它去经营，一定时间后你还给我 1 万元并附加 600 元红利，这个过程不过是货币资本在物理空间上的换位，你有我则没有。但知识资源不同，我给你一定的知识，我依然拥有至少同量的知识，知识资源的移动过程和物质资源不同，知识的移动不是物理空间上的换位，不仅仅是个交换过程，更重要的是一个知识资源共享的过程。并且，在共享机制和气氛适宜的情况下，还可能成为一个知识创造或知识增殖的过程，这是因为，在已有的存量知识与新接受的增量知识碰撞时，时常伴有创新机制的缘故。比如，您在阅读本书之时，就有可能悟出超越本书内容的新的思想和认识。

三、知识是财富

改革开放以来，中国人对"知识就是财富"的含义，经历了一个由不认识到认识、由认识浅到认识深的变化过程。改革开放初期，一些平时在人们眼里看不惯但有胆量的人发了财，这让一些兢兢业业的老百姓愤愤不平。后来又有一些看似没有学问的人，抓住了机遇，靠卖瓜子、炒股票成了百万富翁，这使那些自认很有学问的人发出了"搞原子弹不如卖茶叶蛋"、"拿手术刀不如拿剃头刀"的感慨。由于知识的价值无法在原有机制中实现，一时间，"下海"之风吹遍五湖四海，市场经济的浪潮荡涤着中国的知识界。

时过境迁，改革开放到今天，人们发现真正"发"起来的是一批既有胆识又有知识的人群。卖茶叶蛋的依旧在卖茶叶蛋，剃头的依然在剃头，而出入饭店写字楼的、飞翔在国内外班机上的、运筹帷幄于老板台旁的、唇枪舌剑于谈判桌前的，是中国新一代的知识型企业家与管理者。有两类人在成功企业家群体中较多：一类是有部队经验的，他们以胆识见长；另一类是有高学历的，他们以知识取胜。当代中国知识人已不仅将知识视为精神财富，而且正在学会将知识与物质财富联系起来，知识的价值在改革开放以后的中国得到了一定的实现，知识正在变为财富。

我国已经确立了科教兴国的宏大战略，从国家领导人到一般百姓家庭，对教育投资、智力投资重要性的认识都达到了空前的高度，这是几千年来中国人重视教育的优良传统的发扬，也是对改革开放以来教育对经济发展产生巨大作用的结果。且不说一般的大学教育的发展，近年来工商管理硕士（MBA）报名人数呈十几倍的增加，已经最典型地表明了每年万元的高额学费丝毫影响不了人们对教育投资的热情，他们清楚地知道，毕业后，那点投资会很快收回来的。

企业对知识的渴求也在与日俱增。除每年拿出巨额培训费培养自己的适用人才外，还要出高价四处去网罗优秀人才，因为一个人才就可能会给企业带来巨大的回报。尤其是我国进入相对过剩经济时期以来，商品不缺了，资金不缺了，一般劳动力更是不缺了，唯一缺的就是创造新产品和开拓新市场的知识和创意。在此形势下，企业更是求贤若渴、求知若渴，有的企业甚至已开始实施"人才掠夺战略"。他们知道，人才脑子里的知识和创意才是企业最重要的财富。有了人才的垄断，才有技术的垄断，然后才有市场的垄断。

四、知识是价值创造要素

进一步讲，知识之所以能成为资源，成为财富，首先是因为其是价值创造要素。古典经济学理论认为，价值的创造有两个最基本的要素：资本和劳动。马克思主义经济学则认为，价值的最终创造要素只有劳动。我们认为劳动价值论是正确的，劳动创造了价值。但我们同时又不能不承认，劳动有着非常复杂的内涵，随着社会经济的发展，劳动本身在不断分化，在知识经济时代的知识型企业中，可以用时间来量化的一般劳动和不能用时间来量化的知识劳动（就像所有权与经营权的分离一样）正在和已经分离，知识劳动和一般劳动一样，而且逐渐在超过一般劳动成为更重要的价值创造要素。因而，人们在劳动价值论的基础上，提出了知识价值论的构想。

承认知识是创造价值的要素，自然就可以导出知识也是价值分配要素的结论。传统经济学理论是按价值创造要素来安排价值分配的：资本的所有者出资，将资本的使用权交给企业，企业则付给资本所有者相应的报酬——红利；劳动力的所有者出劳力，将劳动力的使用权交给企业，企业付给劳动力所有者相应的报酬——工资。这是工业经济社会中两种最基本的分配形式——按资分配与按劳分配。知识型企业的价值分配机制则已超越了这两种基本形式，他们不排斥按资分配和按劳分配的传统形式，但他们更强调知识和知识劳动在价值创造中的特殊地位和作用，并赋予其相应的分配形式——按知识分配。

在知识资源占重要地位的企业，已经不能简单地认为由利润转增的资本必然归属于最初的出资者。企业（不管是国有企业还是民营企业）要发展，就不能仅仅或过多地考虑创业者或最初出资者的利益，而要认真地考虑后来的共同奋斗者的利益。如果企业僵化地坚持转增资本归出资者，势必否定劳动创造的剩余价值，更否定了知识创造的剩余价值，就很难留住优秀的技术和管理人才，这将不利于高科技企业的发展。按"知"分配是以"权利均沾"的原则来建立一个稳定安全、可持续成长的企业。这一方面要求创业者（或最初的出资者）要能脱胎换骨，富有牺牲精神，能够合理地让出股权和职权，使企业的股权形成动态结构。同时，按"知"分配又要求员工不仅要努力劳动，而且要贡献知识，否则你只能按劳分配，不能享受股权和职权的分配。

按"知"分配这一新的分配原则，给我们开拓了一个超越传统的按劳分配和按资分配的约束来重新思考和实践企业价值分配问题的空间。这对解决企业中按劳分配与按资分配的基本矛盾提供了一条有效的途径。

五、知识是竞争力的源泉

在知识经济时代，企业间的竞争会变得更加激烈和不确定。因此，从哪个角度去思考和建立自己的核心竞争力成为决定企业成败的关键。

知识在企业管理中重要性的增加，也可以说为中国企业赶超国外先进企业提供了一个绝好的机会，中国的可耕地和矿藏等自然资源与很多国家相比，是相对缺乏和有限的，我们不是"地大物博"，而是"地大物薄"。同样，我国企业单纯靠财力也几乎无法与国外巨型企业竞争，我国企业的经济规模离世界500强还相差甚远，1997年美国通用汽车公司的销售额为1781.74亿美元，近于中国所有工业企业总产值的一半，我国最大工业企业大庆油田的销售额不足世界500强最末位企业的一半。

但是，在知识创新方面，自古以来以"聪明"著称的中国人和中国企业还是可以有一搏的。在知识创新上，可以说任何国家都不具有任何"自然的"优势或劣势，而只是人的素质、教育水平和管理机制方面的差异。只要我们把"科教兴国"、"知识兴企"重视起来，将我们的知识资源战略性地配置和运用起来，就可以形成我们的区位优势，在特定的领域形成我们的生存空间。

企业的核心竞争力包括两个方面：一个是核心运营力，指企业能高速度、高效率地生产高品质的产品和提供高满意度服务的能力。另一个是核心知识力，指企业拥有对某种特定领域和业务而言独一无二的专长、技术和知识。成功的企业往往是在两个方面得到同时发展，形成一种其他公司很难模仿的独特的知识平台。知识创新是企业寻求核心竞争力的无穷源泉，研究知识经济的本质，建立提高知识生产率、创造知识财富、积累知识资本的企业机制，中国企业就有超常规成长的可能。

第四节　企业知识的创新机制

知识管理对知识概念的新解释，直接影响着知识的生产和知识的创新。但是，人的知识从哪里来？知识有哪些类型？它们又怎样联系着呢？尽管以往曾有过不少优秀的研究成果，但在今天仍有重新思考的必要。

一、认识的运动与知识的创新

哲学从认识论的角度对知识的源泉做过不少讨论，其中最精辟的成果之一应该是毛泽东在其著名哲学文章《实践论》中有关认识与实践、知与行的关系的论述。毛泽东站在马克思主义辩证唯物论的立场上，对认识论和知行观做了如下概括："通过实践发现真理，又通过实践而证实和发展真理。从感性认识而能动地发展到理性认识，又从理性认识而能动地指导革命实践，改造主观世界和客观世界。实践、认识、再实践、再认识，这种形式，循环往复以至无穷，而实践和认识之每一循环的内容，都比较地进到了高一级的程度。"

这里所说的"认识"实际上就是"知识"的动词，这段话包含以下两层意思：

首先阐明了知识与实践的关系：①正确的、真的知识即真理来源于实践；②实践是检验真理的标准；③知识的目的是能动地指导实践。我们平时所说的理论（成体系的知识）与实践相结合也是包括这几方面的意思。

其次阐明了不同知识之间的关系。毛泽东将知识分为感性知识与理性知识两种。感性知识是事物片面的、现象的、外部联系的东西，理性知识则是事物整体的、本质的、内部联系的东西。和理论依赖于实践一样，理性知识也依赖于感性知识，其主要关系是从感性知识上升或发展到理性知识。但同时，我们的感性知识要想深刻些，又离不开理性知识。正所谓：感觉到了的东西，我们不能立刻理解它，只有理解了的东西才能更深刻地感觉它。这就是感性知识和理性知识之间的辩证关系。

通过实践产生感性知识，通过思考产生理性知识，再通过实践检验理性知识的正确与否，产生新的感性知识。实践、思考、再实践、再思考，这是创造和发展知识的两个不可或缺的手段。

毛泽东在 1937 年所写的精辟文章，为我们思考知识管理问题提供了最坚实的科学基础之一。毛泽东当年强调实践的重要作用，实际上也是在强调经常为人们所忽视的感性认识的重要作用。有些感性认识虽然是片面的、现象的、外部联系的，但有时来得非常真实、非常清晰，而且是难以言传给他人的东西，有这种感性知识基础的人比没有这种基础的人，优先具备了发展到理性知识的前提条件。

感性知识（认识）的获得主要靠一个人的知识体会力，而理性知识（认识）的获得主要靠知识思考力。这两种不同的能力决定了一个人知识结构的特征：是感性知识多些，还是理性知识多些。这里所说的实际上就是知识管理的问题，对一个人是如此，对一个企业也是如此。

二、企业知识的分类

随着知识管理研究的不断发展，人们对知识特别是企业知识的内涵有了越来越深刻的理解。

（一）对知识的分类在不断细化

罗杰·E. 波恩将知识分为八个层次，使感性认识、理性认识的两层次论得以深化和发展。这八个层次是：①完全不理解；②不可言传的意识；③可测度的书面信息；④书面和硬件中的科学方法；⑤硬件和操作手册中的诀窍方法；⑥过程特性化的经验公式；⑦科学的公式和算法原理；⑧达到自由状态的完整知识。他还尝试用"知识树"来形象地表达这些知识的关系。

维娜·艾莉曾用一种叫"知识图"的方法，将知识分成了七种，即数据、信息、知识、含义、原理、智慧和系统联结。这些知识的学习方式、运作方式、认识方式和时间观念等都是各自不同的。这种分类似乎没有涉及感性知识，主要集中在对理性知识各种表现形式的描述上。

鲍勃·奥伯莱和保罗·科恩对知识与信息、智慧异同的看法也很有启发性。前些年，企业内流行信息管理，因而有人认为知识管理就是信息管理，只不过换了一种说法而已。也有人认为用知识管理不如用智慧管理更好。鲍勃·奥伯莱和保罗·科恩认为，智慧是处理知识的手段，知识是处理信息的手段。他们用图8-1来说明三者的关系。

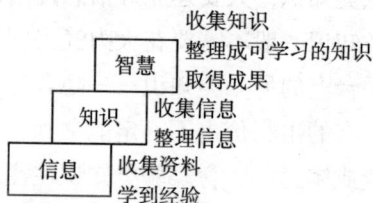

```
                     收集知识
              ┌────┐ 整理成可学习的知识
              │智慧│ 取得成果
         ┌────┼────┘
         │知识│ 收集信息
    ┌────┼────┘ 整理信息
    │信息│ 收集资料
    └────┘ 学到经验
```

图 8-1　知识与信息、智慧的区别

智慧是知识管理中的效率因素。智慧是看穿事物核心本质的才能，是处理知识以抽象出本质规律和事实的一种高创造力的连接方式。智慧可能是一种洞察力，智慧告诉我们应该注意什么知识。智慧作为一种手段，它可以用于不同的方面，用于实践则为巧妙老练，用于学习则为博大精深，用于研究则为具体深刻。

知识则是信息管理中的效率因素。知识告诉我们信息的意思是什么，我们怎样去理解信息、加工信息，知识可能就是我们刚才所讲的思考力，它能把我们的感性认识与经验通过概念、判断和推理上升到理性认识，上升到理论。从某个方面说，知识过程就是存量信息与增量信息相互作用、撞击并创造新信息的过程。知识和理念、价值观有很重要的关系，知识又总是和一定的目的相互联系着的。信息则不具备这两种特征。

另一种很常见的分类是联合国经济发展与合作组织（OECD）提出的。在联合国经济发展与合作组织《以知识为基础的经济》的报告中，将知识分为四种：①知道是什么的事实知识（Know-what）；②知道为什么的原理知识（Know-why）；③知道怎样做的技能知识（Know-how）；④知道谁有知识的人际知识（Know-who）。这四种知识通常又分为两类："知道是什么的事实知识"和"知道为什么的原理知识"属于编码信息类知识；"知道怎样做的技能知识"和"知道谁有知识的人际知识"属于隐含经验类知识。不太确切地比较一下，编码信息类知识接近于理性知识，隐含经验类知识比较接近于感性知识。

（二）不同知识有着本质不同的作用

事实上，一个人或一个组织的知识平台上不能缺少任何一种知识，尽管其具有的知识结构不同。但是，这两类知识对于知识的创新却有着本质不同的作用。

由于以计算机和通信为核心的信息技术的快速发展，编码信息类知识已经比较容易从市场上通过交易取得，有的可以很便宜或免费得到，因而人们可以不必过多地储存编码信息类知识，只要建立好信息网络，到需要时能很快接近并取得就可以了。对这类知识一般不需要花大力气去创新，重要的是吸收、使用和扩散。但是，知识平台上的另一类知识——隐含经验类知识，就很难从市场上或正式渠道取得了。有的出高价也不一定能拿到，有的买得到却不一定会用，或形不成真正的价值或实力。隐含经验类知识往往需要人们较长时间的学习、体验和领悟才能得到。比如，在改革开放初期，我们的一些企业买了国外一些专利技术，连设备一起引进来了，但就是生产不出与国外同样质量的产品，后来才明白还有技术诀窍（Know-how）即技能知识还没有学到手。知识不配套，好的产品就生产不出来。这个诀窍有时并不难，就像是一层窗户纸，但要真明白这个诀窍，还真要下一番功夫。有时为了学到诀窍，需要请到关键的人才，但要知道谁有这个诀窍、怎样把人请过来，也不是一件容易的事。这就需要人际知识（Know-who）。要建立一个完善的承载这些人际知识的人际网，也不是一蹴而就的。因此，知识创新的主要任务，应该是不断增加这类隐含经验类知识。事实上，隐含经验类知识正是一个人或一个企业组织的核心竞争力所在，大多只能靠自己去积累、去创新。

三、企业的知识创新

企业内的知识创新，关键是组织知识的创新。知识型企业的成功，在很大程度上取决于有组织的知识创新机制的建设。在这方面，已经有了一些有价值的研究。

国外有关知识经济与知识管理的研究成果，大多出自美国学者之手，但也有两个日本人在此领域占据了相当重要的位置，这就是日本著名管理学家野中郁次郎和竹内弘高。他们从日本企业独特的管理文化入手，总结提出了知识管理的一些独立的概念和理论模型，为不少欧美管理学家所瞩目。

野中郁次郎、竹内弘高在区分隐含知识（他们叫默然知识）和编码知识（他们叫形式知识）的基础上，又根据企业即是组织的实际情况，借鉴彼得·圣吉学习型组织的理论创意（见《第五项修炼》），区别了个体知识与组织知识的概念，使知识管理落实到了组织的层次。野中郁次郎、竹内弘高首先从存在论的角度将知识按载体不同分为个体知识、团体知识、组织知识和组织间知识四种，又从认识论的角度将知识按表现形态不同分为形式知识和隐含知识。他们认为，形式知识的特征有四个，即客观性（组织知识）、理性（精神）、有序性（过去的知识）和编码性（理论）。而认为隐含知识具有与此相反的四个特征：主观性（个体知识）、感性（身体）、现时性（现在这里的知识）和模拟性（实务）。

野中郁次郎、竹内弘高的主要贡献之一是对隐含知识和编码知识之间相互转化模型（SECI 模型）的描述。这个模型概括了知识之间的四种转换过程：第一种是隐含知识转换为编码知识，称为知识显现化，主要通过对话方式完成；第二种是编码知识转换为编码知识（知识扩散），叫做知识关联化，主要通过培训、学习方式实现；第三种为编码知识转换为隐含知识，称为知识内溶化，主要通过人在工作中的体验来完成；第四种是隐含知识转换为隐含知识（知识增值），称为知识共感化，主要通过企业文化氛围和工作环境进行。图8-2 是这四种转换的图示。

图 8-2　知识相互转化模型　（SECI 模型）

　　隐含知识与编码知识的相互转换，又是和个体知识与组织知识的转换结合在一起的。知识显现化过程即是个体知识向组织知识转换的预备过程，形成具有传播可能性的新概念。知识关联化是个体知识向组织知识转换的实施过程，形成由组织成员共享的系统知识。知识内溶化是组织知识向个体知识的转化，通过行为体验使他人的言传知识变为个人的技能知识。知识共感化则是通过语言、文字之外的影响力，靠个体与个体的日常接触，潜移默化地形成企业组织的文化，形成企业组织独特的知识平台。

　　企业组织通过充实对话、学习、体验和文化氛围等条件，就可以不断地加速隐含知识与编码知识，个体知识和组织知识的相互转换。通信、数字、网络等信息技术的进步，学习和培训技巧的成熟，也为这种转换提供了越来越强大的支持。

　　一般说来，知识创新总是从个体开始的，没有关键人物的个体创新，就不可能有组织化创新，因为组织是不可能自动创新的。但是，某个个体的可能一闪即灭的"火花"式新创意，只是一种隐含知识，如果不能很快地表现出来或转换为组织成员所共享的知识的话，其作用和价值也会极其有限。举例来说，被誉为中国改革开放总设计师的邓小平"摸着石头过河"的社会变革思想，就是通过不断的学习、讨论、对话、观察和体验，为广大中国人所理解、接受和达成共识的，显现出了无比巨大的社会推动力，引导了中国改革开放事业不断走向成功。知识型企业重视个体的知识创新，更重视知识在组织中的有效传播与扩散，使个体知识为组织成员所共享。共享是知识创新中一个由个体知识向组织知识转换的重要过程，只有通过共享才能形成一个企业的知识平台。

　　野中郁次郎、竹内弘高的模型实际是由两个维度构成的：一个是认知维度，另一个是存在维度，于是形成了图 8-3。

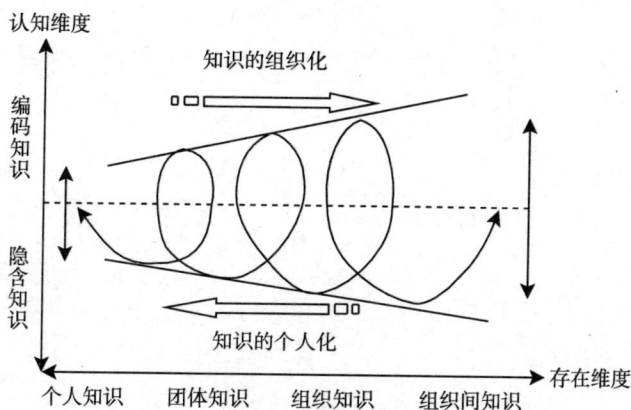

图 8-3　组织中知识创造的螺旋

注：图 8-3 对野中郁次郎、竹内弘高的模型有所修正。

　　企业内的知识，正是由于有了这种隐含知识与编码知识之间、个体知识与组织知识之间的形态相互转换机制，才得到了持续的创新、扩散和增殖。

　　但是，请大家注意，尽管用了很多企业中知识创造的例子，但野中郁次郎和竹内弘高的 SECI 模型研究主要是研究一般知识创造的，对企业知识的特质并没有给予真正的关注，我们在前面已经讲到，企业知识必须是具有经济价值或市场价值的知识，因此，要真正了解企业知识的整个创造过程，我们认为在知识认知维度和知识存在维度之上，增加知识价值维度是必不可少的，现实管理中如果少了知识价值这一维度，则知识创造的目的会变得模糊不清。

　　这就是我们要提出的知识创造三维模型。在第九章我们将主要从知识价值的维度展开讨论。

思考题：

1. 现代企业中的知识的新内涵是什么？
2. 知识的分类有几种？其不同作用是什么？
3. 如何理解知识相互转换的 SECI 模型？

第九章　知识的价值化

本章目的:

了解知识三维模型，理解在原有传统知识认知和知识存在两个维度之上增加知识价值维度的重要性。了解三维模型是如何突破不同类型知识之间转化的知识内部循环的局限性，将知识和非知识的转化联系起来，从而更贴近企业知识的性质。了解知识价值四化——知识的商品化、知识的职权化、知识的资本化和知识的资产化对激励知识工作者、促进企业知识创新的作用。

第一节　知识的销售

如果说，有财富的人不一定有知识，但有知识的人一定有财富，有人一定不以为然。他们会反问，那为什么有些知识分子还那么清贫呢？我们暂且不说有些人本来认为自己不清贫，有的是精神财富，我们只想说，有知识无财富的人至少是"不知"如何销售他的知识。知识转化为财富要有销售知识的能力作为条件。

一、知识的生产与知识的销售

知识的生产与知识的销售是知识运动过程的两个主要阶段。知识的生产是知识从无到有、由少至多的知识创新和传递过程，比如科研开发、教育培训等活动。知识的销售则是知识向其他形态转化即知识价值的实现过程。比如，理论、技术运用于实际时要转化为商品，创意、技术用于投资时转化为资本，知识、技能用于管理时转化为权力等。

知识经济热给人们一种假象，似乎有知识就能赚钱。其实这是一种误解。我们认为，知识生产不容易，知识销售可能更难。知识的销售即知识转化为其他形态，就像马克思所说的商品转化为货币一样，是"惊险的一跳"。

我们喊了多少年的科技成果转化，但效果却不甚理想。不少科学家空拿着自己的科研成果着急，就是找不到适当的合作对象，无法与转化为商品所必需的其他生产要素相结合，而且越是高、精、尖的成果越是如此。这到底是为什么呢？有人认为是科研机制问题，有人认为是思想观念问题，这些确实都有一定的道理。但我们认为，还必须明白一个道理，那就是科技成果转化本来就比科技成果创造困难得多。

有研究证明，即使在每年有大量科技成果问世的美国，其科技成果的商品转化率也只有不到5%。知识只有转化为商品或资本等形态才能发挥和实现其价值，而大多数的知识创造出来之后是被束之高阁或弃之不用的。可见，知识的销售比知识的生产要困难是一种普遍现象，知识生产固然需要有才智的人，知识销售更需要有才能的人。

二、知识的传递与知识的销售

知识的传递也不同于知识的销售。知识的传递往往不会伴随知识的实现问题，做起来容易些，知识销售就不同了。比如讲管理，在大学讲课一般比在企业讲课要容易得多，这不仅是因为企业的学员比大学生经验丰富、讲究实用，更是因为你在大学是传递知识，在企业是销售知识。学生对讲课的要求一般要低得多，只要讲得吸引人，有足够的知识量就能说得过去。知识销售的高要求是一些管理学教师走不出校门、走不进企业去的主要原因之一。

销售知识的难处还在于你是在和精明的商人打交道。知识的生产与一般物质产品的生产不同，很难准确计算成本和价格，双方之间的认同起着很重要的作用。因此，在知识人和用户企业做咨询项目的时候，如果知识销售的技巧不到位，不是卖不出好价格，就是知识被拿走了，却不给你如期付账。因此，知识的销售过程往往不能缺少中介，这不仅可以使知识的销售过程更为规范，更重要的是解决了知识人善于创造知识而不善于为自己的知识谈价钱的问题。中介机制的不健全、不完善是影响我国知识销售的主要障碍之一。

三、成功的知识销售者

成功的知识人或成功的企业，往往不是成功在知识的生产上，而是成功在知识的销售上，即会销售知识的比会生产知识的人离财富更近些。联想集团对我国的最大贡献可能是科技成果的商品化，它比较会销售知识。深圳华为公司亦是如此，尽管华为公司是中国企业中掌握专利技术很多的企业之一，但其竞争优势还是主要来自于市场，华为公司有一批懂技术、懂产品、懂推广、懂营销的人在市场第一线浴血奋战，将现有产品技术（知识）销售了出去，也将新的产品技术（知识）生产了出来。

实际上，现代企业的竞争已经到了"知识竞争"的阶段。我们甚至可以说现代企业是，"二流企业卖产品，一流企业卖技术，超一流企业卖知识"。微软、英特尔等超一流企业之所以能在市场上呼风唤雨，就是因为它们在卖技术标准，在卖市场游戏规则。

在知识经济社会，知识的销售可能比知识的生产更为重要，因此，我们必须注意研究知识销售中的一些重要课题，了解知识价值的各种转化形式、实现形式，不了解知识是如何转化的，我们就无法真正懂知识的销售。

第二节　知识价值的实现形式——CACA 模型

知识的创新也好，知识的运动也好，不会在没有任何动机和激励条件下自动地开始和进行。知识经济时代对知识赋予新的含义，承认知识的价值，承认知识是财富，知识是资源，知识是商品，知识是资本，知识是价值分配和经营职权分配的要素之一等，就是要给知识的创新和知识的运动以原动力。

实践是知识的源泉，但认识主体的人类为什么要去实践呢？人为什么要去认识世界和改造世界呢？以前的研究只是说明了人们怎样通过实践等方式去获得知识，但没有系统地探讨获得知识的动机。知识经济的一些观点为我们提供了一定的解答。

知识经济的本质是将知识和经济联结起来，即与商品联结起来，与资本联结起来，与职权联结起来和与资产联结起来。知识经济就是要使知识的价值得到充分的实现，这是知识经济与以往我们所经历的经济时代所不同的地方。

如果我们假定企业内可分配的价值有货币、股权、职权和资产四种，那么，就可以将知识与这四种价值的交换叫做知识的价值化；反过来，我们用这四种价值去交换知识，则叫做价值的知识化。

企业内价值的知识化主要包括对干部和员工的教育培训，是对企业人力资本的投资行为，这里主要研究知识价值化，省略价值知识化的部分，留作以后的课题。

知识价值化是与知识价值的实现形式密切相关的课题，知识价值实现形式

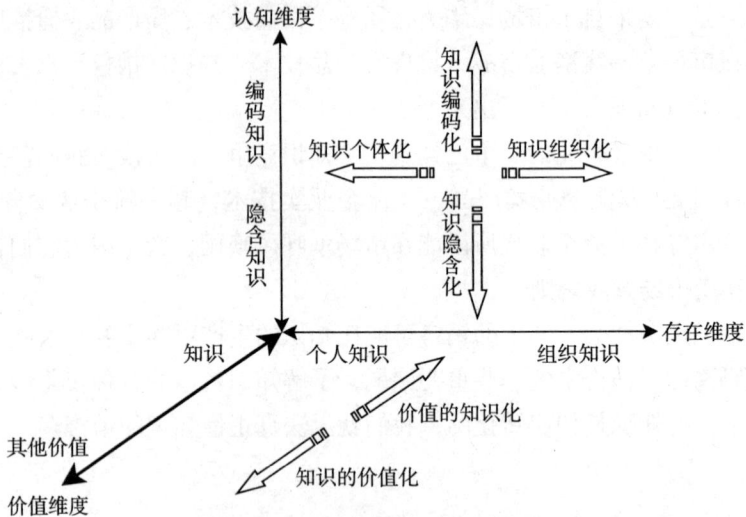

图 9-1　企业知识管理的三维模型

的多样化和有效化，是激励员工特别是知识员工创造知识、贡献知识和共享知识的必要条件。如果说本章第一节所讨论的知识销售是知识价值在企业外部的实现的话，那么，这里所说的知识价值化则是知识价值在企业内部的实现。

我们在此把这些实现形式称为知识的"四化"，见图 9-2 的 CACA 模型，包括知识的商品化、知识的职权化、知识的资本化和知识的资产化。这"四化"与野中郁次郎、竹内弘高模型的"四化"（知识显现化、知识关联化、知识内溶化和知识共感化）一样，应该是企业知识管理的核心内容之一。

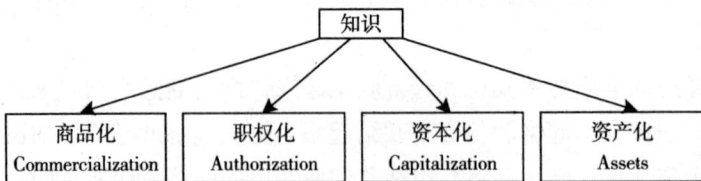

图 9-2　知识价值化的 CACA 模型

一、知识的商品化（Commercialization）

理论与实践相结合是党和国家社会主义建设的重要原则之一。所谓理论即系统的知识，比如邓小平理论，我们强调的是知行结合，提倡理论不但要能"解释世界"，而且要能"改造世界"，这是马克思主义辩证唯物论中认识论的重要组成部分。毛泽东在《实践论》中说道："如果有了正确的理论，只是把它空谈一阵，束之高阁，并不实行，那么，这种理论再好也是没有意义的。认识由实践始，经过实践得到了理论的认识，还须再回到实践中去。"这就是认识运动的循环和"知识的实践化"。

在知识经济时代，知识到实践的过程已经不像理论阐述的那样简单了。因为在知识经济时代，大多数知识是为他人生产和使用的"商品"，而不再是为自己生产的"产品"，知识人也不再是自我欣赏、与经济活动无关的文人墨客或纯理论家，他不仅要走向实践，而且要走向市场，要使自己的知识（或技术）成为为他人提供使用价值的商品。知识界不再是你写篇文章，我来个商榷的自给自足的纯学术领域，而是为他人和社会提供知识产品和服务的知识产业。总之，知识不仅要实践化，而且要商品化。

知识的商品化就是要通过知识的销售使更多的人达到知识的共享，使更多的人把知识用于实践，使知识的价值得到最充分的实现。从这个意义上讲，知识经济即知识与经济联姻的经济模式。

知识的商品化还表明了衡量知识的标准要发生根本的变化，我们不仅要通过实践来检验知识是否正确，而且要通过市场检验知识是否有用。知识经济时代已经越来越不需要那些"无用的知识"或者"正确的废话"。知识的检验要从计划经济时代的"官场"标准和"纯学界"标准转为市场标准，要从解释政策和获奖为主的学究式研究，转化为服务于社会、经济和企业现实，真正能提高中国核心竞争力的理论与应用研究。

知识商品化的道理说起来容易做起来难。就像你去商店给自己买东西容易，给别人买礼品难一样，为他人生产知识，了解他人的知识需求，并不是一件容易的事。不仅如此，文人自视清高、敬远生意场的"精神胜利法"，也使很多人不去、不敢或不会理直气壮地销售知识。同时，深知文人弱点的精明的商人会竭力压低知识的价格，一部分企业人肆意侵犯知识产权的行为也让中国的知识商品化进程屡遭挫折。

可以说，知识商品化在我国还处于相当低级的阶段。首先，我们的工资、奖金等收入还不高，我们对人力资本的回报还不够；其次，我们的知识产品也不够值钱。因此，促进知识商品化、探讨知识商品化的多种途径，是实践知识经济的重要一环。

二、知识的职权化（Authorization）

传统经济理论认为，所有权决定经营权，劳动权不能决定经营权。在业主制或个体企业里，资本家直接雇佣工人，在现代企业所有权与经营权分离的情况下，资本家直接雇佣工人的方式被所有者选任经营者、经营者雇佣工人的间接雇佣方式所取代，但本质是相同的。劳动者则没有决定经营权的权限，国有企业的经营者由国家来任命而不是由工人来选举也是同一道理。经营权由所有权分离而来，不是由劳动权分离而来。这就是资本可以雇佣劳动、劳动不能雇佣资本的理论根基。

（一）为什么资本雇佣劳动

现代企业中资本雇佣劳动的体制实际上暗含着这样两个假设：

第一，在一个企业中，经营者（或者说企业家）是很重要的，因此，企业的首要问题是设计一种机制，使这种机制保证有经营才能的人被选为经营者。张维迎在《企业的企业家》中分析到：在教育或知识信号不太强的情况下，由于个体的经营能力是一种不清晰的个体信息，必须支付不可确定成本才能获得，而个人资产则是可以观测到的公共信息。为了节约信息成本，个人资产便成为检测个人经营能力的重要标准。于是，我们可以得到这样一个假设：一般而言，有个人资产的人比没有个人资产的人更有可能具有经营能力。充当经营者（企业家）的优先权之所以让给资本所有者，是因为在显示经营能力方面，选择富人比选择穷人更有可信性。"一个资本所有者，当他想成为经营者时，会更加诚实、可信、尽职和勤奋。他没有积极性夸大自己的经营能力，也没有兴趣从事过滥的投资活动。"因此，资本家之所以成为经营者或任用经营者来雇佣劳动，是因为他有资产优势。

第二，非人力资本（资本金、土地）与其所有者在自然形态上的可分离性，使得非人力资本一旦投入企业，便成了一种抵押品，难以任意退出企业，自然就成了天然的风险承担者，有了做出最优决策的积极性。而人力资本（经营能力、劳动能力、知识）与其所有者在自然形态上的不可分离性，使得人力资本的所有者可以无后顾之忧地退出企业。因此，资本雇佣劳动就有了天然的优越性。

因此，资本雇佣劳动就成为一种合理的选择。

（二）知识雇佣资本

在知识经济时代，资本雇佣劳动体制的两个假设都不成立了。第一，由于知识经济时代社会知识存量的急剧增加，在知识型企业中，最重要的已经不是企业家，而是知识工作者的知识创新能力。企业的首要问题是要设计一种机制，在这种机制下，不是选用有能力的经营者，而是选用有知识创新能力的知识工作者。由于创新能力是一种私人信息，知识则是一种公共信息，我们可以假设，有知识的人比没有知识的人更有可能具有创新能力。因此，知识便成了个人创新能力的标准，知识拥有者便成为企业中最重要的人。

第二，在知识经济社会中，由于人力资本的专用性和金融资本市场的充分发育，使得最有退出企业自由的、最能迅速逃避企业风险的，不是人力资本所有者，而是非人力资本所有者，就好像股市上的股民"用脚投票"一样。因此，在知识型企业中，人力资本或者说知识资本的所有者，就成了天然的风险承担者。

在知识经济时代的知识型企业中，知识雇佣资本的体制将比以往工业经济时代的资本雇佣劳动的体制更有合理性。资本所有者由于资本已经变得相对丰富，也为了使自己的资本能够实现增值的目的，开始努力使资本为知识拥有者所用，使资本依附在知识拥有者身上，知识拥有者成为资本的吸引者。

这样，知识拥有者成为企业的核心，由他们来决定上什么项目，自己或委托管理者来雇佣工人组织生产，资本所有者成为接近于银行的债权人，获取固定的利息或协议的股息收入，生产者负责生产获取固定工资报酬。知识拥有者和经营者共同分享企业剩余。

在知识经济社会，资本雇佣劳动的基本假设前提将被推翻，教育和知识信号将变得非常之强，这将使资本与知识的关系发生一次革命，使知识获得支配资本的力量。

知识经济中的企业并不会因谁有股权而自动获得经营管理职权（风险投资基金即是这样的制度安排，它只要股权但不要经营权），因为这样的职权分配标准，可能会因股权的固化而造成职权的固化。同时，企业也不按员工的资历（实际是按劳动时间）分配职权，这会使企业掉进"经验主义"的陷阱，对日新月异的高科技企业的发展将是致命的。

企业将建立一套新的评价体系来分配职权。这主要是要有一套客观公正的知识贡献评价体系，对员工的工作态度、工作业绩和工作能力等进行考核，使优秀员工能够通过努力工作，在工作中积累才能，获得职务与任职资格上的晋升，让最明白的人最有权，让最有知识的人最有责任。反过来，跟不上企业发展所需观念和经营管理能力提高速度的人，不管其股权有多大，经营职权也将被削弱，退下来让知识贡献大的人上去。总之，要形成资本决定职权、知识也决定职权的机制。

知识的天然动态性，决定了其与资本贡献和劳动贡献的本质不同，按知识贡献分配经营职权，将使企业形成动态的股权和职权分配机制。

三、知识的资本化（Capitalization）

知识是商品，又不仅仅是商品，知识不但可以用于交换，还可用于投资。以知识投资于某个企业，通过与其他生产要素的结合，创造附加值，就是知识的资本化。

"以知投资"实际上是知识权力化的一种表现。知识权力化取决于我们是否充分承认和尊重知识是一种产权。党的十五大精神和《公司法》已经允许工业产权、非专利技术等知识要素可以作为出资，这使知识具有了与资本同样的权力，虽然在出资比例方面还有一些限制（比如不能超过30%等）。

投资使知识的地位问题开始解决了，但是这只是知识转化为固定的资本金，而已经注册成立的公司内部，不断被创造出来的新的知识的权力和价值又是怎样实现的呢？我们认为，这应该是按照"按知分配"的原则，通过知识产权和股权交换即"知识资本化"来实现的。

知识资本化涉及经济学理论的一些最基本问题。在资本主义企业里，劳动的成果（比如皮鞋、钢材、汽车、专利等）完全归资本的所有者占有，劳动者对自己的劳动成果没有任何权利。劳动者只是根据劳动时间或劳动成果的量和质，获得形式上公平的报酬。按照劳动价值学说，价值都是劳动者创造的，如果资本的所有者通过这些劳动成果取得报酬的话，则会出现剥削现象。

劳动分为体力劳动和知识劳动，知识劳动者通过他的劳动，不但可以更高效率地生产物质产品，而且还会产出知识，知识是知识劳动者的劳动成果。如果按照资本的逻辑，这个成果也应该像一般劳动的成果一样，归资本所有者占有。确实，我们的很多企业也基本上是按照这一逻辑和原则来处理知识成果的——技术人员的发明属职务发明，其专利权归企业所有，管理者的创意归企业所有，不管他们花费了多少业余时间。对专利发明人有时会象征性地给一些奖金，但这些奖金往往非常少。除少数几个特别优秀的企业外，还没有几个企业对员工的知识性贡献给过制度性回报，知识资本化运作在我国还处于"初级阶段"。

我们知道，对于企业中特别优秀的人才，靠工资、奖金等知识商品化的手段实际上起不到太大的激励作用，因为知识工作者与一般劳动者不同，他们更多的是需要成就感、占有欲望、自由度、一定的挑战性和风险性。明白了这一点，对于优秀人才大量流向国外、国有企业人才大量流入外资企业和民营企业的现象，就不会感到奇怪了。

在美国，诸如英特尔、IBM、微软等大公司，已经广泛实行了一些新型的分配制度，在我国，如深圳华为、四通利方等高知识化公司，都在探索新的激励机制，包括员工持股制度、利润分红制度、劳动力股权制度等，他们力图通过这种制度化的机制，激励企业的知识精英和优秀年轻人与公司形成利益共同体，激励他们为公司做出持续性的知识贡献。我们把这种机制叫做"知识资本化"。

在实行知识资本化机制的企业，承认知识的创造者和贡献者对知识成果拥有部分知识产权（属于企业内部承认的知识产权，不一定都是专利、商标、著作权等），同时又以股权（认股权）的形式来"交换"知识创造者的这部分知识产权，从而使其法人化并有效地构筑起公司的知识平台。这种机制使知识劳动者在得到和一般劳动者相同的工资、奖金等劳动报酬之后，再享受到由于知识贡献而得来的股权报酬。因为这只是一种权利，还需要知识工作者的努力使其实现市场价值，因而知识资本化使知识工作者与企业之间形成了风险共担、利益共享的机制，比单纯的可支配收入分配具有更大的激励性、公平性和合理性，对鼓舞知识劳动者创造和贡献知识的积极性有巨大促进作用。

四、知识的资产化（Assets）

知识是企业和个人获取收益和地位的资本，但是，当这种知识资本离开某个个人而为一个组织共同所有和共同支配时，就转化为一种资产的形式了。

知识的资产化区别于知识的资本化，是以传统股权以外的形式存在于企业之内的，例如企业的商标、专利权、客户资源、信誉等，成为资产的知识，为企业所占有，又为企业所支配，不像资本那样为个人所有。因此，企业在，则知识资产在；企业不在，则知识资产亡，这是资产化知识的特色之一。

如何使员工个人头脑中的知识不断地贡献出来，不断地形成企业的资产，是企业知识管理最重要的环节之一。在这方面，国内外的不少企业已经做过有益的尝试。比如深圳华为公司就提出，要建立一个强大的基础，使企业逐步摆脱对个别人才、资金和技术的依赖。他们认为只有摆脱了对这三者的依赖，才能使企业真正由必然王国走向自由王国。这种提法和很多企业的口号有很大不同，大家都知道人才、资金和技术对企业的极端重要性，那么，一个企业连这三者都不依赖的话，它到底依赖什么呢？

我们认为，像海尔、华为这样的成功企业，其发展可能就是依赖了一种不断激励和活用员工知识，并使员工做出可持续性知识贡献的企业机制，或者叫一种文化。这个机制中所谓强大的基础，可能就是通过知识资产化而形成的知识平台。

五、价值实现形式的重要性

知识经济社会是知识价值得以充分实现的社会，知识型企业是知识价值得以充分实现的企业，这种充分实现依赖于知识价值实现形式的多样化。知识不仅与实践结合，而且与市场结合，这使知识价值实现形式的多样化成为可能。

知识可以通过各种载体实现，如书本、杂志、电影、VCD、报纸、网络、漫画、歌剧、舞蹈、广播；知识还可以在同种载体的各个不同的地域空间和时间之内实现；知识还可以通过商品、资本、职权和资产等各种形式实现。知识价值实现形式的多样化给人们学习知识、创造知识和销售知识的行为以越来越大的诱导和激励。

我们以前不是不重视知识，我们一直认为知识很有价值，也很欣赏培根所说的"知识就是力量"的格言，但是，我们始终没能解决"知识价值的实现形式"问题，就好比我们重视公有制却一直没有找到公有制的实现形式；我们重视教育，却没有给人们的教育投资以应有的回报；我们重视理论与实践相结合，但又以发表纯学术文章的多少来评定人们的职称；我们承认知识劳动是复杂劳动，但分配制度却促成了"脑体倒挂"一样。所有这些"怪现象"，基本上都可以追溯到我们还不太知道如何实现知识价值这个原因。可以这样说，只要我们找到和允许知识价值实现形式的多样化，那么，就再也不用费心去强调所谓的重视知识了。

以上的讨论认为，知识的价值主要可以通过知识商品化、知识职权化、知识资本化和知识资产化等形式来实现，这是一个理论框架，具体到一个企业，我们则可以按如下方式进行"按知分配"的操作。一个企业可分配的价值主要有经济利益和组织权力两种，[①] 将这两种价值再从其所有权和使用权两方面进行细分，可以将企业可分配的价值分为四类，统称为知识价值的"四化"，知识价值四化的矩阵结构可用图 9-3 表示。

第一类是个人所有且个人支配的价值，包括工资、奖金、红利、福利退休金等，可以称之为知识（也包括劳动和资本的）商品化；第二类是个人受一定

---

① 除此之外，应该还有组织氛围等，在此不做展开分析。

价值使用权

个人　　　　　　　　　公司

个人	工资、奖金、红利、福利 **商品化**	产权、股权 **资本化**
公司	职权、机会 **职权化**	商标、专利、客户、信誉 **资产化**

价值所有权

图 9–3　企业的价值分配矩阵

制约的支配但属企业所有的价值，如职权、机会等，称为知识的职权化；第三类是个人所有但属企业支配的价值，如产权、股权等，称为知识的资本化；第四类是累积在企业内部由企业所有且由企业支配的价值，如商标、专利、客户资源等无形资产，称之为知识的资产化。

在知识经济社会日益临近的今天，在知识日益成为竞争的决定性力量的今天，探究知识的销售或知识价值的实现形式，正成为真正获得这一力量的关键。本章的讨论最终落脚在知识的销售，以及知识的商品化、资本化、职权化和资产化上，就是力图深化我们对知识价值实现形式的认识。我们还不能说找到了知识价值的全部有效实现形式，但愿我们的努力能够对这一方面的研究起到抛砖引玉之效。

思考题：

1. 讨论知识生产、知识传递和知识销售的关系。

2. 资本雇佣劳动到知识雇佣资本的转化是怎样进行的？

3. 分析知识资本化和知识资产化在企业管理中的具体操作。

4. 哪种知识的所有者可以被赋予管理职权？

第十章 知本管理

本章目的：

了解知本及知识资本参与分配的理论依据。理解由按劳分配、按资分配到按知分配的分配原则的进化是如何适应知识型企业的管理需求的。了解"出资权"或"认股权"的管理新概念的出现，是如何突破所有权、经营权、收益权的传统概念，超越所有权与经营权分离的一般认知，实现企业中权力的重新配置的。

第一节 知本理论：股权分配的理论依据

为什么经营者与员工可以或应该获得股权？如何考核他们的业绩并给予相应的股权？对此，必须给予理论上的说明。

众所周知，我们以前坚持的分配原则是按劳分配，党的十五大决议提出了按劳分配与按生产要素分配相结合的原则，为改革我国企业的分配制度打开了一条很宽的通道，生产要素中就包括资本、技术等各种分配标准。在随后的十六大决议中就更为明确地提出了劳动、知识、技术、管理和资本都是创造价值的要素，这些原则在十七大决议中被确认为要"健全劳动、资本、技术、管理等生产要素按贡献参与分配的制度"，这是政府政策对管理理论认知的极大进步。

我们知道，以劳动为标准分配的主要是工资、奖金等经济利益，按资本标准分配的是剩余（红利或亏损）和经营权，即按资分配是既分利也分权（按技术分配其实是将技术视为资本进行技术投资，从而按比例享受剩余和权力）。

但是，按劳分配与按资分配（含按技分配）的原则都无法说明经营者与员工为何和如何获得股权的理由和方法。看来，要使经理期权和员工持股合乎逻辑与可操作化，就有必要突破传统按劳分配与按资分配的概念范畴，为股权分配找到全新的理论基础。

没有参与价值创造，就没理由参与价值分配。因此，要想找到新的价值分配原则，必须追溯到价值创造阶段。经长期深入考察现代企业尤其是高新技术与知识型企业，我们发现有两种价值创造要素已经和正在获得比之劳动和资本更重要的地位，它们就是知识和管理。知识是从一般劳动中分离出来的，而管理是从资本中分离出来的，因而它们的出现不但不否定劳动标准和资本标准，反而在此基础上拓展和丰富了价值的创造要素，并为我们提供了有关价值分配的全新理论。正如资本可以看做是一种物化劳动，劳动可以看做是一种活资本一样，知识和管理也可以说是一种区别于活劳动的特殊劳动，同样可以看做是一种区别于财务资本的特殊资本。

我们认为，劳动、知识（含技术）、管理与资本创造了企业的全部价值。如果我们这样认为，就为一个正在运营中的企业找到了再造权力结构，实施经理期权和员工持股制度的理论基础。既然知识和管理参加了价值的创造，就有理由参加价值的分配：对成功企业家的管理贡献所给予的相应报酬是股票期权，对优秀员工的知识贡献所给予的相应报酬是员工持股。这样，我们就为不同的价值创造要素找到了各自的报酬形式，如图 10-1 所示。

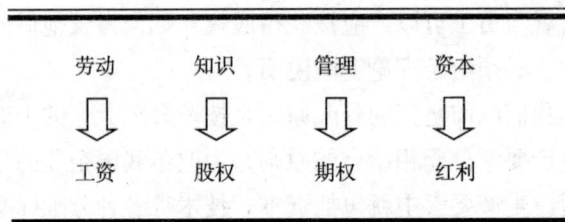

劳动	知识	管理	资本
⇩	⇩	⇩	⇩
工资	股权	期权	红利

图 10-1　价值创造要素与相应的报酬形式

为了简化分析，我们将按知识分配和按管理分配并称为"按知分配"。"按知分配"与按资分配一样，既分利也分权，但利是在权充分有效行使之后才获得的，是未来报酬不是现时报酬，是动态报酬而不是固定报酬。

按知分配原则更重要的创新是，它可以使企业的权力结构再造处于可持续的状态中，也就是使企业权力结构动态化。众所周知，一旦某企业的投资比例确定，一般情况下，企业的权力结构就不可避免地被固化了，要想改变，必须对企业注册资本进行变更登记，手续繁杂。而按知分配要求企业的股权结构动态化，至少每年能够进行管理性调整。所以，实行按知分配的企业要保持相当部分的预留股（或叫库存股），以便按照经营者和员工动态的知识贡献，做相应的股权调整。这要求我国的《公司法》等要做一定的修改。

按知分配原则的出现，实际上是对传统资本主义企业理念的一个根本创新。我们知道，在传统的资本主义企业理念下，股东选择企业是最基本的游戏规则之一，尤其是在证券市场发达的情况下，股东"用脚投票"，喜欢哪个企业就买哪个企业的股票，不喜欢了可以卖掉股票抬脚走人，选择权在股东而不在企业。资本固定，股东流动，即所谓"铁打的企业，流水的股东"。但在按知分配的知识型企业，是企业选择股东而不是股东选择企业。企业要看你对企业的知识贡献如何以及对企业的未来发展如何，让最明白和最有责任心的人即有一定的资格才被选择为股东，即资本结构动态化，企业股东资格化。

这里出现了"出资权"或"认股权"的新概念，而不仅仅是所有权和经营权的概念了。以往我们仅讨论和研究所有权与经营权的关系，认为所有权决定经营权，所有者有权选择经营者与员工，是以资为本的"资本雇佣劳动"。但是，什么决定所有权呢？尤其是在一个企业组织已经存在的情况下，所有权依据什么进行调整呢？我们对这些重要问题并没有给予关注和解答。

我们认为，按知分配原则解决的就是"出资权"或"认股权"问题，就是所有权调整问题。让最明白、最有责任心的人，或者说最有知识的人而不仅是最有钱的人成为所有者，成为经营者和核心员工，是将企业的权利结构由以资为本转换为"以知为本"。这里产生了一个极其重要的理论假设：知识权决定所有权，从而决定经营权。以资为本即资本理论，以知为本则是知本理论。

在知本理论的框架下，可以描述世界上正在发生的"知识与资本的力量在发生转移"的现象。我们认为，在资本达到一定的非稀缺的条件下，传统资本主义经济中"资本雇佣劳动"的基本规则可能会被"知识雇佣资本"的新规则所代替。由经理期权和员工持股所代表的新分配激励机制的出现，以按知分配为核心的知本理论的成立，预示着这种趋势。100 多年前诞生的现代企业制度即股份公司制度，正面临着根本性的变革。我们相信，在人类走向知识经济时代和进入 21 世纪的今天，企业权力结构的创新，必将为现代企业的可持续成长带来更广阔的空间。

第二节　按知分配原则

经理期权与员工持股制度，本质上是谋求所有者、经营者与员工三者利益相结合的激励机制创新，是有关价值分配的制度创新，是企业权利结构的再造。该制度的理论基础是以"按知分配"为核心的知本理论。按知分配原则严格区别于按劳分配与按资分配。国有企业应通过实施经理期权制度，淡化企业经营者的行政官员色彩，民营企业则应通过导入员工持股制度，弱化员工过度的雇佣意识。由经理期权和员工持股所代表的新分配激励机制的出现，以及知本理论的建立，预示着"资本雇佣劳动"的基本规则可能会被"知识雇佣资本"的新规则所代替。

本节主要讨论经理期权与员工持股制度的本质及理论基础问题，不涉及具体的制度设计和操作。我们以为，目前企业界与学术界普遍关注并积极运作的经理期权与员工持股制度，是一种将所有者、经营者与员工三者利益相结合的激励机制创新，是一种有关价值分配的制度创新，更是一种企业权力结构的再造。而知本理论则是构成这种再造的理论基础。

国有企业经营困难问题能否解决，已经成为我国经济体制改革能否继续深入的关键，上至中央，下至百姓，举国关注。人们的目光自然集中在国有企业经营者身上：到底是他们的"能力"出了问题，还是他们的"努力"出了问题。如果认为是他们的能力出了问题，那是选拔任用机制的问题；如果是他们的努力出了问题，那是激励分配机制的问题。本书在假定国有企业经营者"非不能也，是不为也"的前提下，来讨论经理期权与员工持股制度的本质、导入动机、相互区别、地位作用以及理论基础，看看以企业权力结构再造为中心的激励机制和分配制度的创新会给企业带来什么。

一、经理期权与员工持股制度的本质

党的四中全会《决定》明确了要进行企业股权方面的改革，这包括两个方面：一方面，要在保证国家控制力的前提下减持国有股；另一方面，要让经营者和员工拥有股权。这是一个重大的突破。虽然《决定》没有对此进行具体详细的说明，但敏感的企业家们已经看到，新的规则正在形成，企业发展的重大机遇正摆在面前。

要理解经理期权和员工持股制度的本质，必须首先从企业的相关利益群体谈起。一般说来，企业的相关利益群体有八个，即政府、社区、顾客、供应商、债权人、员工、经营者和股东。其中，前两者与企业不存在交易关系，属非市场关系的利益群体；而后六者与企业以交易关系为基础，属于市场关系的利益群体。但是，顾客、供应商、债权人以及作为工薪阶层的员工和经营者与企业的关系，与股东和企业的关系有着根本的不同，那就是：前者的交易关系基本是事前确定的，而股东却是事后确定的。

股东在这里有一个特殊地位：剩余索取者。从顾客那里获得的收入，减去由政府、社区、债权人、供应商、员工和经营者的扣除，剩下的才是股东的收益，即：收入－扣除＝剩余。所以，股东享有剩余索取权，有剩余就有索取，无剩余则一无所得，如果剩余是亏损，股东就要负债，也就是股东要承担风险。

现代公司最基本的游戏规则是：①所有者拥有剩余索取权（权利）；②所有者必须承担风险（义务）。可以说，经理期权与员工持股制度的本质就是遵循这一基本游戏规则而对企业权力结构的再造。这种再造，部分地将经营者与员工由事前确定的交易关系转向事后确定，使经营者与员工有条件地拥有剩余索取权和承担风险，从而制度性地将经营者与员工与股东的关系拉近，结成利益共同体和命运共同体。

二、所有者导入经理期权与员工持股制度的原因

任何一种制度和规则创新都有其主观故意和客观条件。经理期权与员工持股制度的实施，首先决定于所有者与经营者、员工的动机。

所有者积极导入经理期权与员工持股制度的动机一般有三个：

第一，解决代理问题。经营者与员工在仅仅享有工薪等固定报酬的制度下，为使自己的收益最大化，较容易产生"偷懒"行为。变固定报酬为变动的业绩报酬，会使经营者与员工相对比较积极地履行自己的代理人职责。

第二，解决激励问题。股东希望自己的股票价格越高越好，授以期权并以期股价格为标准确定经营者的收益，自然会对经营者起到激励作用。股东希望分红越多越好，授以股权并以分红为标准确定员工的收入，也会对员工起到激励作用。通过机会、期望和压力，激发经营者与员工更积极工作的动力，是所有者的用意之一。

第三，解决留人问题。经理期权与员工持股都是"金手铐"，从消极面来讲，因为期权股票在约定的若干年后才能变现，因此在此期间经营者必须努力

工作，才能从股票中真正获得收益。同样，因为员工持股基本上是内部员工持股，失去员工资格就会失去持股资格并造成损失，因而持股员工不会轻易离开公司。从积极面讲，获得了相应的权利地位和收益，企业自然就会有较大吸引力。经理期权与员工持股制度是大家联合起来"向前看"，而不是"拿钱走"。"分"是现象，"合"才是本质。解决代理、激励与留人问题，恰恰是国有企业（当然也包括其他类型的企业）所面临的最紧要问题之一，因而作为所有者的国家对推行经理期权与员工持股制度表示了积极的态度。

三、经营者和员工接受经理期权与员工持股制度的原因

企业经营者与员工欢迎经理期权与员工持股制度的动机一般也有三个：

首先是巩固自己的位置。比如，在目前执行的国有企业经营者任免制度下，只要工作需要，"一张纸，两行字"就能决定一个人的去留。身不由己的经营者很希望用股权的手段使自己的位置得以巩固，用"几只手取代一张纸"。

其次是增加自己的利益。相对于同等规模和收益的国外企业来讲，我国国有企业的工资可谓不高，奖金也很难多拿，又由于个人收入所得税的限制，现金收入不能太多。因而，局限在工资与奖金的范畴里，就难以解决贡献大的经营者和员工的管理能力与知识投入的回报问题。通过股权制度，则可以在增加努力的前提下，使自己的财产增值，将来变现就会增加收入。

最后是保证企业可持续成长。由于经理期权与员工持股都不是马上伴随现金支出的权利授予制度，因而经营者、员工与所有者一样，不仅关心眼前短期利益的实现，而更关心长期利益的增长。所以，经理期权与员工持股的制度创新，会使人们的目光不再单纯地盯在利润最大化上，而会像真正的现代企业一样，去追求在一定利润率基础上成长最大化，或者说去追求企业的可持续成长。因为既是股东又是企业成员的经营者和员工的利益，主要是寄托在企业存续之上的。

四、经理期权与员工持股的区别

经理期权与员工持股制度虽然在本质作用上一样，但在适用范围和获利内容上有着较大的区别。一般表现在以下三点：

第一，经理期权比较适用于向少数高层经营者倾斜，员工持股则用于普惠多数员工；经理期权宜给予与股票价格或企业整体业绩有关的人员，而员工持股可以给予与各岗位、各部门业绩有关的人员；经理期权给予的人少但量大，

员工持股给予的人多但量小。对于还没有晋升到企业最高位置的人来讲，提升应是比经济收入更有效的激励，企业不必花多余的钱。但已经升到最高位置的人，如董事长、总经理等，提升已不再起作用，含股权在内的利益激励就成为必不可少的了。

第二，因为经理期权主要是从股价中获利，从目前来讲，经理期权较适用于上市公司，因为一般可以有大致的股价进行业绩衡量和变现。而员工持股主要是从分红中获利，所以非上市公司宜采用员工持股制度，可以不依靠股价而通过对企业整体业绩和各部门各岗位业绩的考核来决定股权和分红。

第三，经理期权较适用于目前的国有企业，而员工持股则适用于民营企业。据我们的研究分析，国有企业激励机制的关键在经营者不在员工。因为在目前国有企业的分配激励机制作用下，经营者的付出与得到的不公平度要高于一般员工，而且越是业绩好的企业越是如此，因而，如何更好地调动国有企业经营者的积极性成为关键中的关键，经理期权不失为一种有效的手段。同时，我们认为，民营企业激励机制的关键在员工不在经营者。这一点很简单，作为自己的企业，民营企业经营者的激励因素和强度已经足够多和足够大，他们最关心、最头疼的是如何更好地调动员工的积极性。自然，提高员工对企业的忠诚感和凝聚力的员工持股是最有力的工具之一。曾有民营企业老板说道：如果股份还调动不了人或留不住人的话，我就再没办法了。我们认为，国有企业应通过实施经理期权制度，淡化企业经营者的行政官员色彩，民营企业则要通过导入员工持股制度，弱化员工过度的雇佣意识。

五、价值分配"打包制"

人的需求是多样的，因而满足人们需求的价值分配体系也应是结构性的。企业不宜用单一的价值来激励经营者与员工，一种成功和有效的分配机制应是能将企业所有能利用的价值都充分利用起来的机制。经理期权与员工持股的出现，使我们在价值分配和激励上多了两种重要手段，是我国国有企业成长发展机制的一个重大转折和革新。但是，无论经理期权与员工持股多么重要，也只是实现企业终极目标的手段，企业能否实现持续健康快速成长，不是"一股就灵"的。它必须和企业的整个价值分配体系配合起来，才能发挥应有的功效。

我们把企业按不同比例配合起来的价值分配制度叫做"打包制"。要打包，首先就要清楚企业中可分配的价值到底有多少种。

事实上，企业可分配的价值可以分为两大类：一类是经济利益，包括工资、奖金、退休金、红利以及其他经济或物质利益。另一类是组织权力，例如机会、职权、股权、保险保障等。一般人们比较关注于前一类的价值，这一类价值是有形的、看得见摸得着的可支配收入，而后一类价值基本是无形的、看不见摸不着的利益。但前一类基本是一时性的、短期的收入，也是有限的、可量化的收入，而后一类则是连续的、长期的收入，而且是无限的、难以量化的收入。正因为如此，我们应该比较重视后一类价值，因为这一类价值具有更大的激励性。企业应该善于从无形无限的组织权力价值中挖掘更多的激励能量，而不是仅仅把眼睛盯在只具保健作用的经济利益上。

经理期权与员工持股的导入，就是在挖掘组织权力类的价值，其不是在"利"字上而是在"权"字上做文章，不是在事后结果上而是在事前机会上做文章，是以权促利，以机会促结果，因而将大大强化企业价值分配制度的激励性。当然，股权在整个企业价值包中的比例，并不要求所有企业统一化，也不要求一成不变。依据企业可持续成长的终极目标来不断调整价值包中各种价值要素的比例，恰恰是一个现代企业所必需的。这正是企业管理中一项重要的创新性工作：价值管理。

思考题：

1. 为什么说劳动、知识、技术、管理和资本都是创造价值的要素，而不仅仅是劳动？

2. 按知分配原则如何操作，它应该与按劳分配、按资分配如何结合？

3. 所有者积极导入经理期权与员工持股制度的动机是什么？

4. 企业经营者与员工欢迎经理期权与员工持股制度的动机是什么？

第十一章 成长管理

本章目的:

了解现代企业的核心目标正在由利润最大化变为可持续成长,其背后的原因是企业支配主体由所有者变为了企业家,更深层原因是支配企业日常经营的力量源泉由资产变为了知识。本章还要学习企业家目的与企业可持续成长的关系,熟悉企业寿命周期理论,以及了解成长管理基本问题和成长陷阱的防范。

迄今为止,管理学研究过的主题有效率主题、利润主题、职能主题和行为主题等。我们认为,在今天,以现代企业为研究对象的现代管理学应该以持续成长为主题,因为持续成长已经成为现代企业所追求的核心目标。应该说,持续成长目标的出现,与现代企业的进化发展阶段有着密切联系,因而它是特定企业而不是所有企业追求的核心目标。管理学的研究主题自然应该围绕现代企业目标要求的变化而变化。本章在此基本认识之上,界定了持续成长的概念,并对持续成长的可能性、企业寿命周期理论和企业成长的管理以及成长陷阱风险规避等主要方面进行了探讨。

第一节 企业的进化与管理主题的变化

管理学的发展史基本是适应企业的成长史而展开的。在企业的不同成长阶段,都有与其相适应的核心目标和管理学研究主题。那么,现代企业的核心目标及其相应的研究主题是什么呢?

以利润最大化为核心目标的企业应属传统企业而不属现代企业,现代企业是以持续成长为最高宗旨和最高追求的经济组织。相应于此,研究现代企业的现代管理学应当以持续成长作为自己的研究主题,以长寿公司作为主要研究对象。

一、力量源泉的转移

（一）企业进化的阶段

现代企业追求持续成长，不是理论上应该不应该的问题，而是现代企业组织的内在客观要求。要说明这一点，就要从企业群体进化的阶段开始分析。

企业发展到今天，一般经历了几个典型的阶段，即原始企业阶段、传统或古典企业阶段、现代单体企业阶段和现代集团企业阶段，如图 11-1 所示。

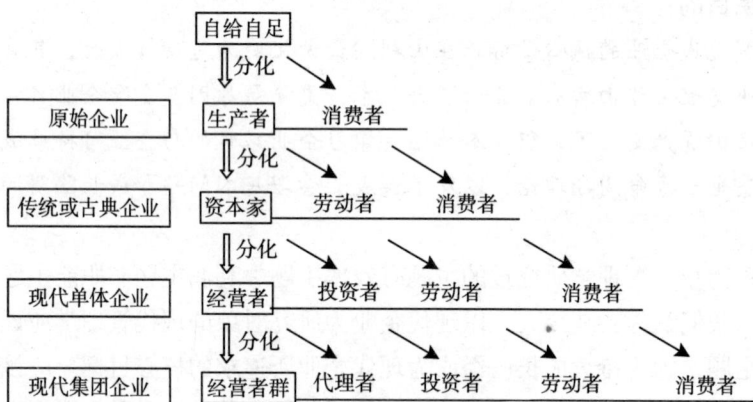

图 11-1　企业进化的阶段

相对于自给自足的状态，原始企业所带来的本质变化是市场的出现，生产者制造的产品或服务是提供给消费者的，而不是留给自己用的，生产者与消费者之间的关系就是市场关系。到了传统或古典企业阶段，由于生产者分化成了资本家和劳动者，资本家只管投资与管理，而将日常的生产劳动交给专职的劳动者去完成。因而在市场关系之上，又附加了企业内部的管理关系（或叫雇佣关系）。到了现代企业阶段，分工进一步加深，资本家又分化为投资者和经营者，这就是我们通常所说的所有权与经营权的分离，这种分离使企业中产生了一种新的关系——代理关系。现代企业的进一步发展，又出现了专职的代理者阶层，如投资公司、资产管理公司、投资基金会等。目前，我国的一些国有行业总公司、国有资产代理投资公司等也应属于这一类别。总之，企业的逐步发展促使其内外部关系不断复杂化，到了现代企业，已经是市场关系、管理关系、多重代理关系并存的极其复杂的组织了。

在企业的进化、发展过程中，不仅是职能在分化、规模在扩张，更重要的是其中的质变——经营主体的换位及经营目标的演变。

首先是经营主体的换位。支配企业经营资源的主体在企业进化过程中发生了变化：在原始企业，这一支配主体是生产者；在传统或古典企业中是资本家；在现代单体企业中是企业家；而在现代集团企业中则是一个管理者群体占据支配地位。这就是现代企业由所有者支配到企业家支配的历史性转变。

当然，从法律意义上讲，企业"最终"仍是由所有者支配的。这种最终表现在每年一到两次的董事会决议，最典型的表现在企业破产、清算、停业等完成使命的时刻。但是企业本质上是个连续运动着的有机体，其日常运营的支配才是最重要的支配。这种观念已经为社会广泛接受，正所谓"不求所有，只求所用"。

其次是不同支配主体有着不同的目标。由于各自立场和利益的影响，企业支配主体有着各自不同的核心目标，这些目标在很大程度上决定着企业的行为导向。一般说来，在原始企业中，生产者追求的是家庭生计目标；在传统或古典企业中，资本家追求的是利润最大化目标；现代单体企业追求的是资产增值和持续成长目标；现代集团企业追求的是资源配置与持续成长目标。本书以成长或持续成长为研究主题，本意就是不将所有企业作为对象，而将焦点对准现代企业或现代集团企业。

（二）企业家的相对独立性

在现代企业中，与企业经营相关的利益群体是多样复杂的，一般认为企业有九大类的利益群体，即政府、社区、环境（地球）、供应商、债权人、消费者、劳动者、企业家和投资者。他们有自己的核心目标，除去前五种我们不去讨论，后四种利益群体核心目标对企业的影响有显著不同。一般说来，消费者的核心目标是产品（或服务）的性价比最大化，劳动者的核心目标是工资收入最大化，投资者的核心目标是投资收益最大化，企业家（含代理者与管理者）的核心目标是成长最大化。

但是，在现代企业中，这些目标中谁是核心的支配性目标呢？很显然，支配主体的目标往往成为协调或调整这些目标的支配性目标。而居支配主体地位的企业家的目标成为支配性目标，这种目标支配性的强弱决定于企业家的独立性程度。

经营者的独立性来自以下三个方面：

第一，企业家的立场和利益是企业本位的。无论是消费者、劳动者还是投资者，其行为都是以"分取价值"为主的，而企业家则不然，企业家的行为是以"留存价值"为主的。这不是由于企业家多高尚，多么为企业发展着想，而是因为他们的利益确实比其他利益群体更来自企业本身的成长，他们的利益主要存在于企业的持续成长之中，失去了对企业的控制，就几乎失去了他们的一切。

第二，企业家在各方利益关系的平衡中获得自己的独立立场。企业家有来自投资者阶层的，也有来自劳动者阶层的，因而他们的价值观也可能有一定的偏向。有的偏向投资者，有的偏向劳动者。但随着企业的现代化，企业家越来越职业化，他们的根本立场也越来越具有独立性。为了实现企业的持续成长，他们要保证为市场上的消费者提供满意的产品或服务，保证为劳动者提供尽可能多的收入，因此，他们不仅要尽力保证投资者获得合理分红和资本增值，还要满足和服从政府、社会和环境对其经营活动的各方面要求和制约。换句话说，企业家就是在处理各相关利益群体既矛盾又协同的关系中实现企业的持续成长的。正是这些关系中的矛盾，促成了企业家地位的独立性。当然，由于历史和文化等因素的影响，不同国家企业家的座位会有一定的偏向，比如，在美国经营者就比较靠近于投资者，在日本就相对靠近于员工。

第三，也是最重要的一条，即比所有者更为丰富的知识是企业家实现独立立场和支配地位的基础。企业家之所以能够取得相对独立的立场和支配主体的地位，主要是因为其掌握着比投资者更多的知识和技能，能够带来比投资者本人经营企业更多的收益。这些知识或技能是经营管理现代大企业所必需的，是客观的、专业的知识。尽管资本的力量依然起着对企业的最终支配作用，但日常的经营管理却是由企业家掌握的，并且由于企业家有着掌握企业经营管理重要信息的优势，资本的力量有时会让位于知识的力量，企业可持续成长目标有时会与利润最大化目标变得同等甚至更为重要。

企业家有时会利用知识优势为自己谋利益，经济学有时把这种现象称作利用"信息的不对称性"，实现"内部人控制"。在第六章、第七章我们已经讲到，在知识型的企业中，由于知识已经成为企业价值创造的核心要素，"知识雇用资本"的现象一定会发生。这里大概也需要发生一场泰罗所讲的"心理革命"，所有者和企业家（员工）都应从价值分配问题、公平问题中走出来，致力于价值创造问题和效率问题。

现代企业的核心目标由利润最大化变为企业持续成长，是因为企业支配主体由所有者变为了企业家；企业支配主体由所有者变为企业家，是因为支配企业日常经营的力量源泉由资产变为了知识；所以说，知识是促使企业支配力量转移发生的动力。

反过来说，在知识要素不能成为价值创造的核心要素的企业，依然会由资产所有者掌握支配权，其目标依然可能是利润最大化。因此，尽管现代企业占据着主流地位，但社会上依然会存在原始企业、传统企业，企业类型的多样性大概由来于此。

二、持续成长：企业家的梦

正因为经营者的利益主要存在于企业的持续成长之中，失去了企业，就失去了他们的一切，所以，从利益驱使机制看，可以说再没有比经营者更关心企业生存发展的利益群体存在了。由于在现代企业中，经营者持股与大股东参与经营的现象普遍存在，我们不能机械地、绝对地理解所有与经营的分离，因而我们在此将兼有所有和经营双重身份的人称为企业家。可以想见，这个企业家阶层的首要追求或者说他们的梦，就是企业的持续成长了。

（一）持续成长的含义

一些企业一直在活着，但它们不一定在成长。比如，有百年历史的包子老店，每天它都只加工和销售 20 笼屉包子，多一个也不卖，不像麦当劳那样，弄好一个管理模式，到处开连锁店，我们说这样的企业是有持续但没成长。

另一些企业，设立后扩张很快，几年内就成了知名企业，但很快又由于战略失误或运气不佳销声匿迹了，我们有时候把它们比作"高台跳水运动员"型企业，三步两步爬上去，一个猛了扎下来，"其兴也勃，其亡也忽"，属于超速成长但短命的企业。我们说这样的企业是有成长而没持续。

很显然，我们要在此定义的持续成长企业不是上述这两种企业。

给企业持续成长下一个确切的定义是件很困难的事。产品不同、行业不同，持续成长的含义也会有相当大的区别。比如，对于"长期"这一时间概念的理解，不同行业就有天壤之别。一般企业制订长期计划一般是指制订三年、五年计划，笔者有一位朋友在证券公司工作，问他证券买卖的长期计划有多长，他回答是六分钟。

舍去一些特例，我们大概可以对持续成长做如下定义：

持续成长是指企业在一个较长的时期内由小变大、由弱变强的不断变革的过程。

这个定义中包含了以下几重意思：首先是持续性。较长的时期是企业的持续性指标，可以用超过业界企业平均寿命为基本尺度。美国与日本学者的研究认为，企业平均寿命一般为 30~40 年。其次是成长性。由小变大、由弱变强是企业的成长性指标，可以用企业的各种经济业绩与组织革新状况作为尺度。最后是不断变革。这是企业持续成长的状态性指标。由于企业内外因素总是不断变化的，所以没有一种理念、模式和组织等可以支持企业永远成功，每到一定阶段，企业就需要一种变革，换人、换脑、换规则等。而且变革过程可能引起企业成长的曲折，比如暂时的经营业绩下降和组织机能弱化，这种现象在持续成长企业看来是正常的，甚至是为了实现持续成长这一根本目标所必需的。当然，由小变大、由弱变强是持续成长企业在较长时期所表现出的一种基本状态。

持续成长企业是指具有支撑企业不断发展内在机制的企业。这种内在机制至少包括两个基本点：一是以持续成长为企业行为最高宗旨或核心价值观；二是以认同这一宗旨和价值观的职业经理人（即具有独立性的经营者）及其接班人为经营主体。如果具有这种机制，而且在一段时期内又具有了上述的持续性、成长性和状态性的结果，我们就说它们属于持续成长企业。

（二）为什么研究持续成长

从应用管理学的立场看，理论研究的目的就是为了解决实践问题。本书以持续成长为管理的主题，首先是以研究和解决现代企业有成长无持续这一普遍现象为基本问题意识的。在产品、技术、知识等创新速度日益加快的今天，成长的持续性已经成为现代企业所面临的一个比管理效率更为重要的课题、一个比管理效率更难实现的目标、一个影响经济稳定和可持续发展的首要因素。

在这方面，国外已经有一些有价值的研究。比如阿里·德赫斯的《长寿公司》和柯林斯、彼瑞斯合著的《企业不败》。他们在研究了长寿公司的经验后指出，在企业全球化和知识化的年代，经营环境持续动荡，技术变革加速，经验的重要性不断降低，企业生存和发展所面临的挑战越来越多，而且很多变化是潜移默化和悄悄进行的，这往往使企业防不胜防，稍不留意就会遭遇生存危机，持续成长则是企业在这种时代的一种生存方式。

可以说时代与环境的变化使企业活得越来越不容易了，这使企业家和管理学家们都开始关心起持续成长问题来。

其次，现代企业越来越以追求自身生存与发展为目的。现代企业依然没有改变其作为一个经济组织的基本特征，它在市场上购入所需要的设备、原材料和劳动力等生产要素，通过生产过程将这些要素加工成带有附加价值的产品和服务，再到市场上交换以取得利润。这个以货币为媒介的产品和服务的生产、流通、交换、消费和再投入的活动过程，是企业最基本的活动，这个利润的取得和再投入是企业生存与成长的经济基础。但是，企业是一个经济组织的同时，还是一个自学习组织，而且这一特性在日益增强和凸显。企业的经济活动过程，必须通过企业内外人们的共同合作来完成，人们在进行产品生产和服务提供的同时，还必须进行决定目标、解决问题、处理信息和积累经验等知识活动和学习活动。生产产品和提供服务就是经营事业，学习知识和提高能力就是生产自己。现代企业要生产产品、提供服务，但更重要的是要生产自己，即不断提高企业更好地为市场提供产品和服务的能力。换句话说，只有自我能力的成长不低于事业规模和复杂性的成长，企业才有发展的潜力，才能实现持续成长。

最后，企业持续成长是经济可持续发展的基石。在宏观经济领域，早在罗马俱乐部的《人类的危机报告》开始，就向人们敲响了要注意人类社会可持续发展的警钟，知识经济概念的提出和向知识经济社会过渡的人类努力，使人类生产中所用知识资源日益增多，物质资源越来越少，这使人类社会发展的可持续性正在得到日益确切的保障。在经济领域，人们开口必提可持续发展。但是，企业是经济系统最基本的细胞，企业的持续成长与经济的持续发展有着密不可分的连带关系，企业的持续成长正是经济持续发展的基石。

由于经济学比管理学有更长的发展历史和更完善的理论体系，所以很多人倾向于从经济学角度根据宏观经济数据去推测经济的发展。但是，管理学家们却提出了另一种观点。比如著名竞争战略专家迈克尔·波特（Michael E. Porter）认为："竞争实际上不是在国家之间，而是在公司之间进行的。"确实，迄今为止，我们还不曾看到有哪个国家不拥有强大的公司却能在全球经济竞争中取胜的。

现在的国际竞争是以经济和科技为背景的综合国力的较量，这一点讲得很准。但是，一个国家的综合国力又是从何而来的呢？毫无疑问，主要应是来自企业。任何国家在其宏观经济方面的成功实际上是其各个企业所获成就的综合体现，没有强大的公司就不可能有国际竞争力，没有强大的公司也不可能有经济社会的持续发展。

我们甚至可以认为，中国经济发展过程中最重要的课题，不是某个地方经济的成长，也不是某个产业的成长，而是企业的成长。经济的主体不是政府，而是从事商品和服务的创造及交易活动的企业。可以说，没有企业的持续成长，就没有经济的持续发展。

三、成长中的量变与质变

理解企业的持续成长必须首先理解"成长"这一基本概念。

我们把企业看做是一个由有着共同目标的人群组成的有机体，因而用相当于人的生存变化的"成长"一词来表现企业的存续状态。

一般认为，企业成长包括两层含义：一是"量"的扩大，即经营资源单纯量的增加，表现为资产的增值、销售额的增加、盈利的提高、人员的增加等；二是"质"的变革与创新，指经营资源的性质变化、结构的重构、支配主体的革新等，如企业创新能力的增强、对环境适应能力的增强等。即企业成长不仅表现为企业变得"更大"，而且更重要的是变得"更好"、"更强"、"更新"。

企业平时比较强调量的扩张，但对于追求可持续成长目标的现代企业来讲，质的变革则更为重要，因为一个现代企业组织要赢得生存优势和竞争优势，不一定总是变得更大，但必须不断变得更好、更强、更新。不断变得更好、更强、更新的企业是那些适应企业发展的重大历史阶段，取得质的变革的成功企业。也正是他们的成功经验，成了推动管理理论前进的主要动力。

"更大"一般可以用定量指标来表示，可以在坐标图上画出某种曲线或直线，图 11-2 即为 A 企业的销售额增长示意图。

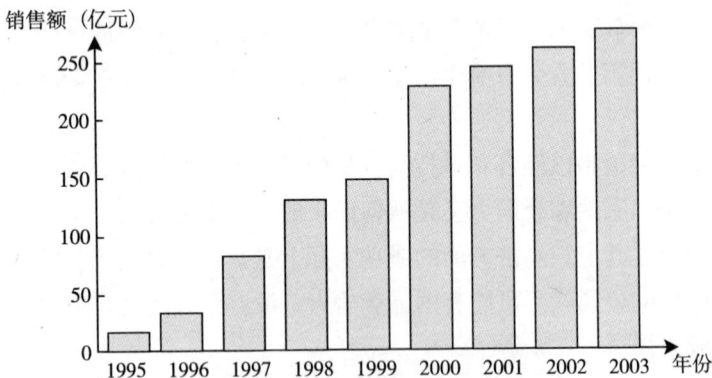

图 11-2　A 企业的销售额历年增长

但是，"更强"、"更新"的企业质变或创新有时难以用定量化手段来表示。如企业产品技术的创新，并不能仅以新产品种类的多少来表示；采取事业部制的组织结构调整措施可以极大地提高企业的扩张力，但也难以用某种形式的图表来显示。

对于企业持续成长来讲，"质"的变革或创新可以说是最为核心的内容。量的扩张只是成长的结果，可持续强调的是成长的过程。只有保证了一个良好的成长过程，才能有不断的成长结果。

再进一步讲，"质"的变革或创新还包括硬件创新和软件创新。硬件创新如技术、材料、设备、能源、产品等的创新。由于技术、产品等都有寿命周期，只有通过创新才能使企业超过现有技术和产品的寿命周期，获得新的持续成长。软件创新如观念创新、制度创新、组织创新以及员工素质的提高、企业形象改善、信誉提高、员工的积极性和创造力提高等，我们一般把软件的创新称为知识创新，知识创新尤其可以使企业获得持续成长的原动力。

区别了企业成长过程中的量变和质变，我们就会联想到现实企业的成长过程不会是一条平滑的曲线，量变积累到一定程度会发生质变，企业在质变时期必然要经历人员、观念、组织等方面的动荡。质变实际上是企业成长过程中的一个危机点（或叫战略转折点），是危险与机会并存的地方，也是决定企业能否可持续的关键点。这个问题比较复杂，我们在分析企业成长过程中的战略陷阱与管理陷阱一节要做详细讨论。

四、持续成长的可能性

（一）人造系统的特性使持续成长具有可能

企业是否可以持续成长，长盛不衰？无论从理论上还是从实践上，回答都是肯定的。

从理论上讲，企业具有人造系统的特性，是法人而不是自然人，这是企业能够实现持续成长的客观条件。

企业是一个人造系统，它同生物体有着本质的区别。首先，企业内部系统是可以改造的。它可以根据目的和企业内外环境的变化，进行适应性的改造。比如，适应我国经济体制由传统计划经济向社会主义市场经济体制的转型，企业可以通过调整组织结构、强化市场营销能力和研发能力增强适应性，还可以通过制度创新为自己谋求生存与发展的新平台。虽然这种组织调整和制度创新不是容易的事，很多企业在现实中没能过得了这一关，但尽管如此，我们不能说企业的衰败和死亡是由于企业不可改造，而恰恰是我们没能适时适地地对它进行改造。

企业的生命力取决于整个系统对外部环境的适应性，只要企业系统能依据环境条件的变化及时而有效地变革和改造，企业就可以避免衰退和死亡。换句话说，一个企业可以死亡，但不是必然死亡。

　　从实践上讲，世界上持续优秀和卓越的公司还是为数不少的。那些长盛不衰、持续成长的优秀企业，都是通过适应环境的变化，及时有效地变革企业系统的结构，达到适者生存的结果的。这样的企业一般是具有优秀的自我学习特性的组织，这种组织能在生存过程中不断地从环境中吸取新的知识资源，不断地再造系统来保持整体优化的状态。《企业不败》一书中列举了一批这样的公司，如 GE、3M、波音、IBM、运通、福特、HP、强生、P&G、迪斯尼、SONY、沃尔玛、摩托罗拉等世界级著名公司。人们对这些公司持续优秀的评价不只是来自其业绩，更多的是来自其形象：有 40 年以上的历史；在行业中首屈一指；得到有见地的企业界人士的普遍赞誉；给世界留下了永不磨灭的印记；经历了一次又一次的挫折和一代又一代的领导人。在我国，尽管目前还不能找出这种世界级的持续成长的企业，但从国家级的持续成长企业来定位，比如同仁堂制药等似乎可以说有这种资格。不过，从我国不少优秀企业的成长性与持续性态势看，它们成为持续成长企业的可能性极大，如青岛海尔、深圳华为、联想集团、TCL 等，只是它们设立的时间较短（不到 20 年），今天我们还不能断言它们就是持续成长企业。

　　（二）企业实现持续成长的条件

　　企业持续成长本质上是企业寿命问题，追求企业持续成长即追求企业长寿。那么，怎样的企业才具有持续成长的可能性呢？以下几条相互关联的机理假设比较能说明问题。

　　第一，企业运营能力的成长不能低于企业所从事的事业规模（或复杂性）的成长，企业才有持续成长的潜在力。

　　如图 11-3 所示，如果企业运营能力低于事业规模（或复杂性）成长，企业就可能失去持续成长的能力。举一个简单的例子，这就好比一个马拉松运动员，如果他的体力不足以胜任，那他拼尽全力跑到终点时，就可能瘫倒下去。而足以胜任的优秀运动员，不但能获得第一名，而且到终点后还能扛着国旗绕场再跑上几圈。后者就是可持续的，因为他（或她）的运动能力高于运动本身所要求的能力。

　　企业在市场经济中的运营能力即它的竞争能力或管理能力。当它的竞争能力或管理能力大于其所从事的事业规模（投资规模、人员规模、市场规模）时，该企业就可能从容地进行经营并具有持续成长的潜在力。当一个公司达到一定规模时，往往最难过的就是管理关，很多企业都在这个时候垮台了。

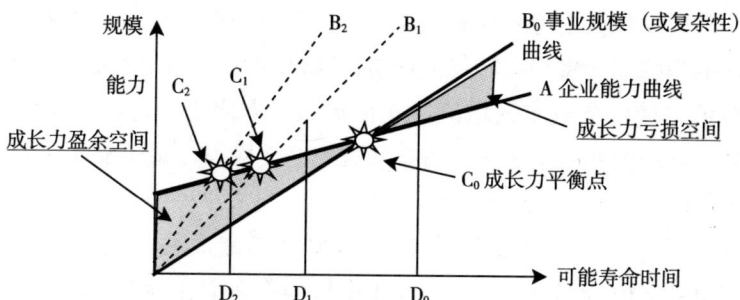

图 11-3 企业的持续成长力盈亏平衡分析

现实中，事业规模（或复杂性）在一定程度内超越企业能力，一般不会对企业持续成长造成大的影响，有些企业正是不顾资源的充足性和条件的完备性，强行闯关获得机会性成长，这是企业家精神使然。但如果幅度过大或长期超越的话，一旦有事发生，企业就可能会因控制系统失控而迅速失败。如图11-3所示，在企业能力曲线 A 不变的情况下，如果事业规模（或复杂性）曲线 B_0 由于扩张速度过快而达到 B_1 甚至 B_2，则可能会扩大成长力亏损空间，缩小成长力盈余空间，造成成长力平衡点左移，由 C_0 变为 C_1 甚至 C_2，相应地，寿命时间就可能由 D_0 变为 D_1 甚至 D_2。可以说，近年来过度追求快速扩张的"巨婴型"企业和过度多元化经营的"到处伸手型"企业大多失败与短命，其主要原因基本源于此。

一个企业能扩张到什么程度，能否抓住机遇，取决于以企业的干部队伍素质和管理控制能力为核心的运营能力。一个企业要实现持续成长，就不能一味地追求扩张，当扩张并不能保证有效地提高组织的效率和效果时，企业则应该放缓扩张的步伐，放弃一些机会，转而致力于运营能力的提升。

第二，知识资本（含人力资本）的增值大于财务资本（含物质资本）的增值，才能保证企业有持续成长的可能性。

一个企业的发展依靠什么？我们往往说依靠人才，依靠资金，依靠技术。不用说，这些都非常重要，很多企业有类似的观念和口号，但有的企业却有比较独特的提法。如深圳华为技术有限公司认为，一个企业要从必然王国走向自由王国，就必须摆脱对人才的依赖、对资金的依赖和对技术的依赖。他们认为，企业的发展依靠的是一种能不断激励和活用员工的知识，并使员工做出可持续贡献的机制。这个机制就是知识资本化机制，即通过转化为资本这种形式，使劳动、知识以及企业家的管理和风险得到体现和回报。具体制度化操作如经理股票期权和员工持股制度等。这种机制在知识和资本之间架起了一座桥梁，以资本为载体，将知识转化为资本，通过资本的不断增值，使知识的价值也不断增值，使财务资本的增值建立在知识资本之上。通过构建知识资本平台，形成不断增值和吸引人才、资金和技术的支撑点，就可能实现使知识资本的增值优先于财务资本的增值。

第三，生生不息的企业文化是企业实现持续成长的重要保证。[①]

与可以枯竭的物质资源不同，生生不息的企业文化、企业家精神等是支撑企业持续成长的支柱。世界上著名的长寿公司有一个共同特征，就是它们都有一套坚持不懈的核心价值观，有一种崇拜式的企业文化，有一种有意识地灌输核心价值观的行为。

企业文化的本质体现在其核心价值观之上。简单来讲，首先，一个企业是追求长治久安，做百年老店，还是追求短期利益，打一枪换一个地方。这一核心价值观的不同，直接影响着企业的成长状态。其次，企业成长的可持续关键是它追求长治久安的核心价值观要被接班人确认，接班人又具有自我批判的能力。这样就能使核心价值观在适应技术与社会环境变化的前提下得以继承延续。

近年来，众多企业所提倡的第二次创业，其目标实际就是持续成长。第二次创业的主要特点是要淡化企业家的个人色彩，强化职业化管理。把人格魅力、个人推动力变成一种文化、一种氛围，形成一个"场"，以推动和引导企业的持续成长。

生生不息的企业文化实质上是企业的一种精神文明，持续成长的企业重视将精神文明转化为物质文明，以物质文明巩固精神文明的机制。不管企业发展到多么辉煌的地步，员工的财富得到多么丰富的积累，企业依然不会失去"思想上的艰苦奋斗"精神。只有这种文化，才能突破物质资源的制约，牵引企业不断走向新境界。

文化不是万能的。没有文化的企业也可以成长，但没有文化的企业难以实现持续成长。因为没有文化就好像企业没有灵魂，没有指引企业长期发展的灯塔，因而无法获得牵引企业不断向前的动力。文化不解决企业盈利不盈利的问题，只解决企业成长持续不持续的问题。从这个意义上说，中国企业能否成长为世界级企业，成为"百年老店"、长寿公司，与企业文化建设的成败有着密切关系。

---

① 有关更具体的内容可参考本书"文化管理"一章。

　　企业持续成长的条件还包括新产品或新事业的推出比例，这表现在产品在寿命周期曲线上的分布情况。

　　各种条件都具备的情况下，还需要建立良好的企业危机防范和处理机制，以防止对企业生存造成重大影响的意外事件的发生和发生意外事件后的有效处理。

第二节　寿命、宿命与使命

　　尽管企业具有人造系统的特性，并能在一定条件之下超越其组织成员（比如创立者）的寿命实现持续成长，但仍有人（如松下幸之助、《长寿公司》一书的作者赫德斯等）认为，企业无论多长寿也总会死亡。这里就有了一些企业宿命论观点。我们认为赞成不赞成宿命论不重要，企业家们关心的是，在或长或短的寿命周期之内，自己应该做些什么？企业应该做些什么？说到底，这就是使命感的问题了。企业家的使命，不就是尽全力使企业能够活得更长，活得更健康、更有意义吗？

　　为此，企业家就要了解企业寿命周期的特点、不同寿命阶段的核心经营课题，以及实现企业持续成长的主要途径。

一、寿命周期与 S 曲线

　　寿命周期理论是经济与管理学理论中最普遍的假设之一。其描述了某种产品，或某种技术，或某种事业，都有一个从产生到消亡的周期，如同人的寿命一样，在其诞生之后，一般要经过培育期、成长期、成熟期和衰退期四个阶段，如图 11-4 所示。这样，寿命周期就很自然地画出了一条 S 曲线。这是客

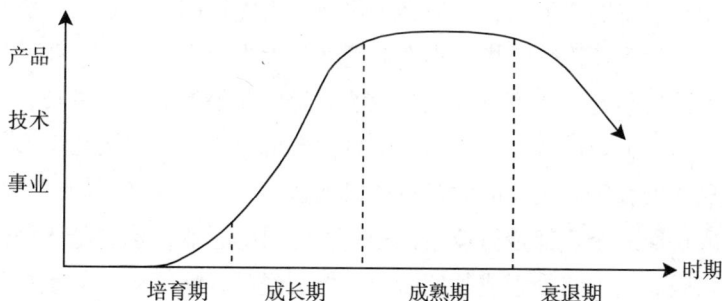

图 11-4　企业的寿命周期

观规律使然。

产品有产品的寿命周期，技术有技术的寿命周期，事业有事业的寿命周期，很自然，如果某个企业只从事某种产品的生产，或仅仅依靠某种技术，或执意坚守某个特定事业领域的话，这个企业必然会与这种产品、技术或事业的兴衰走出同样的寿命周期曲线。也就是说，在一定的条件下，企业也有企业的寿命周期。这当然是每一个具有积极的企业家精神的企业所不愿看到的结局，追求持续成长的企业一般都极力要超越特定产品、技术和事业领域的制约，希望获得更长更好的生存空间。

但实践证明，没能突破这些制约的企业不胜枚举，足以说明实现企业持续成长的难度。下面我们来讨论一下企业寿命周期各个阶段的特点。

（一）培育期

处于培育期的企业我们称为初创企业，或者说是企业的初创阶段。初创企业的产生一般有两种情况：一是在获得一定的资金或技术之后，由个人或合伙或国家投资创建的新企业；二是由原有企业合并、接管其他企业而形成的新企业。第一种企业比较典型。在这一阶段，企业的生存能力还比较弱，市场占有率低，管理水平差，市场地位还不稳定，很容易受到原有企业的威胁，风险性较高。但初创阶段的企业较有活力，企业家精神供应充足，由生存欲望所激发的奋斗精神、创新精神、大无畏精神成为这一时期企业成长的主要动力，是精神转化为物质的阶段。

培育期企业要解决的首要问题不是成长而是生存问题。只要能在市场上站住脚，能活下来，就能为将来的迅速成长创造机会和希望。但实际上，企业在初创期死亡的比率是非常高的，这不但有企业定位和战略的原因，有时还有偶然或运气的原因。

（二）成长期

企业能在培育期活下来，一般会较快地转入成长期。这里的"成长"概念是狭义的、量的成长概念，指由小企业发展壮大为中型或大型企业的规模扩张状态。处于成长期的企业可以在比较短的时间内获得较高速的成长，规模经济开始产生作用，企业经济实力增强，市场占有率提高，员工人数也增加，主业也日益明显，抵御市场风险的力量也得以加强。

处于成长期的企业都是行业内比较引人注目的企业，也是处于激烈竞争环境的企业。因而，虽然处于成长期阶段，但因经营战略等方面的重大失误，断送企业命运的事例依然不在少数。成长期的企业依然不能掉以轻心，尤其是应该注意不能为众多令人炫目的投资机会所诱使，犯了放弃主阵地、搞盲目多元化经营的战略冒进错误。

（三）成熟期

企业坚持过了成长期，就会进入成长速度放缓但利润率提高的收获季节。我们把这一阶段的企业叫成熟企业。现实中能进入成长期的企业就不多，而能进入成熟期的企业就更屈指可数了。绝大多数企业在成长过程中销声匿迹了，被无情地淘汰掉了。进入成熟期的企业一般是规模较大的企业。企业在成熟期因生产规模已经很大，市场占有率也较高，竞争企业已经不太容易撼动其地位，因而不需要再做大量的投入，就可以获得比较好的收益。

成熟期后期的企业一般都开始考虑多元化经营的问题。追求持续成长的企业，会有效地利用成熟期回收的丰厚利润再投入到新的事业领域中去，但由于原有事业已经不可能期望有满意的成长空间，企业就必须到原有事业领域以外去寻找新的增长点。我们把这一转变称为企业脱成熟化或企业蜕变过程，如图 11-5 所示的危机点。

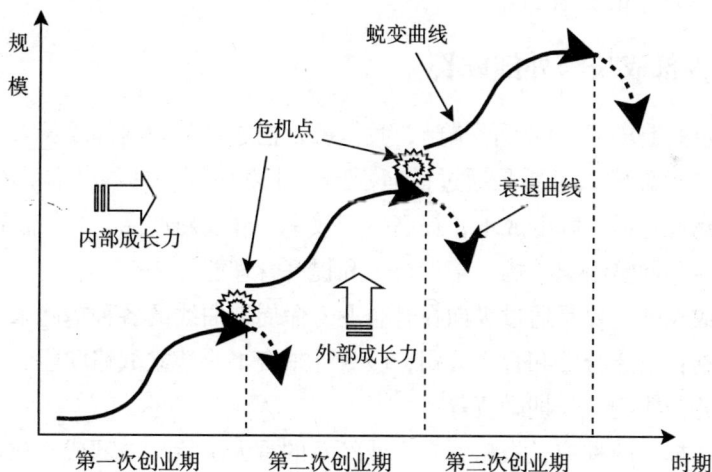

图 11-5 企业的连续创业

（四）衰退期

成熟期的企业如果不能成功地进行脱成熟化或蜕变的话，就会成为衰退企业（当然也有未成熟先衰的）。企业步入衰退期的原因是很复杂的，但以下几种主要原因普遍存在：一是企业随某个关键人物（如创业者等）的离去而衰退；二是随产品或服务市场（如电报业务）的消亡而衰退；三是随技术的落后而衰退；四是由于企业组织的自然老化而衰退，如患了大企业病的企业，官僚主义横行、本位主义泛滥、创新精神缺失、应变能力下降等，总之会使企业失去活力或生命力。

实现企业长寿或者说持续成长的主要手段就是"持续革新"。这种持续变革可以从产品、技术、事业以及制度四个主要方面考虑。首先，企业可以通过不断的产品革新超越某一产品的寿命持续成长。其次，企业可以通过技术的不断革新，突破某一技术的寿命周期而持续成长。再次，企业还可以通过事业的追求或转换，跨越特定事业的寿命周期获得持续成长。最后，企业还可以通过制度的创新，不断为企业的持续成长构建新的制度平台，为企业注入活力，使企业保持精神上的年轻。这一系列的革新过程，实际上就是企业的"蜕变"过程。

习惯上，企业界把成长过程中的重大革新阶段称为第二次创业、第三次创业。这使企业的成长过程出现一定的动荡期，或者说处于危机点。如果变革成功，企业就会进入一个新的成长期，但如果变革不成功，则进入衰退过程。图11-5是这一现象的示意图。

二、内部成长与外部成长

根据企业追求成长的不同措施，我们可以把成长分为内部成长与外部成长两种状态。内部成长主要是通过横向延伸企业寿命周期曲线的各种措施来实现。这些措施包括：降低成本，提高生产效率，开发新产品，开拓新市场，加强广告宣传，调整组织结构，培训员工和提高管理能力等。

外部成长则主要是通过纵向托升企业寿命周期曲线的各种措施来实现。这些措施包括：组建合资和合作公司，吸收外来资本，建立战略联盟，开展技术转让，兼并与收购，长期融资等。

如何选择这两种成长战略，是企业经营的重大决策。内部成长战略主要在企业的产品经营领域，是通过内部挖潜和资本积聚的方式，使企业的核心能力得以培育和巩固，其目的主要是追求渐进式、持续性成长。外部成长战略则主要在企业的资本经营领域，是通过外部联合和资本集中的方式，使企业的核心能力得到创新和扩张，其目的主要是追求跳跃式、突发式成长。

在产品经营领域运作的内部成长战略主要面对的是原材料（设备）市场、产品市场和劳动力市场，主要处理的外部关系是买卖关系和雇佣关系。但是，在资本经营领域的外部成长战略完全不同，其面对的是另外三大市场：资金市场、证券市场和产权市场，主要处理的是借贷关系和产权所有关系。很明显，企业为了追求整体优化和最适成长，是讲究协调和交互运用内外成长战略的。

<h1 style="text-align:center">第三节　不失败就是成功</h1>

追求持续成长的企业并不单纯追求规模上的扩张，使自己变得更大，而是要使自己变得更优秀。但是扩张本身所带来的满足很有诱惑力，企业在扩张过程中有时像穿上了"红舞鞋"，身不由己，不得不一直跳下去，有的企业就在想停而停不下来的扩张惯性中失败了。所以，一个企业要想实现持续成长，高层领导必须警惕长期高速扩张有可能给企业造成的组织脆弱和为高增长率所掩盖的管理混乱。成长是好事情，但必须对成长进行管理。

阿里·德赫斯指出，长寿公司一般有四个要素：对环境的敏感、凝聚力与认同感、宽容或分权和保守的财政政策。长寿公司是不是仅有这四种要素，在不同国家、不同行业可以有多种提法。我们认为，企业要实现持续成长，首先必须具备有效控制自己的成长状态的能力，即对成长进行管理，其次要能不断地跳过导致企业失败的各种陷阱。对于以"活着"为目的的现代企业来讲，不失败就是成功。

一、如何管理成长

追求持续成长，必须对成长进行管理。成长管理可能至少包括四个方面：一是对成长方向的管理；二是对成长速度的管理；三是对成长潜力的管理；四是对成长危机的管理。

（一）对成长方向的管理

对成长方向的管理首先是确定企业的成长空间。这方面的经典研究是安瑟夫的企业成长向量研究。

企业成长有四种基本成长方向：一是市场渗透，即在原有市场深耕，扩大市场占有率和市场覆盖率。二是市场开拓，即在原有产品领域不变的前提下，采取全省化、全国化、全球化战略拓展市场。广东科龙、深圳华为的成长方向与此相像。三是新品开发，即依托原有市场平台，导入各种有市场关联性的新产品。青岛海尔的成长方向与此类似。四是多元化经营，即同时进入新的市场和新的产品领域。比如首钢集团、巨人集团的成长战略。

企业首先要确定自己的战略空间或成长空间，决定自己做什么、不做什么，应该做什么、不应该做什么，即确定"有所为有所不为"的空间范围，有时候决定企业成败的甚至是"有所不为才能有所为"。如有的公司给自己规定"永不进入某某行业"或"永不从事分散公司资源和高层管理精力的非相关多元化经营"等。成长方向的选择可能是企业中最重要也最难的决策了。

在企业可以选择的成长方向中，相对于多元化经营来讲，其他的决策可能还比较容易统一意见，最有争议的可能是多元经营方向了。因此，这里我们想以此为重点展开讨论。

大企业要实现持续成长就必然走向多元化经营，这一观点在欧、美、日等国的企业已经得到基本证明。在市场经济体制下，多元化经营不仅是企业共同的成长战略，而且多元化经营的方向、途径以及多元化战略与经营业绩之间的关系，也呈现相同的特征。因此，国际上有关这一课题领域的研究，已经超越了要不要多元化的层次，到了如何多元化、怎样多元化才最有效的阶段。

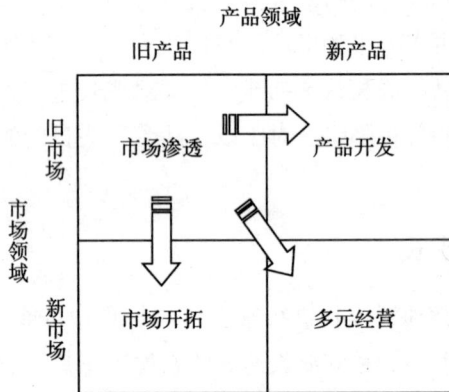

图 11-6　企业成长向量图

但是，在考察我国企业的多元化经营战略时，我们还不得不问及其必然性问题。前几年，不少人对多元化经营推崇备至，近几年，多数文章又在彻底否定它。这就使我们不得不回到基点上来问：多元化经营，到底是馅饼还是陷阱？

1. 馅饼就是"陷阱盖"

多数企业实施多元化经营战略的主要动机有两个：一是进攻型的，到新的领域去获取更多的利润；二是防御型的，将部分资源配置在不同领域以规避风险。前者是要吃到更多的馅饼，后者是要避开可能的陷阱。从主观愿望上看，这两者都无可厚非，在理论上也是说得通的。但从企业走过来的客观现实看，馅饼和陷阱往往是同在一处的——馅饼下面就是陷阱。

先说进攻型动机诱使的多元化。在某一领域获得成功的企业，受到社会的广泛关注，会有很多其他领域的机会送到它们面前，同时它们也往往以为运用相同的模式会使自己在其他领域同样取得成功。成功的自信、扩张的欲望、盈利的紧迫以及怕被人视为保守的心理，使它们果断地将大量经营资源投向新的领域。殊不知，馅饼下面正是陷阱，迫切需要大量投入的主业由于资源被抽走而无法支撑高速成长的需要和应付蜂拥而至的竞争对手，新领域的运作因无法实现与主业的一体化整合而牵扯精力。企业由此陷入困境而难以自拔。

我们另外的研究结果[①] 表明，企业由小到大追求规模经济时，最大的制约是生产领域的、以设备和生产方式为中心的"技术制约"；企业由大到更大追求成长经济时，最大的制约变为流通领域的、以产品和服务竞争力为中心的"市场制约"；但企业由大到多追求多元化经济时，最大的制约则成为战略领域的、以资源配置能力为中心的"管理制约"。在多元化经营战略中失败的企业，往往是由于在资源配置能力较低，以企业核心价值观为基础的核心竞争力还远未形成的情况下，就仓促进入了多元化经营阶段。

再说防御型动机诱使的多元化经营。我们一般认为多元化经营可以分散经营风险，这成为多元化经营的一个主要动机，但遗憾的是，很多研究证明这一常识性的看法是不成立的：多元化经营与风险的降低没有直接关系。把鸡蛋放在多个篮子里造成的安全感所引起的心理疏忽，照样会使鸡蛋全部被打破，有时还不如全部放在一只篮子里再全力以赴看住篮子的效果好。

其实，多元化经营是企业成长过程中的一个重要战略。现代企业所追求的终极目标已经不是利润最大化而是持续成长，在既有事业范围内，企业要保持必要的成长速度不外乎两条途径：一是跟随所在产业的成长而成长，二是通过挤占竞争对手的市场份额而成长。但是，当整个产业趋于成熟以及竞争成本过高的情况下，企业就必须考虑在既有事业范围之外的成长了，这就是多元化经营。多元化经营是企业由单一化向多样化的基本成长模式的重大转变，是对新成长领域的探索甚至是探险，吃不到馅饼反掉进陷阱的概率很大，不保持一定的谨慎态度是不行的。

[①] 杨杜：《企业成长论》，中国人民大学出版社 1996 年版。

2. 多元化战略必须分析的六大因素

能否成功地实施多元化战略，标志着一个企业管理上的成熟度。有研究认为，[1] 除反垄断法限制这种法律性因素之外，影响多元化战略决策和实施的因素有以下六个：

第一，主业产品市场需求的成长率。任何产品都有一个诞生、成长、成熟和衰退的过程，这就是管理学中众所周知的寿命周期理论。寿命周期理论可以解释产品，也可以描述某种技术或事业的发展过程，按照市场需求数量的变化，一般呈 S 形曲线。处在寿命周期后期的产品，成长率呈逐步下降趋势，要想延长产品的寿命得到进一步的发展，就必须通过改善产品品质、性能、强化市场宣传等手段强化竞争力和扩大需求，这就是产品革新与技术革新问题。产品革新可以使企业超越旧产品的寿命周期获得新的成长力，可以使企业超越现有技术的寿命周期实现新的成长。但是很明显，只要这种努力没有超越原有的产品系列和技术范围，就不可能改变该产品市场成熟和停滞的大趋势，因而这些措施对成长的贡献也就有着不可克服的局限性。因此，根据主业产品市场需求的成长率来判断企业今后的成长空间，再考虑导入新产品和新技术的所需提前时间，适时决定开拓新事业领域的时机，就成为企业必须直面的经营课题。至于具体的导入点确定，冒险型企业会早些，扎实型企业会晚些。海尔与科龙公司极为不同的多元化战略行为比较具有典型意义。

第二，主业盈利目标与可能达到目标之差。具有较强企业家精神的企业，往往从市场和竞争环境要求出发为自己设定较高的盈利目标。当它觉得应有的盈利目标与主业的盈利可能性之间有较大差距的时候，就会采取多元化经营这样的重大战略行为。可以说，我国很多企业导入多元化经营战略时，多是出于这方面的动机。还应该注意的是，除了盈利目标之外，成长目标的牵引也是中国企业进入多元化领域的重要诱因。

第三，企业规模大小。企业规模大是多元化经营的结果之一，也是刺激多元化经营的一个重要因素。企业规模是表示经营资源蓄积丰富程度的一般性指标，也可以说，企业规模越大，所含资源种类和未利用资源的量就会越多，可以为其他事业所利用的资源的种类也就越多。

第四，主业产品市场集中度的上升度。在产品市场成长率一定的情况下，并购同业企业和蚕食竞争对手的市场，是维持和提高主业成长速度的重要手

---

① 吉原英树等：《日本企业的多元化战略》，日本经济新闻社 1981 年版，第 69~87 页。

段，康佳、TCL 等电视机厂商所采取的战略即是如此。但是，在产业的生产集中度提升比较快的状况下，由于竞争对手实力相当，扩张成本会很高，还有可能陷入两败俱伤的过度竞争境地。因此，当某产业形成寡占体制时，企业就倾向于采取多元化经营战略。目前，我国大多数产业的生产集中度都比较低，故采取多元化经营战略须谨慎从事，否则有可能造成"后院"不稳。

第五，主业产品市场的不确定性。生产和销售单一产品企业的成长状态和经营业绩，往往为该产品的市场需求动向所左右。如果该产品市场的未来需求有很多不确定因素，难以准确预测，企业就可能寻找其他的生长点。此时企业选择的新领域一般是确定性高、风险较小的事业。在其他条件一定的情况下，可以说主业产品市场的不确定性越高，则企业越倾向于多元化，以使企业运作尽可能稳定下来。尽管有的研究认为多元化与降低风险没有关系，但企业家们却是笃信"东方不亮西方亮"的观点，为分散风险而采取多元化政策。

第六，企业内未利用资源的有效利用。引起多元化行为的因素表现在企业外部，也存在于企业内部。其中最主要的就是未利用资源。由于经营资源之间的不平衡是必然的，作为学习型组织的企业会不断认识和发现自己的潜力，因而企业内总有一部分资源不能被充分利用，对这种未利用资源的不断认识和再利用是企业持续成长的内在动力。尤其是当企业内利用泛度较大的像知识、人才、信誉、品牌等积聚丰厚的时候，比如广告投入、科研投入较大时，会有效地刺激企业开拓新的事业领域，且不影响主业的正常发展。

以上六个因素的综合分析，可以帮助企业较为科学地决定导入多元化战略的时机、方向和力度，避免过大的主观随意性。具体的定量分析因企业而异，在此不再详细展开。总之，我们不能简单地认定多元化经营就是馅饼或者陷阱，因为企业的任何一个重大决策都是风险与机会并存的，不管是靠运气还是靠努力，多元化战略实施成功的企业自然是吃到"馅饼"，跳过"陷阱"。

（二）对成长速度的管理

追求持续成长的企业也并不是追求成长速度的最大化，而是追求在一定利润水平之上的合理成长速度。比如，企业可以规定成长速度要达到和保持高于行业平均，或高于行业中主要竞争对手的成长速度。持续成长的速度管理的标准不是来自股东或所有者的要求，而是来自于企业本身的生存需要。

持续成长不同于超速成长。追求持续成长的企业处理成长速度的原则是有节奏、有规律、有预测地在合理的增长比例下发展。尽管有的企业如深圳华为技术有限公司规定了"要达到和保持高于行业平均，或高于行业中主要竞争对手的成长速度"的原则，但他们并不刻意去制定一个追赶别人的目标，他们在这时的眼睛是向内的："把土夯实了，撒上一层，再夯实，稳步前进。"联想集团也是如此。只要能够把自己的工作做好，不断地丰富和完善自己，那么成长就是水到渠成的，这才是企业真正和应该去追求的目标。

（三）对成长潜力的管理

对成长潜力的管理可能是更重要的一个方面。一个企业在成为一个大规模组织的时候，必须以更大的管理努力使自己变得更加有活力和有效。比如，必须使企业的知识资本增值大于财务资本的增值，使企业成长的牵引力处于比较充足的状态；必须使企业有足够的机会来吸引人才等。机会、人才、技术和产品是企业成长的主要牵引力。这四种力量之间存在着相互作用。一般来讲，机会牵引人才，人才牵引技术，技术牵引产品，产品牵引更多、更大的机会。企业只要加大这四种力量的牵引力度，促进它们之间的良性循环，就会加快企业的成长。

很自然，现实企业的成长是处在多种力的相互作用之中，而不仅仅是牵引力。既有形成促进因素的力，也有形成抑制因素的力，还有形成支撑因素的力。强化促进力，调整抑制力，巩固支撑力，可以说是成长力管理的核心。比如，分权是强化成长的促进力，但只有当企业的员工真正地认为自己是企业的主人时，分权才会有基础，没有这样的基础即支撑因素，权力分下去就会乱。整合的企业文化是权力分化的基础，没有对企业的认同感，就不能分权。再比如，实行事业部组织时也是如此。对组织进行事业部制改造的目的一般是提升企业的扩张力，但企业又要对这种扩张力进行管理，比较常用的原则是放开周长、控制圆心。如果控制周长，事业部就无法发展，但如果不控制住圆心，事业部的扩张就会乱套。

企业成长的动力主要是讲凝聚力，这种凝聚力不具扩张性。凝聚力强的企业并不一定有效益，还要扩张，扩张本身就是一种耗散，就会产生矛盾，控制矛盾、有效地解决矛盾就会产生企业成长的动力。持续成长的企业要有一个良好的耗散结构，凝聚成的东西一定要耗散掉，否则无法产生能量。

（四）对成长危机的管理

事实上，即使一个企业有了上述成长管理机制，还可能出现问题。一些突发因素会极大地损害企业的经营状况，甚至危及企业的寿命。因此，企业长寿需要具备良好的危机防范机制和较强的危机处理能力。

企业长寿经营应该遵从三合原则，即合法、合理、合德。其中，合法是最低要求，合理是基本原则，合德是努力目标。坚定正确的企业观是保证企业生存发展的基石。企业是经济组织，本质追求是利益不是正义。比如，遇到人身事故、产品质量等容易造成企业危机的事件，企业必须处理得当，否则，极有可能造成严重的企业形象危机甚至直接导致企业破产。

产品质量出现问题比企业领导人出事更容易造成危机。越是大企业，越需要建立危机防范和处理机制，对企业安全进行全面管理，包括投资安全、人身安全、政治安全、形象安全、设备安全等。安全不是一切，但失去了安全就失去了一切。

（五）"适者生存，创者成长"

企业的成长是对环境变化的一个适应过程。环境的变化及对环境的适应，会引起企业内外部分两个不平衡：一个是企业与外部环境的不平衡，另一个是企业系统内部各子系统之间的不平衡。

外部不平衡是企业在适应性方面的矛盾，适应性矛盾的解决决定企业的生存，是生死的关系；内部不平衡是企业的创新性（包括整合性）方面的矛盾，创新性矛盾的解决决定企业的成长，是健康的关系。正所谓"适者生存，创者成长"。

内部创新整合可以说是外部适应的派生体，内部创新和整合的目的是为了实现外部适应，这就是先有生存再有成长的逻辑关系。企业只有活着，才有成长的可能。

企业是一个活的有机体，环境也是持续变化的。因而，在企业与环境之间、企业内的各系统（部门）之间总有一个从平衡到不平衡，再由不平衡到平衡的动态过程。不打破原来的平衡，就不能抓住机会快速发展；不建立新的平衡，就会给企业经营运作造成长期的不稳定，失去建立内部平衡即建立计划和责任制度的基础。这实际上是在把握成长中由量变到质变，再由质变到量变的转化过程。

矛盾是推动一切事物发展的原动力，同样也是推动企业成长的原动力。有矛盾才有动力，才有生命力。解决了矛盾，动力就出来了。我们经常看到有些优秀企业中也有很多问题，这应该说是很正常的。如果一个公司停止发展了，那么内部问题也会消失掉，但竞争力和扩张力也就消失了，企业也就无从生存下去。对企业成长的方向、速度、力量的管理以及对成长中平衡与不平衡的管理实质上就是对矛盾的管理。有关这一点的具体讨论我们要在第十二章进行。

总之，企业的成长与扩张不是无原则的本能冲动。对于一般企业来讲，坚持"六个有利于"的原则是可取的，即有利于企业对环境的适应，有利于创新的出现，有利于核心竞争力的形成，有利于企业组织与文化的整合，有利于潜力的增长和有利于效益的增长。

从主观愿望来讲，任何企业都是在追求成长与成功的。但我们发现，很多企业的成长与成功不是在追求成长与成功的过程中实现的，而是在不断地避免了失败的陷阱之后实现的，这是不是在警示我们：一味追求成功不一定成功，努力避免失败反而能够成功呢？这有些"有心栽花花不开，无心插柳柳成荫"的意思。但这个不同的思路给我们提出了另一个命题，企业成长过程中有哪些错误不能犯？企业必须跳过哪些陷阱，才能到达成功的彼岸？

分析与归纳现实企业的案例，我们常见的陷阱大概有两类：一类是战略陷阱，一类是管理陷阱。下面我们就这两类陷阱分别展开分析。

二、两大战略陷阱

现实中的企业并不总是跟随产品、技术或事业的寿命周期而成长的。不少企业的寿命周期往往还不如某种产品、技术或事业的寿命周期来得长。这样的企业又分为两类：一类是长不大的公司，另一类是活不长的公司。我们认为，这样的企业实际上是掉进了企业成长过程中常见的两大战略陷阱，如图 11-7 所示。

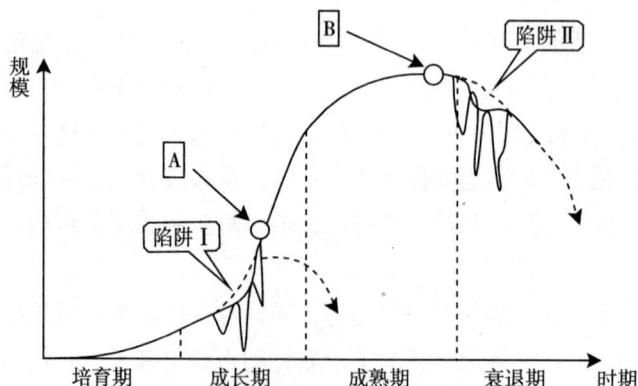

图 11-7　企业成长中的两大战略陷阱

（一）战略冒进陷阱

陷阱 I 为冒进陷阱，是企业成长初期最容易掉进去的陷阱之一。

当企业成功地渡过培育期，进入成长期之后，展现在企业面前的是一片崭新的天地和众多的机会：创业的成功使企业的经营者和整个员工队伍都充满着自信，逐渐丰厚的利润回报也使企业有了一定的扩张实力，同时，银行等投资家也因看好该企业而使融资变得比较容易。这一切都诱发着企业急于扩张的心情。有些经营者误以为其成功经验可以在多种行业中普遍适用，于是如法炮制，大踏步地进入多个行业领域，甚至是自己毫不熟悉的非关联领域，比如由制造业进入金融或房地产领域；或者反过来，由金融、房地产业进入制造领域。殊不知，善搞生产的就不一定善于搞投资；反之亦然。因为这两个领域对人的天赋要求不一样，很少有人能把多个项目同时搞好。经营企业，需要获得核心价值观及行为模式上的一致性，确保企业的一体化。同时，盲目扩张失败的原因还在于你成功地跨越培育期，会引来众多的模仿者和追随者，在我国这种特殊的文化背景下，更是如此。众多的模仿者和追随者的出现，会使竞争骤然加剧，这会破坏你原有的主业投资计划，可能使你不得不动用超出预计数倍的资金才能维持你在主业中的优势地位。但是，这时你已经将有限的资金投入到其他领域里边去了，分散的投资不仅会使你分散精力，而且使你在任何一个领域都形不成真正的战略优势，你必须面对众多的竞争对手，以致顾此失彼，穷于应付。珠海巨人集团和石家庄环宇电视等在这方面的教训可谓深刻。最后，患上"成功综合征"也是掉进这一陷阱的重要原因。以往的成功会给企业家相当的自信，但昨天的成功并不能保证今天的成功，更不能保证今后的成功。由于经营环境在急速不断地变化，以往成功形成的思维惯性和盲目自信导致的经验主义还可能导致今天的失败，正所谓"成功是失败之母"。

产业发展的规律是，一种新产品、新技术和新业务的出现，会在短短几年内出现"一窝蜂"的投资现象，紧接着会出现大淘汰，许多公司会倒闭，只留下少数幸存者，形成寡占格局，然后相对稳定下来。尽管中国企业的状况由于计划经济习惯和地方保护势力的影响，这个进程比较慢，但在市场竞争比较充分的家电业、电信设备制造业等，已经基本形成了寡占格局，成百上千家被淘汰出局的企业，基本是在成长前期因战略冒进而失败的。战略冒进陷阱区域实际上也是产业发展必经的一段淘汰期，企业必须在之前进入该新产品或新市场领域，然后幸运地渡过陷阱区域，才能取得大发展。一旦有些企业渡过陷阱区域成长起来，有企业再想涉足这个产业实际上是不太可能了。

企业处在成长期的首要任务是把主业"做大"，而不是分散精力去"做多"。成长期不是以盈利和多元化为核心目标的时期，成长期是一边投资一边回收，以做大现金流、扩大市场占有率为核心目标的时期。

（二）战略保守陷阱

陷阱Ⅱ为保守陷阱，这一介于成熟期与衰退期之间的陷阱中也滚落了不少的企业。

掉进保守陷阱的主要原因是文化问题。企业经营几十年过来，就像自己的孩子一样，经营者对企业充满了感情，甚至达到了永不言弃、势与企业共存亡的情绪化地步。但是，毕竟环境变了，市场变了，顾客老了走了。偶尔的回升可以给企业以苟延残喘的机会，使人觉得好像还有一线生机，但拖下去会使企业彻底失去复苏的机会。坠入保守陷阱与企业观很有关系，将企业看成孩子还是看成商品，有着本质的不同。在我们东方文化中，人们比较倾向于将企业看成孩子，但西方文化较倾向于看成商品，特别是犹太民族。世界上最能赚钱的民族之一的犹太人对企业的感觉很好，犹太人把企业办到一定阶段习惯于用两种方式"处理"企业：第一种方式是把企业看成商品，在最赚钱的时候（一般处于成熟期）出手卖掉，自己再去办一个新公司；第二种方式是将企业交给一个比自己更会管理企业的人去经营，自己再去找新的事业增长点。有了这种观念和心态，自然就不大会为企业的去留伤感动情。但是文化观念的问题不是能简单转变的。

企业跳不过第一个陷阱，就会夭折，既长不大，也活不长，其主要问题出在欲速则不达的战略失误。同样，企业跳不过第二个陷阱，就无法实现蜕变从而进入新的生存空间，就长不大，其主要问题出在僵化固执的战略失误。不用说，两者都将损害企业的持续成长。

（三）跳过陷阱的关键是把握战略转折点

尽管我们在经验上说明了这两个陷阱的存在，但现实中的企业并不能完全避免掉入陷阱。主要原因之一是现实经营运作中，企业管理者们不能获得进行正确决策所需的完整信息，甚至有时连充分的信息也拿不到手，这就需要企业家在"状态不确定"、"信息不充分"的情况下做出决策。因此，在现实中，企业家们的决策就必然受决策者个人行为特性等主观因素的影响，比如你可以在图11-7中的A点和B点之间抓住时机，做出成功的战略决策。比较冒险的企业家会在靠近A点的一侧较早制定和实施战略，而比较保守的企业家会在靠近B点的一侧较晚采取行动。偏向冒险还是偏向保守是企业家的一种风格，这种风格影响着企业的文化，从而也影响着企业的战略，这就是管理学中经常说的"文化决定战略"这一基本理论假设的具体表现了。

说起来容易，实际上这对企业家的敏感性和洞察力提出了巨大的挑战，甚

至就是考验你是不是一个合格的企业家的时候了。管理大师彼得·德鲁克
(Peter Drucker) 曾引用过法国经济学家赛伊 (J. B. Say) 的一个有关企业家的
定义，说企业家就是那些把资源从低收益项目的生产转到高收益项目生产中去
的人。上述两个战略陷阱本质上都是有关资源转移的，企业家的重要作用就是
正确判断转移的黄金时刻。但这一判断很难科学化、定量化。英特尔公司原总
裁安德鲁·葛洛夫曾以"战略转折点"的概念对这一黄金时刻做过经验性的描
述，他认为，在现有战略依然有效，企业业绩仍在上升，客户与协作企业仍然
交口称赞，然而你的雷达屏幕上却出现了值得警惕的重要光点的那一时刻，你
就该考虑和做出战略转移选择了。

　　什么叫转折点？在数学意义上，当曲线的斜率变化比率开始改变，比如由
负变正（或相反）的时候，就出现了转折点（拐点）。在物理学意义上，曲线
由凸面线转化为凹面线（或相反）的那一点即为转折点。转折点的意义在于，
当曲线经过转折点之后，就开始改变原来的方向而向另一方向弯曲。

　　葛洛夫认为企业战略问题也是如此。企业发展到一定阶段后，就会遇到战
略转折点，在转折点上，旧的战略被新的战略所代替，就会使企业上升到一个
新的高度。但是，如果不经过转折点，依然采用旧的战略，你的企业就会先上
升到一个高峰，然后滑向低谷。战略转折点相当于图 11-5 的危机点，是"企
业的根基所在即将发生变化的那一时刻"，这种变化可能意味着企业有机会上
升到新的高度，也可能预示着衰败的开始。

　　如果我们认为企业的寿命周期曲线为 S 曲线的话，显然，这一曲线上存在
两个转折点，如图 11-8 所示。

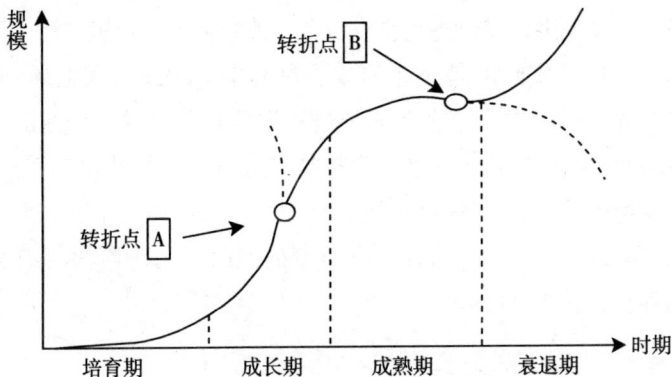

图 11-8　企业成长中的战略转折点

战略转折点的概念可能使我们对图 11-7 中 A 点和 B 点的定位有一个更准确的说法。那就是，战略转移决策应在转折点 A 与 B 之间做出，在 B 之前行动。经验告诉我们，精明的企业家都知道变化在发生，也知道应该朝什么方向走，但通常行动得太迟。过迟行动的后果远比过早行动的后果严重，如果行动过早，原有的产业依然健在，即使做错了决定，也容易及时挽回。比如，可以把调配到新岗位上的人员重新调回原岗位，他们在原岗位已经驾轻就熟，重操就业不成问题。但如果决策层总是倾向于抓住旧事业不放手，做出战略行动总是太迟，就可能陷入不可逆转的滑落局面。经验表明，经历了转折点的变化而开始走向衰退的企业，很少能重获当年的昌盛。企业要实现持续成长，正确判断战略转折点并果敢行动是必要条件之一。

与企业成长寿命周期四阶段相适应，存在各种研究。比如，有与培育期相关的创业精神和创业机制研究；与成长期相关的成长战略和成长管理研究；有与成熟期相联系的成熟企业管理和脱成熟化研究，还有与衰退期有关的退出战略研究等。管理知识的积累是紧随企业需求而产生的。

三、五大管理陷阱

从战略角度讲企业的成长过程中有两大战略陷阱，从管理组织的角度讲则有五大管理陷阱，企业要不断地越过这五个管理陷阱，才能实现持续成长。

第二节我们已经讲到，企业成长过程中存在着量变和质变两种状态。在量变时期，由于企业对外部的适应性和内部的整合性都比较好，矛盾处于缓慢积聚的时期，成长也是比较顺畅的，因而可以称为企业的"渐变阶段"。但在质变时期，长期积聚的矛盾相对激化，企业的成长状态要动荡得多，我们把它叫做"激变阶段"。一般来讲，"渐变阶段"较长，"激变阶段"较短。"激变阶段"同上述战略转折点一样，实际上是企业的成长过程中组织或管理上遇到的危机点，是危险与机会并存的地方，是企业成长过程中的管理陷阱。企业能否顺利完成变革跳过不同的陷阱，决定了企业是保持持续成长，还是就此结束自己的生命。

按照葛瑞纳的观点，[①] 现代企业发展到今天，大约经过了五个典型的"渐变阶段"，每个渐变阶段之后，都有一个激变的陷阱。每个阶段都有其相对重要的管理课题存在，见图 11-9。

---

① 葛瑞纳：《组织成长的演变与变革》，《哈佛商业评论》，1972 年第 7~8 期。

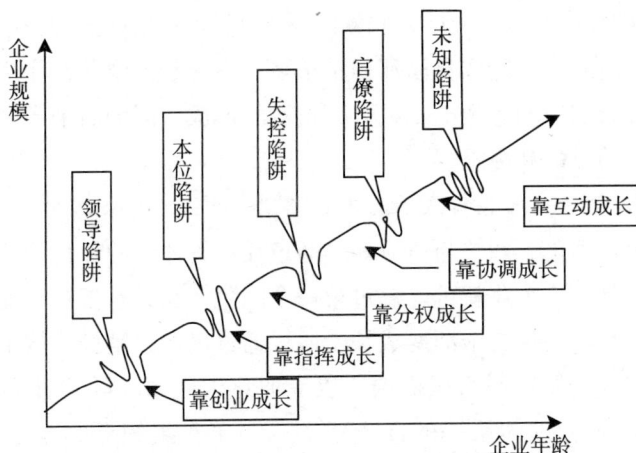

图11-9 企业成长中的五大管理陷阱

（一）第一阶段：靠创业成长与领导陷阱

企业诞生初期，经营重点在于产品制造和市场开拓，属创业性成长阶段。企业的创业者一般倾向于重视市场开拓、技术开发业务，领导方式为权威式，往往忽视管理的作用。员工之间的沟通非常频繁但多是非正式的，企业的兴衰成败决定于能否打开和占领市场，经营管理者的行为完全为市场和顾客所左右。

创业阶段的个人权威式领导和企业家精神，是企业初创期生存的必要条件。但是，随着企业的发展壮大和生产规模与市场的扩张，如何提高生产效率的工作开始摆上重要议事日程，同时人数不断增加的员工也不能仅仅靠非正式沟通来有效管理了，新员工的工作积极性也不像以前那样单靠对领导的认同和事业心来激励了。另外，企业要发展，还要保证能有新资本的增加和对资产的管理等，这样又必须有一套科学的财务制度和良好的财务管理。

也就是说，企业经营的重心开始由产品和市场转向内部管理，企业及其组织开始走向正规化。但尽管如此，创业者往往仍旧按以往的经验来处理问题，尤其是在创业非常成功的情况下，创业者容易认为过去的成功会呼唤新的成功，总想依靠老办法去做。

这时，企业就遇到了成长过程中的第一个陷阱：领导陷阱。一般人都会知道这个陷阱的存在，都想极力跳过它。但是，并不是每个成功的创业者都能明白：管理问题是个什么性质的问题？区别于创业者的管理者应该是些什么素质的人？如何才能实现领导行为上的有效转变？等等。创业时期的一些行为惯性和思维惯性，使得创业者很难从第一线抽身出来，他还会保持事必躬亲的习惯。另外，这时的企业已经比较有钱了，但创业者容易惦记着自己创业时的无比艰辛，希望后来人也能像自己那样不求名、不求利，艰苦奋斗多做贡献，这种指导思想又影响新的有效的利益分配机制的形成，因为后来人并不一定与创业者拥有同样的目的和需求。

（二）第二阶段：靠指挥成长与本位陷阱

经过一定的动荡、调整与适应期，通过任用有才能的经营管理者，建立起有效的组织和制度，企业就可能跳过第一个陷阱，在具有指挥才能的管理者的领导下，迎来企业的第二个渐变成长阶段。通过生产、销售、技术等职能的分工，引进集权式的职能型组织机构，以专业化求效率。随着计划体系、财务体系、人力资源管理体系等的逐步建立与完善，组织会实现正规化和制度化，个人之间、部门之间的沟通也开始由以前的随意式转为正式。

这种集权指挥式的管理制度和管理手段，在一定情况下可以使全体员工的能量充分有效地调动起来并促进企业的进一步成长。企业规模在不断扩大，产品群在不断增多，市场在不断拓展，事业范围也更加广泛。旧的矛盾解决了，促进了企业的成长，但企业的成长促使新的矛盾出现。集权指挥式管理并不太适合于大规模且多元化企业的管理。因为在这种集权管理模式中，中层管理者仅仅被置于一个专业职能管理者的位置，员工更是大厦的一片瓦、机器上的一个齿轮，而不是一个可以自主决策的管理者或组织成员，他们的行动受集权式管理系统的较大制约。但事实上，他们比上层总管更接近市场和顾客，更接近产品和技术的前沿，拥有更新、更活的信息和知识。按组织程序办事和按自己的自发性创意而行动的矛盾集中体现在他们身上，于是，他们会最大限度地利用自己的职责，谋求本位利益。当某个问题出现时，踢球扯皮、推诿责任成为普遍现象。市场部门会把顾客投诉的产品质量责任推到生产部门，生产部门则会提出是技术或设计部门在设计阶段就给生产埋下了隐患，技术和设计部门可能又会将问题转推到供应部门材料采购中的某种疏忽和市场部门本来就没有很好地理解顾客的要求，等等，本位主义现象到了一定程度的时候，企业成长中的第二个陷阱就出现了。企业必须通过组织和管理变革跳过这个本位陷阱。但是，上层领导往往还是比较钟情于集权管理，不习惯也不放心让中层管理者自主决策，他也可能还没来得及培养出能够独当一面的、能够把比较完整的权力授给他们的综合管理者，或者叫"企业内的企业家"。

（三）第三阶段：靠分权成长与失控陷阱

有效的分权管理与组织变革是解决本位主义问题的常用手段。如果分权管理能够成功的话，则企业就能够跳过本位陷阱，进入新的渐变成长空间。所谓分权管理，包括成立事业部组织并给予事业部（包括产品事业部和地域事业部）的管理者更多的权限，缩小公司总部的规模，对已有部门的经营活动根据定期报告，进行例外管理，公司高层将精力集中于新事业的开拓和长远战略问题研究等。高层与事业部之间的沟通变得不甚频繁，通常只是通过文件、电话和短期的巡访进行。这种分权管理可以有效地刺激中层管理者的积极性和主动性，有利于企业的迅速扩张和成长。因为分权组织可以使中层管理者得到较多的经营资源、较大的权威和激励，使他们感觉更像一个企业家。这种改变更有利于市场的开拓，更有利于对顾客的需求做出快速的反应。

但是，随着分权组织的有效运行，不断壮大成长的各事业部也会感觉到与企业内部其他事业部和部门的关系不容易协调，有些市场领域可能会在事业部之间形成竞争。于是，就倾向于将所有业务都统一在自己的事业部内，事业部也就越来越像一个独立王国了，由于产品系列的增多，同一企业不同事业部门的市场人员可能重复出现在同一用户那里，甚至形成相互争夺用户的现象。统括全局的企业高层领导开始感到对高度分权的各事业部的经营活动难以控制，这时，失控陷阱就横在企业继续成长的道路上了。

企业要想解决可能的失控，维持企业的整体性，就要进行新的变革。但是，企业却不可能回到原来集权管理的老路上去，因为这时企业的事业范围和管理领域已经比较宽了，传统的集权管理极容易造成失败，必须学习和引入新的科学的协调手段和技巧才行。

（四）第四阶段：靠协调成长与官僚陷阱

通过协调实现新一轮的成长，需要一个强有力的经营资源配置与调整系统，这必须由总部做出。比如，按较大的产品或事业群来划分战略分权单位，强化总部的统合功能；配备较多的民主决策部门如委员会或参谋部门，密切注视资源在各事业领域的合理分配；把按产品或事业群来划分的战略分权单位作为一个投资中心，以投资收益率作为分配投资的主要标准。同时把信息处理、股权买卖、公司文化建设等机能集中到总部，强化围绕总部的一体化。这种新的协调机制可以达到公司有限资源的更有效分配，促进企业的进一步成长。同时，这就要求各事业部的管理者改变和超越原有的独立王国的意识。

但是，各事业部的管理者由于仍负有相当大的经营责任，他们会很快学会如何谨慎地注意自己的行为，千方百计地将自己的决策正当化、合理化，以"上有政策，下有对策"的方式，尽量避开公司总部的监视。

于是，在直线和职能部门之间以及公司总部和事业部之间，就会逐渐产生一种缺乏相互信任的倾向，出现需要过多的条文、制度、规定来平衡相互关系和利益的弊病，这时企业就遇到了官僚主义的陷阱。现场和直线管理者会指责职能部门不了解情况瞎参谋、乱指挥，职能部门又会指责现场和直线管理者经常采取不合作、不报告的态度等。结果会形成新的相互扯皮、踢球，追求形式主义而不是积极解决问题的弊病，企业慢慢变成了一个无效率的官僚组织。

（五）第五阶段：靠互动成长与未知陷阱

企业要跳过官僚主义的陷阱，需要在部门与部门之间、员工与员工之间形成强有力的互动组织和互动文化。这时的组织已经不再是强调大规模的组织系统和靠制度、程序运转的组织，而是通过接近现场的、经常能在一起活动的一个个小群体，巧妙地解决组织内形成的隔阂，激发人的自发性和奉献精神。企业开始重视由核心价值观、文化上的约束和人的自律性代替组织的正规控制系统。但是，这种变革对于曾经制定了原有管理系统的专家和习惯于依赖正规程序解决问题的管理者来说，是很难接受和适应的。这需要在减少公司总部职能部门人员的基础上，从不同专业、不同部门抽调人员组成跨专业、跨部门的委员会组织或项目小组。他们的任务不是对各事业部发布命令，而是提供咨询和帮助。不少公司为此采用了矩阵组织的形式。公司的重要课题往往以各种会议的形式来沟通解决，公司的教育培训系统在此时会发挥极其重要的作用，以训练管理者的团队精神和解决冲突的各种技巧。激励和奖励制度的导向是重团队而不是重个人，并鼓励创新和企业内创业行为。

互动成长后企业所遇到的新的陷阱是什么呢？目前还没有一个很明确的概念，我们只能暂且称之为未知陷阱。但从国际大公司的现实还是能找出一些迹象，这主要表现为员工产生一种"心理上的饱和感"或"创造力缺乏感"。

针对这一陷阱，目前一些公司所采取的措施是创建"学习型组织"，提倡"系统思考"和"创新思考"，构筑组织的知识平台等，以激励员工特别是管理者的活力与创造灵感，以网络组织的构建和知识管理的加强推进企业进入全新的成长阶段。

以上对两大战略陷阱和五大管理陷阱的描述都是从普遍性角度进行的，旨在指出企业要实现持续成长，就必须不断地解决这些问题或矛盾，不断地跳过各种陷阱的一般成长规律。但是，对于现实中的具体企业来讲，它们所遇到的战略陷阱和管理陷阱会不尽相同，也不见得都呈现上述递进关系，而且，是"馅饼"还是陷阱最终要靠企业家自己的客观分析、主观判断和企业家精神。

尽管如此，上述研究仍为分析企业持续成长提供了一个理论参考。

要实现企业的持续成长，最困难的莫过于关于这些陷阱的信息和知识获得。企业经营之路，不是画好了一条 S 曲线然后去走，而是通过实践走出来的 S 曲线，因此，企业如何认知自己所处的位置，面临何种陷阱就成为关键。这需要科学知识，更需要整体感悟、洞察力，以及行动知识的不断累积。企业可能不得不像西蒙所说的"蚂蚁"一样，在一个大致的目标愿景引导下，将复杂的成长之路分解成简单的二择一或三择一决策，一步一步走下去。

思考题：

1. 什么是量的成长？什么是质的成长？

2. 什么是内部成长？什么是外部成长？

3. 企业实现持续成长的三个条件是什么？

4. 成长管理包括哪四个方面？

5. 企业成长过程中的两个战略陷阱是什么？

第十二章 中国的管理及其变革

本章目的：

　　了解新中国成立后中国管理发展的三个阶段和与之相应的管理类型：一是计划经济体制下的工厂及其管理——国营工厂与政治运动型管理；二是社会主义市场经济体制下的企业及其管理——国有企业与双轨制管理；三是加入世界贸易组织后逐渐与国际市场经济体制接轨的企业管理——现代企业与现代管理。了解中国式管理的内涵及其变革。

　　在我国，现代管理学作为一门学科从经济学、工业经济学中独立出来，时间还不长，大学开始授予管理学学位也还是近几年的事。当然，有关管理研究的历史要长得多，管理学相关书籍的出版量增长确实迅猛异常，尤其是近十几年，管理学方面的相关书籍可以说是汗牛充栋，去书店买书也会让人挑花了眼，但是，目前介绍翻译的国外管理书籍依然占有主要的比例。尽管国内学者写的一些教材类和经验类管理书籍发行量不少，但搜寻真正有分量的管理学著作，还需要费些力气。因此，也难以说谁是中国的管理大家或者说哪本管理学著作可以成为中国管理学经典。造成这一难题的另一原因，是中国的企业管理实践还不够，时间还比较短，不足以总结出成体系、有深度、耐考验的管理理论来。当然，你还可以另辟蹊径，从儒家、道家、佛家、兵家、法家那里研究或"水煮"出一些书籍来，但总不能让人信服地叫做中国式管理理论创新。

　　有一个现象令人思考，那就是，在社会上企业管理者的言论甚至比大学的管理学者的理论还有影响力。联系我们在研究世界管理学的发展史时得出的结论——早期的管理学大家往往来自企业界，而不是学界，后期才逐渐产生于学界和咨询界。从本书列举的内容看，是先有泰罗、法约尔、巴纳德，后有德鲁克、西蒙、圣吉等人。我们是否可以说，中国的管理学大家和管理学著作，也可能不会产生于目前的管理学界，而会出现在有着丰富的管理经验，有着成功的企业作背景，又有着一定理论和研究素质的企业家群体之中呢？他们有近水楼台先得月的条件，他们对管理才最有感觉，毕竟理论来自实践，知识的成长有赖于企业的成长。唯一的问题是，他们有没有兴趣和能力去写出来。

本章要探讨中国的企业及其管理变革，就不能不探讨这些企业及其管理是怎样走过来的。企业管理活动不同于实验室的科研活动可以假定很多条件，也不同于研究导弹可以封闭起来秘密进行，管理活动必须在开放的、不确定的情况下进行，因而受环境的影响程度相当大。特殊的政治、经济、技术和文化等背景，使新中国50多年来的企业管理走过了完全不同于西方企业的发展历程。过去很长时间做过的，是我们现在不做和不想做的，因而，在回顾历史时，总体感觉是"经验不多，教训不少"，你难以向过去学些什么，但你又必须反思很多。尽管我们也亲身经历过这段历史的相当一部分，但在此我们依然很难对中国的管理学做出深的理论探讨，除去"经验不多，教训不少"的原因外，研究资料方面还存在"事实不多，疑点不少"、"数字不多，水分不少"、"微观不多，宏观不少"等问题。

本章我们以1978年末开始的"改革开放"为分界线，对50多年来中国的企业及其管理变革做一历史性的梳理。其中第一阶段是计划经济体制下的工厂及其管理，我们称之为国营工厂与政治运动型管理；第二阶段是社会主义市场经济体制下的企业及其管理，我们称之为国有企业与双轨制管理；第三阶段是2001年12月21日中国正式成为世界贸易组织成员后逐渐与国际市场经济体制接轨的企业管理，我们称之为现代企业与现代管理。最后，我们探讨是否要建立中国式管理理论体系，以及我国管理理论与实践发展的方向。

第一节　国营工厂与政治运动型管理[①]

从1949年新中国成立到1978年中国共产党十一届三中全会召开的30年间，中国的企业及其管理具有两个最基本的特点：第一，只能叫国营工厂不能叫企业。因为它实行的是高度集中的计划经济体制下的生产型管理体制，只有生产制造，没有市场经营功能。第二，其管理模式不是按照生产过程的科学要求而稳定发展的，而是受政治和社会运动的影响，30年间经历了激烈的动荡，

---

① 本章第一节和第二节的部分内容得益于可星女士的相关研究，可参考参考文献中《矛盾管理学》第五章第二节内容。

因而无法用效率、效益、战略等概念来描述这一阶段管理的特征。我们想，叫政治运动型管理可能表述得更全面一些。经济学中有一门政治经济学，将这一时期的管理称为政治管理学倒十分合适。

一、苏联模式的模仿阶段

1949~1952 年的国民经济恢复时期，是我国企业变革生产关系和战后恢复生产的阶段。首先，是对企业制度进行改造。当时，国家对官僚资本主义企业采取没收政策，通过国家力量，把全部官僚资本企业改造成社会主义国营工厂；对民族资本企业则实行利用、限制、改造政策。其次，是在所有企业中采取了一系列强化管理的措施。如进行民主改革，实行管理民主化；改革管理机构，实行责任制，按指示图表组织生产；调整工资，实行劳动保险；建立独立会计制度，清产核资，开展增产节约运动，大力推行经济核算制；开展合理化建议和创新纪录运动，总结、推广先进生产者的经验，从而变革了工厂生产关系，提高了工厂管理水平，不仅有利于恢复生产，并且为建立高度集权的计划经济体制奠定了基础。

从 1953 年开始，我国开始实行发展国民经济的第一个五年计划。"一五"计划的首要任务是，集中主要力量进行以苏联帮助我国设计的 156 个建设项目为中心的、由限额以上的 694 个建设项目组成的工业建设，建立工业化的初步基础。要实现这项任务，需要大量的财力、物力和技术力量，但当时的资源有限，因此就必须由中央政府集中全国的资金、物资和技术力量，对这些建设项目进行集中统一管理。于是，整个社会的经济活动都由中央计划机关通过指令性计划进行协调，高度集中的计划经济体制由此逐渐成型。

与此同时，我国还在全国范围内全面、系统地引进苏联的工厂管理经验，建立和健全适合现代化大生产要求的科学管理制度，建立起与高度集中的计划经济体制相适应的生产型管理制度。这种生产型管理是执行性的，其重点放在工厂内部。工厂所生产产品的品种、数量、成本、产值指标等，都要由上级部门来规定，物资供应和产品销售也由上级来安排。经营上"统购统销"，财政上"统收统支"。

在国民经济恢复时期和第一个五年计划时期，是我国现代工业体系建设刚刚起步的时期，由于管理现代工厂的经验十分缺乏，必须向先进学习。但由于当时的国际局势，与西方主要工业国家没有建立起相应的渠道，所以这一阶段的工厂管理，主要是引进和吸收了苏联的计划经济体制下的管理理论和管理思想，大批苏联专家参与了引进项目的管理，大学开办的管理课程也是由苏联专家教授的。

　　苏联的工厂管理理论和管理思想有些类似于泰罗的科学管理，管理的基本着眼点也是放在工厂一层的。与泰罗的科学管理既受追捧又受批评一样，引进的苏联管理模式也有有效的一面和不足的一面。其有效的一面表现为：强调计划管理，推行生产作业计划，建立生产责任制度；重视技术管理，推行工艺规程、技术检查制度，制定了技术标准、劳动定额等，建立了技术工作秩序；加强经济管理，建立了厂内经济核算、经济活动分析的制度；重视人才培养，开展社会主义劳动竞赛，实行各尽所能、按劳分配等。这一系列管理制度的建立，使我国的工厂管理走上了科学管理的轨道，克服了当时工厂管理中存在的混乱和无序，并积累了一些宝贵的经验。其不足的一面表现为：单纯强调行政命令管理，忽视民主管理，从而助长了官僚主义、命令主义和个人独断专行的倾向；把物质鼓励同思想教育对立起来，放松了思想政治工作，等等。这样不正确的思想和做法，不利于发挥社会主义公有制工厂的优越性和调动各方面的积极性。不过，这里出现的问题和当时我们片面地认为苏联的一套管理制度和方法是完美的、脱离实际地全盘照搬照抄的做法也有相当关系。

　　无论如何，全面系统地学习和引进苏联的工厂管理经验，极大地推动了当时大规模经济建设的顺利进行，并在工厂中初步建立了科学的管理制度，为我国工厂管理的科学化奠定了基础。

二、"大跃进"和调整时期的探索

　　1958 年，中共八大二次会议提出了"鼓足干劲、力争上游、多快好省地建设社会主义的总路线"。总路线反映了中国迫切要求改变经济、社会、文化落后状况的强烈愿望，当时在工厂管理工作方面取得了一些成就：1958 年，国务院决定在国营工厂实行利润留成制度；1959 年，在全国范围内掀起了技术革新和技术革命运动以及增产节约运动的高潮，创造了生产运动会、技术表演赛等竞赛形式以及群众核算和专业核算相结合的办法；1960 年，提出"鞍钢宪法"，实行"两参一改三结合"制度，促进了管理改革和建立产品质量分级管理；随着工业的发展，一部分工厂实行了多种经营、综合利用发展模式；在当时都起到了积极作用。

　　"鞍钢宪法"是 1960 年 3 月中共中央在鞍山市委《关于工业战线上的技术革新和技术革命运动开展情况的报告》上所作的批示中提出的管理社会主义企

业的原则，包括开展技术革命、大搞群众运动、实行"两参一改三结合"、坚持政治挂帅以及实行党委领导下的厂长负责制。"鞍钢宪法"体现了党的优良传统同现代化大生产相结合的要求，对促进工厂管理水平的提高、推动经济建设的发展，曾起到一定的作用。其中"两参一改三结合"的经验，尤其值得借鉴。"两参"是指干部参加劳动、工人参加管理；"一改"是指改革不合理的规章制度；"三结合"是指领导干部、技术人员（专业管理人员）、工人结合起来，共同研究解决生产技术和工厂管理中的问题。关于这方面的探索，最早取得经验的是黑龙江省庆华工具厂。他们的经验包括三方面的内容：一是科室车间管理干部每天参加半天劳动，厂级主要领导干部每周参加一天劳动；二是工人参加生产小组的一部分日常管理工作；三是改进工厂管理业务，即改革不合理的规章制度。由于政府的推动，庆华工具厂的管理经验很快在全国得到了推广。不过，"两参"做法和泰罗所提倡的计划职能与执行职能分开正好是相反的。

1961~1965 年，为了贯彻以调整为中心的"调整、巩固、充实、提高"的方针，在工厂管理方面，采取了一系列措施。其中较主要的有下述几个方面：

（1）制定、颁发了各种工厂管理条例。其中，最主要的是《工业七十条》。其基本精神，正如邓小平所指出的，是"治乱"，是要把工厂管理上的混乱局面扭转过来。它全面、系统地总结了新中国成立以来在领导工厂方面的经验、教训，并根据当时的实际情况提出了国营工厂管理工作的一些指导原则。它要求工厂重视产品质量，增加产品品种，节约原材料，降低成本，提高劳动生产率。

（2）恢复、建立和健全了各种制度。如恢复"一五"计划期间建立的各种管理办法；建立和健全严格的责任制和经济核算制；改进劳动组织，减少非生产人员，严格实行定员定额；加强技术管理，制定了一套技术管理工作程序；开展生产协作等。

（3）创造和发展了管理的经验。如大庆油田在生产建设实践中，坚持科学态度，掌握第一手资料，加强基层建设、基础工作、基本训练，建立以岗位责任制为中心的各项管理制度；依靠职工管理工厂，重视发挥工程技术人员的作用，发扬政治民主、技术民主、经济民主；提倡领导部门面向基层，为生产第一线服务等。这些经验促使工厂普遍提高了管理水平。

（4）改革了管理体制。一方面是为配合国民经济调整而采取的改革措施，如发展工业生产专业化协作；调整价格；改进工资制度；对工厂进行调整改组等。另一方面是进行一些探索性的改革，如对国营工业进行大改组，试办托拉斯；提出固定工和亦工亦农两种劳动制度；引进资本主义国家的技术和设备，创办新兴工业；改革提取折旧办法等。其中，《工业七十条》的颁布和大庆科学管理经验在全国的推广所产生的影响最大。

这一阶段"鞍钢宪法"和《工业七十条》对我国前一阶段的工厂管理实践进行了科学的总结，把党的优良传统、领导作风与现代社会化大生产有机地结合起来，并形成了系统地做人的思想工作、激发人的积极性和创造性以及提高工厂劳动生产率的一系列管理原则，如干部、技术人员和工人三结合的管理方式和组织机构；开展合理化建议活动，培养工人的主人翁观念，充分发挥人的智慧；精神鼓励与物质利益相结合，以适应不同人的不同需要；开展细致的思想政治工作，协调工厂各级之间、人与人之间的关系，以产生更大的集体力；建立岗位责任制，明确组织的根本目标，以责任来约束个人的行为；实行班组八大员管理方法，把职工的自觉管理与人们在生产过程中相互影响、相互制约的关系结合起来；实行职工代表大会制，民主选举工厂管理干部，以充分激发职工的主人翁责任感；等等。

总的来说，1956~1965 年，我国努力创建我国自己的工厂管理理论和管理思想体系。在贯彻"八字方针"和《工业七十条》以后，工厂管理重新走上科学轨道，带动了生产的发展，许多技术经济指标都创造了历史最好水平。

第二节　国有企业与双轨制管理

1978 年召开的十一届三中全会，在我国的政治、经济生活中具有深远意义，也是我国企业管理发展的一座里程碑。1978 年以来，伴随经济体制从计划经济向市场经济转变，国营工厂体制开始向国有企业体制转轨变型，企业管理朝着现代化方向获得了长期稳定的发展。由于 30 年计划经济体制和社会文化根基的影响，我国的企业管理在较长时间内仍然处于计划和市场、单位和企业、国有和私有等并存的双轨制管理时期。

计划经济体制至少有三个严重缺陷：一是企业没有主动性。企业是政府的附属物，没有独立的决策、经营权和发展目标；二是国家在财政上实行统收统支的政策，企业没有自身独立的经济利益，经营好坏一个样，挫伤了企业和职工的积极性；三是由于政企不分，政府没精力也没手段搞好宏观调控。

不调整国家、企业和职工三者的利益关系，企业就不能产生内在的经济动力，就不能提高经济效益，职工也缺乏长久的积极性和创造性。所以，经济体制的改革成为必然，目的是要把企业从国家行政机构的附属物改变为自主经营、自负盈亏、自我发展、自我约束的商品生产者和经营者。事实上，也只有企业真正成其为企业，企业的管理才能从仅着眼于企业内部生产要素的配置转变为同时着眼于与市场、与用户的联系，从以生产为中心转变为以市场为中心，从企业内部资源的有效利用转变为企业内外资源的有效整合。企业管理发生了一场深刻的变革，即从生产型管理向生产经营型管理转变。

我国经济体制改革的中心环节是增强企业活力，其关键在于转换企业经营机制，使企业成为自主经营、自负盈亏、自我发展、自我约束的市场主体。改革从扩大企业自主权开始，不断探索企业所有权和经营权分离的实现形式。随着经济体制改革的进行，经历了如下几个重大事件。

一、扩大企业自主权和利润留成试点

1979 年 7 月，国务院发布了扩大国营工业企业经营管理自主权、实行利润留成、开征固定资产税、提高折旧率和改进折旧费用的使用办法、实行流动资金全额信贷五个文件，要求各地政府和各部门按照统一规定的办法，选择少数企业试点。进行扩权让利的绩效在于：国有企业朝着相对独立的商品生产者和经营者的方向发展，企业管理从以生产为中心，转变为开始研究企业与市场的关系、研究企业的经营战略、如何加强市场竞争能力和适应市场变化的能力等，即从生产型管理开始向生产经营型管理转变。

然而，由于扩权让利的做法过分简单化，政府与企业的各种经济关系尚未理顺，出现了国家集中财力过少、企业资金运用过于分散的矛盾。1983~1986 年，政府先后进行了两步利改税。

二、两步利改税

1983 年，利改税办法的正式出台，在规范政府与企业的关系上迈出了重要的一步。同年 4 月，国务院批准财政部提出的《关于国营企业利改税的推行办法》，将所有大中型国营企业过去向主管部门上缴利润的制度改变为实现利润的 55%向国家缴纳企业所得税，税后余利较大的企业与主管部门再实行利润分成或向政府缴纳调节税；国营小型企业按照超额累进税的办法向国家纳税。以上统称为税利并存的第一步利改税。1984 年 10 月，政府决定进一步改革税制，主要是以工业征收产品税、商业征收营业税为主的税收体制，同时还开设增值税、城建税、房地产税、资源税等其他各种税目，被称为第二步利改税。

两步利改税以法律形式明确了政府与企业的利益分配关系，在一定程度上为企业创造了一个大致公平的竞争环境，但并没能培育起新的市场机制。而且，在所得税后再征收的调节税仍然是不规范的，这种调节税往往由政府根据每一企业的不同情况分别制定，仍然存在着讨价还价、税率无法统一的弊病，因而其对企业的激励作用也是十分有限的。看来，如果只有宏观体制的改革，而没有实现微观基础的重构，宏观体制改革也难以奏效。于是，改革的重点转向了完善企业组织制度。

三、全面推行承包经营责任制

从 1986 年开始，部分省市对企业组织制度进行了各种改革探索。这些探索主要包括股份制、租赁制、资产经营责任制以及承包经营责任制等形式。由于受到当时各方面条件的限制及社会、政治因素的影响，前三种形式尚难以在全国范围内广泛推行，而承包经营责任制却得以迅速推广。首钢的承包制在此期间曾经名声大噪，获得了在全国进行推广的机会。承包制是在坚持企业的社会主义公有制的基础上，按照所有权与经营权分离的原则，以契约的形式确定国家与企业的责权利关系，使企业做到自主经营、自负盈亏的一种经营管理制度。换句话说，就是通过签订承包合同，使企业把对国家承担的经济任务包下来，确保完成，同时国家把企业应有的权和利落实给企业，使企业向自主经营、自负盈亏的商品生产经营者的目标前进一步。从 1987 年下半年起，承包制在全国国营企业内得到逐步推广。到 1988 年底，全国预算内工业企业实行承包经营责任制的已占到 78%，82% 的大中型国有工业企业、61% 的国有大中型商业企业实行承包经营责任制，承包期一般为 3~5 年。从实践上看，承包制的效果是比较显著的，无论对国家还是对企业都大有好处：①有力地调动了企业和职工的积极性，促进了企业生产的发展和效益的提高。②保证了国家财政收入稳定增长。③在发展生产、提高盈利的基础上，职工生活有了改善。

在承包经营责任制的实施过程中，也暴露出以下问题：承包指标的易变性、企业行为短期化和企业负盈不负亏，阻碍了要素流动与产业结构调整。这些问题表明，承包制本质上是企业向国家上缴利润的一种契约，是约束国家与企业间分配方式的一种新的尝试，它并不能作为企业经营机制改革的主要方向。承包制与利改税相比，只不过是在外部环境不规范的情况下，把统一税率变为一户一率，以解决过去由于几十年政府对国有企业投资不均等所造成的竞争条件不均等的矛盾。企业改革除了解决国家与企业的分配关系，以及国家对企业的激励外，还有两方面的问题要解决：一是国有企业负盈不负亏的问题；二是企业的经营决策权问题。要解决这两个问题，必须进行产权制度的改革。

四、实施《全民所有制工业企业法》

1988年4月，七届人大一次会议通过了《中华人民共和国全民所有制工业企业法》（以下简称《企业法》），这是我国国营企业的第一部基本大法。但是，这是十一届三中全会以后我国企业改革成功经验的总结，具有极其重要的意义。《企业法》规定的基本原则和基本制度，从法律上确立了具有中国特色的社会主义企业制度，为深化企业改革指明了方向。

《企业法》的基本内容包括企业产权关系、企业和政府的关系、企业领导体制以及企业的权利和义务几个方面。《企业法》颁布实施后，在指导企业改革，增强企业活力，维护企业合法权益、促进企业管理走上法制轨道等方面发挥了积极作用，涌现了一批充分运用《企业法》赋予的经营自主权、走向市场、充满生机和活力的企业，体现出落实《企业法》的巨大作用。可以说，《企业法》是维护企业合法权益、规范企业行为、规范各级政府管理经济的职能以及促进企业经营机制转换的基本法律。《企业法》的制定和贯彻执行，对落实企业自主权和改善领导体制所起的作用尤其大。目前，国有资产委员会所管理的大多数企业是按照《企业法》成立和规范的，只有少数按照公司机制运作。同时，《企业法》对非全民所有制的企业起不到规范作用，因而随着社会经济的发展，其作用开始变得越来越有局限性。

第三节　现代企业与现代管理

一、建立现代企业制度

（一）制定《公司法》

《企业法》的出台只是解决了国有企业的地位问题，并没有明确其他所有制企业组织的地位。因此，在一段时期内，随着非国有企业的迅速发展，大批的所谓"公司"如雨后春笋般生长出来，但《企业法》无法调整其行为，造成公司、股东、债权人的合法权益得不到保护、侵害权益的人得不到制裁的现象，于是政府就不断地通过行政手段清理、整顿，但不见效果。

1993 年 12 月 29 日，《中华人民共和国公司法》（以下简称 《公司法》）出台，并自 1994 年 7 月 1 日开始施行（1999 年 12 月 25 日第一次修正）。至此，中国才有了一个规范现代企业行为的法律，尽管这一法律的出台与有关现代股份公司的法律在世界上诞生相差了 150 多年。

《公司法》的出台表明了人们对现代企业认识的深化，不再是"企业"这个笼统的经济概念，而有了"公司"这个法律概念。《公司法》通过引入股东和法人的概念，规定了公司设立是资本金必须达到法定的最低要求，规定了公司设立的多种具体形式，规定了公司必须具有严密地适应现代化生产经营需要的组织机构、运作机制和约束机制，规定了公司必须制定章程等。尽管这部《公司法》在某些方面还需要不断修正，但我们相信中国的企业在这部法律所形成的制度性保护和约束之下，会出现一个逐步走向大企业体制的趋势，进而在中国形成一个以企业为社会主体的时代。这个时代将是在中国几千年的文明史上从来没有过的。

（二）明确市场经济体制

从社会大环境讲，1992 年，中国进入了建立社会主义市场经济体制的新时期。1993 年中国共产党十四届三中全会在《中共中央关于建立社会主义市场经济体制的决定》（以下简称《决定》）中，对转换企业经营机制、建立现代企业制度的问题做出了一系列重要规定，描述了现代企业制度的基本特点，勾画出了我国未来企业制度的轮廓，为我国企业改革的深入发展指明了方向和途径。这标志着在企业改革上已开始转变观念、转变思路、转变战略：由扩权让利转变为转换企业经营机制；由单纯实行所有权和经营权的分离转变为重组企业的产权关系；由推行承包制转变为创新企业制度。

《决定》中描述的现代企业制度的基本特点是："产权清晰、责权明确、政企分开、管理科学。"为保证这一目标的实现，要建立相应的科学管理体系。深化企业改革同加强和改进企业管理，是相辅相成的，企业管理改革是企业改革的重要组成部分。在坚持行之有效的管理经验的基础上，要按照社会主义市场经济的要求，按照现代企业制度的要求进行管理创新，树立新观念，丰富新内容，采用现代管理方法和手段，实现企业管理的现代化、科学化。摆在企业面前的任务是，从实际出发，认真分析企业管理的现状和问题，从管理思想、管理组织、管理人才、管理制度、管理方法、管理手段等方面进行改革创新，建立起适应市场经济和现代企业制度要求、具有中国特色的科学管理体系。

2001 年 12 月 11 日，中国正式成为世界贸易组织成员。如果说以前中国的经济和企业管理是局限于国内变革的话，此后就开始加快与国际市场经济体制和管理系统接轨的速度；如果说此前是摸着石头过河的话，那么此后则逐渐是遵循国际规则、国际惯例的渡海了。

二、企业管理现代化的探索

十一届三中全会后，适应经济体制改革，不仅推行承包制，改变企业经营管理制度；实施《企业法》，特别是《公司法》，使企业向自主经营、自负盈亏的商品生产者和经营者迈进，同时还积极引进学习国外先进的管理理论和方法，推进企业转轨变型。

（一）积极引进国外管理理论，借鉴外国管理经验

为了迅速提高企业管理水平，管理学家开始和政府机构官员一起，积极引进西方工业发达国家的管理理论和经验。根据中共中央宣传部和原国家经济贸易委员会的决定，原中国企业管理协会（现改称中国企业联合会）组织编写了《中国企业管理百科全书》（以下简称《全书》），于 1984 年 12 月出版。《全书》由 800 多位专家学者参加编写，它不但系统地整理了我国企业管理的历史沿革，总结了我国企业管理的经验，反映了我国企业管理的特点，同时介绍了国内外重要的科学管理理论、知识和方法。《全书》的出版对于全面推广和运用外国管理理论和方法具有重要的意义。为了便于全面、系统和直接地了解管理科学的理论，中国社会科学院还翻译出版了国外经济管理名著丛书。在大量翻译出版管理科学方面的经典著作的同时，又采取"请进来、送出去"的办法，面对面地学习外国的管理科学理论和方法。这方面的工作主要是通过三个途径完成的，即请外国专家讲学、咨询和办培训班；派有关人员到国外学习和考察；有些企业在引进硬件的同时引进管理软件。

从最早学习全面质量管理，到战略管理、企业再造、目标管理、供应链管理、品牌管理、定位理论、国际化经营、六西格玛管理、平衡计分卡、核心竞争力理论、执行力理论、蓝海战略、长尾理论、社会责任理论、知识管理等，中国可以说秉承拿来主义，几乎毫无障碍地学习和引进着各种或时髦或经典的管理理论和方法。

（二）努力推广和创新现代管理理论和方法

为了迅速提高管理水平，我国企业开始努力推广和运用现代化管理方法。在原国家经济贸易委员会和各地经济贸易委员会、原中国企业管理协会和各地企业管理协会的大力推动下，18种现代化管理方法开始向全国企业推广，这对提高管理水平、促进企业管理现代化起到了一定的作用。通过学习国外的管理理论和方法，使我国广大国有工业企业的领导干部、管理人员、技术人员对现代管理思想、管理组织、管理方法、管理手段等方面的认识和理解提高了一大步，又通过在实践中加以具体运用，取得了很好的成绩，而且不少企业在学习的基础上有所创新。

原国家经济贸易委员会副主任袁宝华提出了"以我为主，博采众长，融合提炼，自成一家"的管理进步指导思想，广大国有工业企业在努力汲取国外管理理论精华的同时，结合各自的不同特点，总结出一系列具有中国企业特色的管理方法，在原中国企业管理协会研究部编辑出版的《企业管理新方法》中，就汇总了22种企业管理方法。从那时开始，中国企业联合会长期以来所进行的一项重要工作，就是对中国企业管理现代化创新成果进行提炼、总结和嘉奖，目前已经进行了10年，产生了数百项创新成果。这项工作的长期持续以及深入研究，可能会对研究中国企业的管理特色和规律做出巨大贡献。

三、要不要建立中国式管理理论体系

一直以来，建立中国式或中国特色的管理理论体系的言论就不绝于耳。但笔者经过广泛调研，发现这方面的成果还不甚多。

中国有没有自己特色的管理理论体系呢？我们先看企业界，经常见诸报纸、杂志、著述的一些著名企业家的言论，尽管还不太成系统，但已经开始有了一些理论的雏形。海尔的管理经验在广泛传播，联想公司的经验也曾是人们议论的话题，浓缩华为公司经营思路和政策的《华为公司基本法》依然在学界和企业界迅速地扩展着它的影响。有喜欢写作的企业家已经出版了不少个人著作。

尽管企业界在尽力营造着自己独有的管理体系、企业文化，却对建立中国特色的管理体系和理论少有呼应。华为公司任正非总裁就不大赞成搞中国式的管理，甚至不赞成搞华为式的管理，尽管华为公司的管理非常有特色。企业家的考虑可能是"求特色不如求有效，求所有不如求所用"。这也难怪，因为他们的主要使命是创造效益而不是创造思想，尤其不是去创造那些放之四海而皆准但离企业实际较远的思想。

管理学界也有不同观点。一部分人认为管理实践尽管受着国家、民族、文化的深刻影响，但作为一种学问，总有它内在的、普遍的规律，没必要刻意去强调国家、民族或文化带来的特性。

但管理学界依然有人在积极努力。李占祥教授等推出了《矛盾管理学》，力图形成中国自己的管理学派，其影响正在形成。尹毅夫教授完成了《中国管理学》，用大部头的著作表述了自己的研究体系。2005 年开始、2012 年结束的《中国式企业管理科学基础研究》官、产、学结合研究组总结了中国式管理的九项特色：中的精神、变的战略、强的领袖、家的组织、融的文化、和的环境、集的创新、博的营销和敏的运营。"中"的精神指的是实用理性的辩证智慧；"变"的战略是指高度权变的调适思考；"强"的领袖说明企业家的德、魅与愿；"家"的组织表明中国色彩的组织控制；"融"的文化指的是个人价值与时代共鸣；"和"的环境道出政治分寸与关系和谐；"集"的创新表示标杆模仿与整合再造；"博"的营销总结从草根到极致的战争；"敏"的运营强调恰当高效的基础管理。虽有些只说好话之嫌，也算一派。一些精明强干的年轻学者则出版专著、博士论文等，不断推出一些新的观点和见解。笔者认为，等这批年轻人积累若干年的经验和思考之后，由中国人创造的管理理论就可以隆重出场，为世界管理学做出自己应有的贡献了。

中国企业有好的做法后，总结出来，再宣传出去，有利于世界了解中国企业，还能为中国企业树立形象、赢得利益，当然是可以做的一项工作。美国管理学者在总结美国企业的成功经验，提出所谓"卓越公司"、"基业常青"公司的特征，提出学习型组织、知识管理等理论和观点，就是这样完成的。因此，我们并不对建立中国式管理理论体系持反对态度，只是认为这项工作绝不轻松。

要做好这项工作，需要注意以下几个问题：

第一，要有体系的结构。这个体系可能包括两个层面：一是实践层面，形成有代表性、有普遍意义的企业管理体系；二是理论层面，形成科学的、系统的管理理论体系；要有中国的管理理论，一定要有成功的中国企业。应用性较强的管理理论需要结果导向，没有好的管理业绩作证明，管理理论就没有影响力。事实上，当美国企业业绩好的时候，人们就推崇美国式管理；日本企业业绩好的时候，人们就开始推崇日本式管理；等英国企业业绩好了，人们又转身赞扬英国式管理了。看来我们不得不说：业绩好，才是真的好！

第二，要有相当的耐性。罗马城不是一天建造成的，中国的现代管理体系不是短期就能建立起来的。企业形成有效的管理体系是一个漫长的累积和变革过程，就像华为，已经花了近10年的时间，只是建立了一个管理基础，还依然在改良完善之中，形成科学、系统的管理理论体系更是一个漫长的过程。它可能需要管理学界和管理界的通力合作，形成一个甚至几个理论学派才能奠定基础。不像写一本书一样，有了一个框架就成了体系。我们不能用一本书的知识体系代替管理理论体系，更无法代替现实企业的管理体系。

第三，需要一支强大的管理学研究队伍。这支队伍在各主要管理学领域都有若干团队的支撑，能不断提出能够影响中国企业甚至世界企业的创新性观点。他们是合作的，不是吵架的；是互补的，不是拆台的；是有学术良知的，不是为某个利益群体服务的。当然，他们的立场主要应该是比较偏向管理者、企业一方，而不是偏向被管理者、非企业一方的。

第四，区分理论管理学和应用管理学。管理理论体系中有可能包括理论管理学和应用管理学两个领域。学者有自己的知识背景、立场和偏好，区别这样两个研究领域，至少可以让大家都找到自己的位置，并形成学问上的互补。在本书一开始我们就讲过，实践是经验的源泉，经验是应用研究的源泉，应用研究可以成为理论研究的源泉，科学的理论研究可以指导实践。因此，应用研究不必要指责理论研究丝毫没有用处，理论研究也不必要评价应用研究根本不像研究。

第五，处理好中国化与国际化的关系。现代化的管理体系必须具有开放性。这种开放性是指要不断学习、借鉴国外的先进经验，尤其是经济发达国家，在企业管理方面已积累了丰富的经验，更值得我们认真研究。我们坚持中国特色，并不排斥学习外国现代化的生产技术和经营管理方法；我们从中国传统管理思想中吸取营养，并不是要排斥借鉴先进的管理理论和管理思想。

对某些先进的管理，如果一时不能理解和改进，那么照搬照抄也没什么不好，认认真真地学，老老实实地学可能是我们应取的态度，"先僵化，再优化，后固化"的学习机制有其合理性。中国企业最终要走向国际化，对于企业来讲，这时再提所谓的中国式管理就没有太大必要，甚至有狭隘之嫌了。你的业务在美国就要适应美国的社会文化环境，在英国就要适应英国的社会文化环境，在日本就要适应日本的社会文化环境，否则你的工厂怎么运作，你的产品又怎么会有市场呢？海尔集团的电冰箱在欧洲生产和销售，员工也是欧洲人，也就不需要搞中国特色了。企业仅在一国之内经营时，较受限于一国文化，形成一国特色。但企业走向跨国经营时，会突破一国文化模式的束缚，形成跨文化模式，研究必须兼顾到这种趋势。

四、未来管理理论的主要研究领域

那么，我们需要研究的、有价值的理论领域主要在哪里呢？

第一，要研究企业观与管理观。随着中国加入世界贸易组织和市场经济体制的日益完善，无论是国有企业还是民营企业，都是随市场和竞争力量而变的企业，而不再是政府机构的附属物，企业在中国历史上从来没有像现在这样成为社会发展的核心和主流，发挥如此巨大的影响力。企业不仅在创造财富，还在创造新文化，创造新理念，创造新人才，创造新规则。中华民族是世界上历史最悠久的民族之一，它在长期的生产实践中形成了许多固有的民族传统和民族精神，因此，研究具有中国特色的管理，就不能不考虑中华民族传统文化的影响，从古代管理思想和民族资本主义企业的经营思想中汲取有效因素，运用到现代企业的管理之中。

第二，企业成长理论及战略管理研究是重要部分。改革开放以来，中国企业的飞速发展为世人所瞩目，尤其是中小企业（包括乡镇企业）的崛起令人惊叹。这里边一定蕴藏着很深的道理，需要我们和企业家们一起去理解、感悟和提升。

企业为什么能活？其生命力在哪里？核心竞争力是什么？这都是管理中的重要课题。经济的发展加剧了企业之间的竞争，使现代企业面临着瞬息万变、危机四伏的外部环境，很多企业家包括目前业绩优秀的企业家都声称自己"是在走钢丝"，比尔·盖茨都说微软只有 18 个月的寿命，这证明企业成长管理的功能在日益突出。成长管理与战略管理是管理中最基本、也是最重要的方面之一，是从现时和未来的角度分析企业的外部环境和内部资源条件，在此基础上制定达到目标的战略并执行既定的行动计划的过程。成长战略管理的运用，可以为企业提出清晰的发展方向和目标，可以将企业的决策过程和外部环境联系起来，使决策更加科学化和规律化。我们实施成长战略管理，要注重以下一些方面：①可持续成长战略。②发展专业化与实行多元化的选择。③资产负债结构和筹资方式的选择。④产业、金融、贸易三者结合的安排。⑤扩大规模和效益优先的选择。⑥围绕产品开发、服务进行的分战略，包括市场营销、人才开发、技术创新等分战略。

第三，要重视科学管理理论的研究。无论如何，作为我们研究对象的大多数中国企业还属于工业经济时代的生产加工型企业，还需要在科学管理、质量管理等方面得到切实的加强，企业的内部管理功夫不到家，在日益公平、公开的市场竞争面前同样会找不到生存空间。经济体制转轨和企业改革的深化，使市场体系更加完善，竞争秩序更加规范，这对我国企业管理提出了面向市场经济的更高要求；竞争日益激烈的国际、国内环境，要求我国企业内部管理体系不断创新。这套科学的管理体系包括：①以经营战略目标为依据的计划管理体系；②以顾客为目标的市场营销体系；③以专家群体为中心的经营决策体系；④寻求企业新增长的技术创新体系；⑤以质量为重点的生产管理体系；⑥以市场成本为中心的成本控制体系；⑦以资金为中心的财务会计管理体系；⑧以职工素质为主的人力资源管理体系；⑨以管理优化为重点的基础管理体系；⑩以员工积极性为中心的用工和分配体系；⑪以价值观整合为核心的企业文化培育体系；⑫以电子计算机为主要手段的信息处理体系。

第四，企业文化管理或价值观管理研究。管理学认为企业管理中主要有六个变量：结构、制度、技巧、人员、作风和共同的价值观。前三个变量属于硬管理的范畴，后三个变量属于软管理的范畴。硬管理以泰罗制为代表，其强调"以规章制度为本"，要求事先通过时间研究、动作研究等来制定可以实现、同时又是最有效率的标准，以实现生产、工作各个方面高度的标准化，从而提高生产和工作效率。这种管理实质上是把工人视为机器的附属品，在强调严格控制、高度集权的同时，已经把人机械化了，其结果是不能充分发挥人的能动性和创造性，是一种非人性化的管理。文化管理则是依据企业的共同价值观、文化和精神氛围进行的重视人员作用的人性化的管理。中国人的基本人性研究是中国管理学界的重要任务之一，"事理学"也好，"以人为本"也好，"天人合一"也好，应该有一个基本的中国式管理理论模型，真正能为充分调动员工的积极性和创造性出力。

第五，对知识管理特别是对规则类知识的研究。现代经济社会中，智力、知识、信息将成为最核心的生产要素，由高度智慧结晶所形成的无形资产将比传统的有形资产在生产经营中发挥的作用更大。高智力劳动具有超常性、独创性与灵活性，富于个性、富于开拓精神，适应作为生产核心因素的高智力劳动的这些特点，实行"知本主义"的管理模式，可能有助于形成一种使每个人的聪明才智得以自由发挥的机制，使中国企业形成核心竞争力，真正走向世界。

与知识管理相关的实务性研究还包括 ERP、IPD、ISC、财务 IT 建设等领域。

五、矛盾管理理论

鉴于目前我们还不易找到系统的、有较高独立性的管理理论著述，前面已经简单介绍过，在此，分析一下由李占祥教授所倡导、笔者积极参与的矛盾管理理论的主要观点。

首先，矛盾管理理论有着自己独特的研究对象，即企业的生命现象。以此作为研究对象的前提是，矛盾管理理论认为企业是一生命体，具有类似人的生命的存续性、可持续成长和长寿的可能。

其次，矛盾管理理论有四项不同于其他研究的主要内容。它们包括：①按照企业生命要素素质和合理结构的原理，研究企业生命特征、构成要素，以及硬要素与软要素、物质要素与精神要素、基本要素与核心要素等的关系；②按照对立统一规律，研究正确处理企业成长中的基本矛盾和主要矛盾，正确处理企业运营中带全面性的重大关系；③按照企业寿命周期原理，研究寿命周期不同阶段的病症和医治、陷阱和回避、衰退和蜕变等的关系；④按照系统论的原理，研究企业的内在紧密逻辑关系的各种支持系统和企业可持续成长能力的关系。

再次，矛盾管理理论的目的在于使企业具有存续性、可持续性和长寿，降低企业死亡率，提高企业寿命。

最后，矛盾管理理论在此基础上形成了自己独有的基本观点。矛盾管理理论认为，现代企业是一个充满矛盾运动的组织实体，管理者就是在对企业内外无时无刻不存在的矛盾的管理过程中履行自己的职业使命的。对立统一规律和矛盾是一切事物发展的动力的原理，是矛盾管理理论的思想和方法基础。矛盾管理理论就是应用唯物辩证法的宇宙观和矛盾动力学原理，来观察和分析企业的矛盾运动，来研究解决矛盾的方法，从而推动企业的可持续成长和长寿。

对比管理学主流学派——法约尔的职能管理理论的研究对象、研究内容、研究目的、方法和基本观点来看，矛盾管理理论确实是有特色概念、有独有方法和独有体系的管理理论，它一改过去企业管理以追求利润和效率为终极目标的宗旨，提出现代企业要为可持续成长而管理，为企业整体效能最优化而管理，为企业长寿而管理。从各方面看，都是区别于职能管理理论，又对职能管理理论有着重大补充和发展的、自成一家的新管理学派，所以被称为第一次将矛盾理论和方法系统地引进现代管理学中的新学派——矛盾管理学派。矛盾管理理论应该是中国管理学界对现代管理理论发展的重要贡献之一。因为其抓住了包括中国企业在内的现代企业的共同课题，也利用了普遍性极高的哲学层次的方法论。由于矛盾方法的自然严谨性和企业追求长寿的现实需要，相信矛盾管理理论会在未来的管理理论中占有一席之地。

当中国企业的管理及其相关管理理论为世界所学习和借鉴之时，我们才可以说，中国自己的现代管理理论终于形成了。不用说，这一时刻的到来，一定是有卓越业绩的世界级中国企业作基础的。

思考题：

1. 新中国成立后我国企业及其管理演变的三个阶段是什么？

2. 你认为中国式管理的特征有哪些？

3. 未来管理理论有价值的主要研究领域有哪些？

第十三章 典型企业案例研究

本章目的:

通过具体、典型的企业案例分析,了解中国代表性的企业,是如何不断推动企业发展和创新,并为中国企业管理提供新经验和新观念的。在本章,读者还要了解民营企业必须通过管理关口的挑战。

本书认为企业成长和管理理论发展的关系是:企业的成长决定着管理理论的成长,管理理论的成长又反过来影响着企业的成长。也就是说,实践是知识成长的基础,知识的成长又影响着企业的成长。这从整个管理理论的发展历史中可以看出,同样也可以从中国企业管理的发展过程中看出。

前面我们在宏观层面对中国企业和管理变革作了分析,又研究了企业成长的若干基本特征和规律。可以说,得出这些分析和看法不是纯逻辑思辨的结果,是有企业实践作支撑的。本章中,我们将选取几个典型企业案例强化研究结论的实证性。

我们从国有企业和民营企业两个方面选取典型案例,具体描述一下中国企业在近年来的发展过程以及对企业管理理论的影响状况。之所以选择这几个案例的原因之一,是因为我们与这些企业有过较深入和长期的合作。

按理说,如果是基于二手材料之上的研究,我们选取的企业案例应该是大家比较熟知的。比如,要研究国有企业的管理,似乎不能忽视钢铁企业。历史有时是有很多巧合的。中国的企业管理界中产生的四个著名典型经验都是来自钢铁业——鞍钢、首钢、宝钢和邯钢。先是20世纪五六十年代的鞍钢,推出了众所周知的以"两参一改三结合"制度为核心的"鞍钢宪法";再是80年代的首钢,以"承包责任制"为中心的首钢经验传遍全国;然后是90年代早期的宝钢,"精简、统一、有效"是宝钢的主要经验;最后是90年代后期的邯钢,"模拟市场核算,实行成本否决"的经验推广至全国。但同样是钢铁企业,在不同历史阶段所产生的管理经验也不同,又从另一方面说明了企业管理知识主要还是来自于企业实践的。

需要说明的是，这四个典型经验不是企业自身目标的要求，也不是学界努力研究的成果，而主要是政府界推动的结果。在中国，政府促进国有企业管理进步所擅长的工作方式是总结推广先进典型经验，这和美、日等国等靠企业领导者的影响力或管理学者的研究著作来影响企业管理是有很大不同的。

应该说，解决企业在特定历史时期的主要管理问题，这种典型的经验知识推广方法对提升企业的管理水平起到了不小的作用，尽管有的时候有形式主义之嫌，有人批评这么做并没有起到实质性的效果，但这种重视和积极提倡企业管理知识提升的态度和努力是非常值得赞赏的。

本章我们选取了深圳华为公司作为民营企业的案例，选取亚星公司和华侨城集团公司作为国有企业的案例。

事实上，民营企业在中国已经占据了半壁江山。我们在本章第四节中还要指出，民营企业在管理上正在努力实践，而且成绩显著，特别是江苏、浙江一带的民营企业，已经发展成独具特色的企业群体。但是，从中国500强企业历年的名单可以看出，尽管民营企业在迅速提高地位，但在中国依然只是"重要组成部分"，而不是经济支柱，民营企业在管理经验宣传方面一般也都比较低调。

研究这些企业的案例不是要做经验推广，而是提请思考。

第一节　华为公司的管理

一、华为公司为什么会成功

作为中国最著名的民营企业之一，华为公司成立以来取得了非凡的成绩。2012年，其销售收入达到2202亿元人民币，海外销售收入占比66%，跻身世界500强公司。对一个仅仅成立二十几年，没有任何国有企业地位优势的民营公司来讲，可谓意义非凡。

回答华为公司为什么会成功是件非常困难的事情，我们依然只能以盲人摸象的方式进行尝试。

华为公司的成功，靠的是顺应大潮流。它在"无知"中选择了最有前途的事业领域，顺应了中国通信产业大发展的大潮流，并探索到一种良性循环的经营模式。华为公司一开始就确定了"有所为有所不为"的发展方针，围绕通信设备制造的主业，采取"压强原则"，集中有限资源，取得了市场和技术的突破，才得以在同业界公司大批被淘汰的过程中顽强地活了下来。

华为公司的成功，靠的是企业家精神和行为的牵引，尤其是在第一次创业时期。华为总裁任正非说道，华为公司第一次创业的特点和很多中国企业一样，"是靠企业家行为，为了抓住机会，不顾手中的资源，奋力牵引，凭着第一、第二代创业者的艰苦奋斗、远见卓识、超人的胆略，使公司从小发展到初具规模"。

华为公司的成功，靠的是诚信文化。华为公司总裁任正非讲道：华为公司十几年来铸就的成就只有两个字——诚信，包括对客户的诚信，对社会、对政府的诚信，对员工的诚信。以诚信为核心，华为公司形成了员工的基本行为准则：遵守一切适用的、指导华为全球业务经营活动的法律和法规；处理所有华为业务活动和业务关系时，要诚实、公正、守法；避免任何公私利益冲突；保护并正当使用所有华为资产，尊重他人知识产权；通过领导层对自身操守的严格要求，建立诚信至上的华为文化。

华为的成功，靠的是优秀的管理。华为公司和IBM、Hay、Mercer、盖洛普等著名咨询公司合作，引进了业界先进的管理理念和方法，经过不断的改进完善，实现了管理体系与国际接轨，管理平台支撑住了企业高速发展的挑战，而且赢得了客户和合作伙伴的广泛认可。从市场管理（MaPA）、集成产品并发（IPD）、集成供应链（ISC）到质量控制、人力资源管理，很少有中国企业像华为公司那样为管理投入如此之多。

华为公司的成功，靠的是机制。机制使企业逐渐做到"不依赖技术，不依赖资金，不依赖人才"，使企业不断地由自然王国走向了自由王国。"三不依赖"的境界，可能是企业管理的最高境界了。华为总裁任正非曾比喻说："谁也不去管长江水，但它就是奔流到海不复回。将来的华为公司也要像长江水一样，不需要管理层成天疲于奔命，自动地势不可挡地向成功奔去。无为而无不为，是什么在推动呢？是一种机制和文化氛围在推动公司前进。"

华为公司的成功，靠的是永不停息的奋斗精神。华为公司提倡改进、改进、再改进；提倡小改进，大奖励，大建议只鼓励；提倡思想上的艰苦奋斗。正如华为总裁任正非所讲的，华为公司最重要的标志不是成功，而是成长。尽管我们在前面列举了华为公司成功的若干理由，但华为公司所关注的不是过去的成功，而是未来的成长。因此，仿照华为人的思维模式，我们已经没有必要再奢谈成功了。我们只需说，华为公司尚未成功，但它找到了成功之路。那就是确立了以客户为中心的核心价值观，确立了产品发展的路标是客户需求导向，企业管理的目标是流程化组织建设的宏观商业模式。

二、华为公司的管理进步

华为公司的管理方针之一是人力资本增值优先于财务资本增值。在华为公司你可以感受到，那里人才济济、知识涌流。而这一切，都体现在华为公司扎扎实实的管理进步上。

什么叫管理进步？管理进步不是就管理论管理，不是单纯管理知识的成长，管理进步的标准是企业核心竞争力的提升，核心竞争力提升的最终体现是人均效益的增长。管理的作用之一是产生相乘效果，本来 2 + 2 = 4，加上一个管理者，不应该是 2 + 3 =5，而应该是 2 × 3 = 6 或者更多，这就是管理者出现后的相乘效果——人均效益增长 20%或以上。如果仅从这一意义上讲，人均效益的增长则意味着管理的存在，人均效益增长率的提高则意味着管理的进步。企业不是要大，也不是要短时间内的强，而是要有持续活下去的能力与适应力。我们可以认为，持续不断地实现人均效益水平提升的企业，才是有持续活下去的能力与适应力的企业。

那么，管理如何进步呢？先僵化，后优化，再固化，是华为公司行之有效的管理进步的基本方针之一。由于这"三化"具有明显的阶段性，我们将它称为"管理进步三步曲"。

（一）僵化：站在巨人的肩膀上

管理进步的基本手段最简单地讲有两个方面，一是向他人学习，二是自我反思。对于致力于成为世界级领先企业的华为公司，向西方有着优秀管理模式的企业学习尤其重要。

华为公司过去的管理进步主要是从自己的经验中摸索出来的，但近几年它通过高投入引进国际先进管理体系，虚心学习，广泛合作，站在巨人的肩膀上成长，不搞所谓的"自力更生"。《华为公司基本法》第三条提出，公司要"广泛吸收世界电子信息领域的最新研究成果，虚心向国内外的优秀企业学习，在独立自主的基础上，开放合作地发展领先的核心技术体系，用我们卓越的产品自立于世界通信列强之林"。

技术如此，管理亦是如此。但人们在学习国外管理和国外技术时的心态往往是不一样的：学技术容易虚心，学管理却容易产生抵触情绪。因此，"如何学"就成为一个重要问题。为此，华为公司提出，学习优秀公司先进管理的方针是"先僵化，后优化，再固化"。

僵化就是指学习的初期阶段要"削足适履"。"我们引入 Hay 公司的薪酬和绩效管理，是因为我们已经看到，继续沿用过去的土办法尽管眼前还能活着，但不能保证我们今后继续活下去。现在我们需要脱下草鞋，换上一双美国鞋。穿新鞋走老路当然不行，我们要走的是世界上领先企业所走过的路。这些企业已经活了很长时间，它们走过的路被证明是一条企业生存之路，这就是我们先僵化和机械地引入 Hay 系统的唯一理由。"在向西方企业学习的过程中，要防止东方人好幻想的习惯，否则不可能真正学习到管理的真谛。我们现在只明白 IT 这个概念，还不明白 IT 的真正内涵，在没有理解 IT 的内涵前，千万不要有改进别人的思想。事实上，先僵化，说起来容易做起来难，"削足适履"肯定是个痛苦的过程。但削比不削好，早削比晚削好。

（二）优化：掌握自我批判武器

我们不能脱离公司的历史和发展阶段来讨论学习模式。公司提出要花 10 年的时间实现与国际管理水平接轨的目标，这说明在一个较长的时期内，公司都将处于一个规范化的阶段，一个追求管理进步的阶段。华为总裁任正非强调说："华为公司从一个小公司发展过来，特别是在中国发展起来的，外部资源不像美国公司那样丰富，发展是凭着感觉走，缺乏理性、科学性和规律性，因此要借助美国的经验和方法。我们必须全面、充分、真实地理解 Hay 公司提供的西方公司的薪酬思想，而不是简单机械地引进片面、支离破碎的东西。"

毋庸置疑，辩证、历史地看待僵化是极其重要的，僵化是有阶段性的，是指一种学习方式，僵化不是妄自菲薄，更不是僵死。"当我们的人力资源管理系统规范了，公司成熟稳定之后，我们就会打破 Hay 公司的体系，进行创新。"这就由僵化阶段进入了优化阶段。

优化对象分为两块，一是国外引进的，二是自己创造的。学习外国的，除了要注意不能还没学会就要改进之外，还要注意不在优化时全盘推翻，优化的原则是改良主义。改进自己的，则要防止故步自封和缺少自我批判精神。只有认真地自我批判，才能在实践中不断吸收先进，优化自己。华为公司认为自我批判是个人进步的好方法，并把能不能掌握自我批判作为考核和使用干部的指标之一。不能掌握这个武器的员工，希望各级部门不要再提拔。两年后，还不能掌握和使用这个武器的干部要降低使用。在职、在位的干部要奋斗不息、进取不止。华为公司的《管理优化报》有一篇《还能改进吗？还能改进吗？》的文章，很好地表述了优化过程的连续性和优化课题的多样性。只要我们有了这样良好的思维和行为模式，优化就会成为一种企业文化，持续的管理进步就有了保障。

华为公司提倡员工的尽心和尽力，在优化过程中，连续追问五个"为什么"就能体现尽心，连续思考五个"还能吗"就能体现尽力。提倡在本职岗位上反思和改进。

需要注意的是，优化的目的是为了使公司管理变得更有效和更实用，而不是将西方式管理改造成中国式管理或华为式管理。华为总裁任正非明确表示："我坚决反对搞中国版的管理、华为特色的管理，我们不是追求名，而是追求实际使用。"这一观点和立场与管理学者致力于创造中国式管理学和中国特色的管理学派有相当的不同，这可能就是应用管理和理论管理的本质不同。

（三）固化：夯实管理平台

人常说，世界上唯一不变的事情就是变化。但是，我们识别变化的基准又离不开相对的静止。因此，变化是经常的，但变化又是有阶段性的。我们能够把握的变化应该是一段时间内相对稳定的变化，就像我们只能踩在相对坚实的地面上才能够前进一样。

因此，优化之后应是固化。华为公司认为，创新应该是有阶段性和受约束的，如果没有规范的体系进行约束，创新就会是杂乱无章、无序的创新。我们要像夯土一样，一层层夯上去，一步步固化我们的创新和改进成果。从表面上看来，华为公司的运作特点是重变、重创新，但实质上应该是在重固化、重知识资产的累积。

固化就是例行化（制度化、程序化）、规范化（模板化、标准化），固化阶段是管理进步的重要一环。

（1）例行化。有一种观点认为，管理就是不断地把例外事项变为例行事项的过程。华为公司强调建立以流程型和时效型为主导的体系，就是要将已经有规定或者已经成为惯例的东西，尽快在流程上高速通过，并使还没有规定和没有成为惯例的东西有效地成为规定和惯例。

例外事项例行化、经验知识科学化、权力空间责任化，是华为公司"对人负责制"向"对事负责制"转变的关键，是各级管理干部的重要工作。例行事项越多，处理例外的管理者就越少；科学程序越多，归属个人的经验知识就越不需要；责任越能纳入流程，权力空间就越简明。

华为公司要进行的是围绕"事"进行的例行化，管理者的最大贡献就是利用自己的知识和智慧，解决业务发展过程中遇到的例外事项，并为例外事项的解决方法定出有效的规程或流程，然后教给拥有执行例行事项权力的秘书去做。

（2）规范化。华为公司将管理的规范化作为长期努力的目标和任务。规范化的具体手段之一是模板化、标准化，这是所有员工快速管理进步的法宝。规范化管理的要领是工作模板化，就是把所有的标准工作做成标准的模板，按模板来做。一个新员工能看懂模板，会按模板来做，就已经国际化、职业化了。一项工作如果少用工又少用时间也能达到同样的绩效，就说明公司的管理进步。例行化（制度化）、规范化（模板化）的结果是固化，也是简化。有了固化和简化，可以使我们在进一步夯实的管理平台上再建一层楼，使企业的核心竞争力获得持续的、有质量的提升。

僵化式学习，优化式创新，固化式提升，这就是华为公司"管理进步三步曲"。

三、《华为公司基本法》

1998年3月23日，历经30多个月、八易其稿的《华为公司基本法》在专门的审定会上获得最终通过，这标志着华为公司的管理迈上了一个新的台阶。《华为公司基本法》既融汇了诸多管理思想，又颇具华为特性，是使华为人形成凝聚力的重要文件。中国人民大学商学院黄卫伟教授认为，《华为公司基本法》将公司高层的管理思路放到了一个系统化的大框架中，使公司的企业观念和政策做到了较准确的传递。可以认为，《华为公司基本法》的重大贡献就是确立了华为公司的系统核心价值观，使公司在发展的关键时刻凝聚了强大的精神力量。《华为公司基本法》中的一些掷地有声的语言，已经深深融入华为人的心底——永不进入信息服务业；不迁就有功人员；绝不让"雷锋"吃亏；人力资本增值要优先于财务资本增值；不单纯追求利润最大化；资源是会枯竭的，唯有文化才能生生不息；等等。

由于《华为公司基本法》在中国企业界传播甚广，可以说它是在中国最有影响的企业文件之一了。

企业成长是分阶段的，培育期之后应该是成长期，但中国企业习惯于称成长期为"第二次创业"。培育期和成长期的管理模式是不一样的，因此，第二次创业可以称作管理的转型期，也可以说是本书第十一章所讲的要跳过企业成长过程中的领导陷阱和本位陷阱的时期。仿照《中华人民共和国香港特别行政区基本法》而命名的《华为公司基本法》，也正是为了实现管理转型目标而出台的。

　　华为公司第二次创业的目标就是可持续成长，它希望要用 10 年左右的时间使各项工作与国际接轨。第二次创业阶段的特点就是淡化企业家的个人色彩，强化职业化管理，就是要把人格魅力、企业家精神、个人推动力变成一种氛围，使它形成一个场，以推动和导向企业的正确发展。氛围是一种宝贵的管理资源，只有具有合适的氛围，才会将力量普及到大多数人，才会形成宏大的具有相同价值观与驾驭能力的管理者队伍，才能在大规模的范围内共同推动企业进步，而不是相互抵消。这个氛围又是如何创造出来的呢？就是通过共同制定并认同的《华为公司基本法》。

　　按照《华为公司基本法》主要起草人、中国人民大学商学院黄卫伟教授的说法，《华为公司基本法》的直接目的有三个：

　　（1）将华为公司领导层的意志、直觉、创新精神和敏锐的思想转化为成文的公司宗旨和政策，使之能够明确地、系统地传递给职业管理层，由职业管理层规范化地运作。

　　（2）阐述华为公司处理管理的基本矛盾和企业内外部重大关系的原则和优先次序，建立调整公司内部关系和矛盾的心理契约。

　　（3）指导公司的组织建设、业务流程重整和管理的制度化建设，实现系统化管理，推动其管理达到国际标准，并使华为公司的管理体系具有可移植性。

　　事实上，考虑到《华为公司基本法》后来的广泛影响和为华为公司带来的实际利益，虽然不是华为公司的初衷，但我们还可以加上第四个目的，即在客户、企业界以及社会上树立良好的企业形象，使企业文化和管理为企业创造效益。实际上，很多企业在做类似工作时的两个目的就是：内强素质，外树形象。

　　从《华为公司基本法》的构成看，它不能算一个单纯的企业文化文件，而是一个涵盖公司领导层核心价值观、经营理念、经营思路和各项主要政策的重要文件，特别是该法中第一章公司的宗旨中有关核心价值观、基本目标、公司的成长和价值的分配的描述，在有了华为公司丰富的管理实践经验支撑的基础上，对传统中国和原有国有企业中常见的管理理念做了相当有突破性的创新，铺就了华为成为一个世界级领先企业的成长之路。

　　华为公司总裁任正非认为："一个企业能长治久安的关键，是它的核心价值观被接班人确认，接班人又具有自我批判的能力。"《华为公司基本法》阐明了华为公司的核心价值观，又得到了绝大多数员工的认同，并努力去实践它，在实践中把自己造就成各级干部的接班人，这就是华为公司可持续成长的希望。

　　《华为公司基本法》见附录 I。

第二节 华侨城集团的发展战略

同样是国有企业，华侨城集团的发展战略和《华侨城集团宪章》的出台，却不是一个由政府推动的过程，而是企业的自主性行为。这种行为的自主性可能和该公司地处经济特区深圳，以及市场经济观念和体制相对发达有着较大的关系。

一、华侨城集团的创业历程

1985 年 8 月 28 日，国务院正式批准创立深圳特区华侨城经济开发区，借鉴香港招商局开发蛇口的经验，由香港中旅集团负责开发，地址选在深圳沙河。沙河位于深圳罗湖商业区与蛇口工业区之间，原沙河华侨农场就坐落在这里，当繁荣的罗湖和崛起的蛇口在深圳掀起了轰轰烈烈的建设高潮之际，夹在中间的这片滨海之地，仍然处于听潮涨潮落、看杂草丛生的状况。

华侨城经济开发区的成立，激发了人们的无限想象。人们推测，以香港中旅的雄厚实力和"三天一层楼"的深圳速度，在"时间就是金钱，效率就是生命"的深圳，不出数月，沙河的荒原上便会耸起座座高楼。然而，华侨城建设指挥部和华侨城经济发展总公司（一块牌子，两套班子）宣告成立后，半年过去了，这里并没有传来隆隆的机器声，看到的只是一些种草种树的人。人们开始议论纷纷，有的抱怨华侨城"建设速度太慢"，有的讥笑华侨城人"只会种小草，不会盖大楼"。

其实，人们哪里知道，在华侨城成立的那一天起，这里就开始了关系到华侨城全局定位与未来发展的"规划战役"。从这一天起，华侨城人就开始把他们的发展观付诸实践。他们认为，经济建设和企业发展中的最大浪费，莫过于规划的短视和不科学所造成的浪费。因此，华侨城的规划就要看得远、起点高、有特色，要经得住时间和实践的考验。而且，要搞中国和世界一流的发展规划，就必须跳出传统的规划思想和规划模式。但短时间内靠自己的力量做不到怎么办？

华侨城引进的第一个"项目"不是工厂项目，也不是酒店项目，而是人才项目。以年薪 11 万美元高价聘请参加过新加坡国家规划的著名规划师孟大强先生做华侨城的规划顾问。人才引进旨在引进现代化的规划思想，以保证华侨城规划不带来建设上的"发展中问题"。

体现华侨城长期定位和未来发展思路的华侨城总体规划，先后经国内外数百名专家论证之后，终于在 1986 年 6 月编制完成。华侨城定位为："具有工业、商业贸易、旅游、房地产、文化艺术等设施的综合开发区"，目标是建设一个舒适优美的集工作、生产、居住、旅游于一体的环境。

总体规划是出来了，但哪里是实施的突破口呢？华侨城上的第一个大项目竟然是在深圳湾边建一个园林式的旅游景点——"锦绣中华"。舆论再次哗然，内部也有人不甚理解，但华侨城领导层看到了旅游业是朝阳产业，在中国虽目前形势不好，但从长期来看旅游业在中国必然会发展起来，成为中国的支柱产业。从近中期看，由于深圳毗邻香港地区，又占了深圳特区的地缘优势，再加上境外中资机构配合和侨务工作的渠道，将"锦绣中华"项目做成"文化旅游"的概念，注入中华民族"上下五千年，纵横九百六"的深刻文化内涵，就一定能出奇制胜，赢得游客。事实证明，"锦绣中华"这个让中国人认识自己、让世界人了解中国的"窗口"一开，立即在海内外引起轰动效应，当年接待游客 100 多万人次，不到两年就收回了投资，而且在 10 多年过后的今天，依然保持着不错的经营业绩。

华侨城创办的第一个国有企业，不是当时纷纷涌现的房地产公司和贸易公司，而是专门负责绿化系统设计、建设和管理的园林公司。集团创办伊始，与"规划战役"同时展开的是"绿化战役"，调进的第一批人才中就有不少是园林人才。他们的发展观是："环境就是资本"，不以牺牲环境质量来换取发展。环境是个综合概念，包括自然环境、绿化环境、卫生环境、住房环境、购物环境、文化环境、教育环境、医疗环境、治安环境和狭义的投资环境。这就和很多地方只靠政策优势吸引投资的做法拉开了档次，使华侨城在政策优势上又获得了环境优势。

二、华侨城集团的战略整合

在 1986~1993 年长达 9 年的开发建设中，华侨城共兴办了 101 家企业，其中有产权关系的有 81 家，形成了"以第二产业为基础，以第三产业为支柱"的产业发展模式。产值由 3.76 亿元上升到 25.07 亿元，年均增长 31.1%；销售总收入由 3.05 亿元上升到 44.95 亿元，年均增长 46.9%；利润总额由亏损 0.1 万元上升到盈利 4.98 亿元，以 1988 年为基数，年均增长 53.7%。

但是，在华侨城集团迅速发展、膨胀的时候，当时司空见惯的一种现象引起了它们的注意：华永电子有限公司是一家生产音响的企业，建厂第一年盈利200万元，第二年就不行了。企业为什么不能持续成长？抗风险能力为什么这么差？华侨城集团开始调查分析公司的产业结构。

华侨城已发展成一个拥有上百家企业的大型综合性企业集团，但在扩张过程中也暴露出与很多企业同样的问题，如投资产业过于分散、经济结构不合理、单位资源效益下降、发展后劲不足等。101家企业分散在手表、自行车、照相机、玩具、纺织、家电、包装等20多个行业，而且相当部分企业规模小、档次低、效益差。占企业总数90%的小企业占用了集团公司近50%的资源，创造的利润却不足集团公司利润总额的10%。亏损企业多达20余家，而且还有进一步扩大的趋势。

在华侨城建设早期，由于底子薄、经验少，发展"三来一补"的加工企业，采取以收地租、房租为主的开发区式经营方式无疑是对的。但是，在完成原始积累之后，在向市场经济转轨的时期，在竞争日趋激烈的情况下，继续这样做还行吗？华侨城上上下下都在思考未来发展的问题。

华侨城的第一代创业者退居二线后，新任年富力强的领导担负起了集团第二次创业的重任。他们深知，如今的华侨城已经不是当年的华侨城，如今的世界更不是当年的世界，对华侨城产业结构升级问题的解答决定着华侨城的未来，华侨城的第二次创业能否成功，决定着华侨城能否持续快速成长。新的领导班子上任伊始，就组织一批专家进行战略性研究。

结构调整战略设计的总方针是"面向世界、面向未来"，其基本背景是：华侨城已经形成了一定的经济实力和环境优势，但土地资源已经所剩不多。在总方针的指导下，1994年《华侨城未来十年规划基本思路》经多次修改编制完成。报告提出的战略目标是：把华侨城建成一个多元化、综合性、跨区域的现代化企业集团；建成一个世界著名的文化旅游区和各项事业协调发展、环境优美、具有特色、健康文明的现代化海滨城区。

1996年底，华侨城集团经济结构调整一揽子方案出台：①调整产业结构。抓大放小，确定电子家电、旅游、房地产为主导产业，其余行业、企业统统放掉。②调整经营方针。以扩大外延为主转向依靠高新技术产业，创名牌产品，培育新的经济增长点。③确立新的定位。从突出社区功能的开发区模式转向按市场经济规律运作的企业集团模式。从结构调整看是资源调整，实际上是利益调整，这不但有政策上的操作难点，更有内部痛苦。华侨城确定的发展方针是：留下的企业目标只有一个，就是成为全国同行业中的一流企业。

历时两年多以后，华侨城通过对劣势企业清盘破产、转让、出售、租赁、兼并等多种形式放开、搞活，对优势企业从人才、资金、资源等方面进行扶植、倾斜等措施，使经济结构实现了基本优化。到1998年5月，华侨城先后调整了40多家企业，企业总数由101家减少到60余家，所经营的行业由20多个集中到了电子家电、旅游和房地产3个重点领域。调整使总资产下降了数千万元，但同时盘活了9000万元资产。这笔资产注入优势产业后，使骨干企业积聚了较充足的发展后劲。战略调整使集团目标明确，资本经营力度加大，比如收购港方持有的27%股权，使集团持有康佳的股份达到63%；收购了沙河公司持有的世界之窗20%的股权；还收购了华力包装贸易公司外方30%的股份，从而使这三大家都纳入了华侨城集团的发展战略，靠三大主导产业使集团获得了快速持续发展的动力，初步实现了华侨城集团第二次创业的目标。1998年，华侨城集团实现销售收入130.05亿元，利润7.97亿元，成为深圳市首家销售收入超百亿元的产业企业集团。

三、华侨城集团未来发展的问题

华侨城集团发展到今天，已经有了一定的实力，但以下问题是集团必须考虑和解决的：

（1）三大主导产业都必须尽快寻找新的增长点。尽管以康佳公司为首的家电业业绩不错，但由于该行业竞争愈演愈烈，康佳公司必须考虑多元化和国际化发展战略。在彩电领域继续加大技术和投资力度无可置疑，但在上手机和白色家电项目上是否妥当意见不一。在国内已经形成四大生产基地、外销彩电达到33万台的基础上，要考虑在海外建立生产销售基地，实现在海外由销售向生产的战略性转移。"要做就做成中国一流，世界一流"仍是集团的发展方针，但又如何实施呢？

尽管已经提出了"华侨城，旅游城"的概念，但城区内"锦绣中华"、"民俗文化村"、"世界之窗"、"欢乐谷"等旅游项目之间的联系还比较薄弱，同在一个城区，房地产业和工业如何与旅游业形成资源共享，给人一个比较完整的旅游城区感觉，使景区旅游真正变成城区旅游概念，还要动很多脑筋。旅游商品要创名牌，"皮皮王"能否成为像米老鼠一样的世界级商品呢？华侨城能从迪士尼公司那里学到什么呢？华侨城集团的旅游业能否像康佳那样可以以自己的主题公园管理技术为基础，成为享誉全国的主题公园管理公司呢？

华侨城的土地已经所剩无几，房地产不可能再粗放经营，在"环境+文化"

的概念下，房地产业和物业管理作为实现中国 21 世纪示范城区的目标，还需要做出相当的努力。

（2）华侨城集团作为一个大型国有企业集团，长期受旧体制的束缚，还没有从根本上建立起有利于所有者、经营者与员工的利益机制和分配机制。这个问题不解决，集团就很难有更大作为。另外，集团总部的定位，总部与各下属公司之间如何形成产权明晰、分工明确、职责分明、运作有效的母子公司管理体制，也是集团能否成为世界级企业的决定因素之一。

（3）过去的成功并不能保证明天的成功。过去 10 多年华侨城的成功经验，尤其是经营理念、价值观或文化，要从理论上进行总结、提炼、升华，要明确华侨城的成长观，并形成制度和规则，作为规范华侨城员工的管理大法，又是一道难题。

于是，华侨城集团领导层提出，要制定一份能够总结过去的成功经验，指导集团的未来战略，明确公司发展机制和确立集团企业文化的政策性文件。这就有了《华侨城集团宪章》的出台。

四、《华侨城集团宪章》

（一）制定《华侨城集团宪章》的原因

制定《华侨城集团宪章》的原因如下：

首先是为了指导未来 10 年的企业机制和体制革新。对于改革开放以后成立的国有企业来讲，20 多年的历史基本走过了两个阶段：1980~1990 年的第一个 10 年，基本上已处理如企业与国家的关系，解决了权和利的问题；1990~2000 年的第二个 10 年，处理的是企业与市场的关系，体现在资产重组和产业、产品调整方面，以及提出建立现代企业制度方面。自 2000 年开始的新的10 年，则是企业制度的建立和完善、解决国有企业体制和机制问题的时期，实际上，这一问题关系到国有企业的生存和发展。《华侨城集团宪章》正是为指导未来 10 年的企业机制和体制革新而制定的。

正如华侨城集团总经理任克雷所言，《华侨城集团宪章》就是以 10 年为时间跨度，以知识经济、经济全球化和中国经济体制转轨变革为宏观背景，以制度创新、管理创新和经营创新为主题，提出了公司产权革命和经济形态升级的战略任务，确定了公司未来发展的一些重大战略选择以及改革和发展的基本思路。

任克雷讲道：为什么要制定集团宪章？与其说是我们要把某些东西留下

来，还不如说是想变革某些东西。因为一个企业的永续发展，最重要的、灵魂的东西就是要追求变革。

其次是为了实现企业的知识成长。一般认为，一个企业的经营成果就是为市场提供了多少产品和服务，但能否继续为市场提供产品和服务的基础，却在于企业累积的知识，知识的成长支撑着企业的产品和服务市场的成长。因此，一个企业需要在经营过程中不断地累积知识和创新知识。《华侨城集团宪章》的制定，在很大程度上是为了达到这一目的。

但哪些知识是必须累积和固化的呢？比如，企业的核心价值观应该固化下来，让企业的领导者、管理层和员工认同、追求和捍卫它；企业过去的那些最有价值的、在未来还可以升值的"老照片"即企业形象性标识、故事应该珍藏起来；将企业创业初期的激情和企业的活力通过某种形式"定格"；将企业的文化氛围在一个可能生长的空间段固定下来；将一种不因企业领导层调整而使企业产生重大影响的制度、程序固定下来。

（二）《华侨城集团宪章》的制定过程

知识累积和创造不是自然而然产生的。首先，需要某种自觉。一般情况是由企业经营者的自觉开始，由集体自觉完成。比如《华侨城集团宪章》产生的基本过程是：①知识目的化。先由经营者提出课题和核心思想等，明确知识创新的目的。②知识组织化。由企业内外专家形成团队，对组织内外有思想的人和有影响力的人等进行广泛的调研，汲取组织内外的个人的知识源泉，形成初步文稿，使知识组织化。③知识社会化。在公司范围内进行广泛讨论、修正，取得共识和认同，使知识企业化；组织由政府官员、知名学者和企业经营者参加的论坛活动，使知识社会化，并做到在一定程度上影响政策创新。④知识价值化。制度创新和产品创新、技术创新一样，都会获得超额收益。华侨城集团致力于制度创新，就是希望从制度创新中获益。在政府做出企业改革新决定的时候，华侨城集团不再是号召大家"明天开始行动"，而是很骄傲地说：这就是我们的经验总结，我们已经做了。

其次，需要某种合作机制。在泰罗时代，科学管理也是合作机制的结果，它不是工人独立总结出来的，而是有了泰罗等人从外界的参与。其方法是深入现场，进行观察、记录、分析、总结。但《华侨城集团宪章》不再是动作研究和时间研究，而是经营理念、核心价值观的总结、固化和创造，这需要更高层次的合作机制。而且，在泰罗等人和工人的合作机制中，由于是智力和体力之间的合作，似乎主要付出体力的工人并没有起主导作用。但《华侨城集团宪章》这样的工作，却是智力与智力之间的合作，需要外部智力和内部智力平等的、共同的作业。这就需要企业必须是有思想的企业，专家必须是有思想的专家，才能真正达到知识创新的目的。这就是"智力合作制"和"智体合作制"的本质不同。

企业经营者是掌握经营资源的，学者是掌握理论的，官员是掌握政策的，理论界和政策界需要与掌握经营资源的经营界三者结合起来，才能更好地实现知识的累积和创造，并转化为实际的生产力。

(三)《华侨城集团宪章》的理论意义和实践意义

华侨城集团是深圳特区国有企业的一个缩影，也是中国改革开放以后诞生的新型国有企业，它具有传统国有企业的某些特征，但又有很多创新之处。因此，研究这类企业，分析它的历史发展、变革和未来，对中国的国有企业改革具有重要意义。

比如，《华侨城集团宪章》提出的产权结构多元化课题、内部产权革命课题，以及以智力劳动贡献法则为依据的新分享经济等概念，就是很有研究价值的理论领域，在企业的具体探索和实践将对理论创新做出较大贡献。

重视企业文化研究是《华侨城集团宪章》的重要特点。从前面的华侨城集团的成长历程可以看出，文化理念一直是影响华侨城集团的经营之道，指导着集团对发展道路的一种理性选择——在战略上，做什么、不做什么；在理念上，提倡什么、反对什么；在价值观上，追求什么、放弃什么。华侨城集团早期提倡"规划就是财富，环境就是资本"；几年前提倡"结构就是效益"、"不消灭亏损，就消灭企业"、"不熟悉的水不蹚"；面向未来又提出了"知识就是优势，激活就是价值，创新就是未来"的理念，并在此基础上指导战略的制定和实施，体现了管理学中所谓文化决定战略的基本假设。

《华侨城集团宪章》在提出了具有针对性和超前性的"知识就是优势，激活就是价值，创新就是未来"的理念的同时，还根据这些理念提出了具体的操作管理政策，比如，为了取得和保持知识优势的人力资本优先投资政策；为了激活员工创新能力的内部竞争机制和内部创业机制以及以知识作为资本参与价值分配的激励机制；成长风险管理、决策有效管理和网络化管理的创新措施。

《华侨城集团宪章》的具体内容请参见附录Ⅱ。

第三节　亚星公司的购销比价管理

1997 年，原国家经贸委在无锡召开了全国企业管理工作会议暨河北邯郸钢铁公司经验交流会，使这一典型经验在中国家喻户晓。两年多过去了，不少企业在学习邯郸钢铁经验的过程中，创造性地展开工作，使国有企业管理得以进一步加强。1999 年 4 月，原国家经贸委又在山东潍坊召开了加强国有企业采购管理暨推广亚星经验现场会，这次会议标志着围绕加强国有企业管理又迈出了新的一步。

一、亚星经验的核心

潍坊亚星集团有限公司是国家 512 家重点企业之一，也是山东省 136 家重点企业集团和山东省管理示范企业之一。目前拥有 5 个控股和全资子公司，在职员工 4200 人，总资产 12 亿元，主业是化工原料。这个中等规模的企业通过创造性地学习邯郸钢铁的经验，结合自身特点，大胆探索加强企业管理的新路子，建立了以财务管理为中心的企业运行新机制。特别突出的是在物资采购和产品销售两头实行购销比价管理，实现了管理模式的创新，使产品成本逐年降低，企业效益连年增长，目前已成长为同业界世界排名第二的"小巨人"公司。

购销比价管理就是在满足本企业物资质量需求的前提下实现低成本采购，在满足用户产品质量需求的前提下争取高价位销售。把发生在企业外部所谓"暗箱操作"的购销环节，纳入到企业内部来进行监督控制，是购销管理中"隐蔽的权力公开化，集中的权力分散化"。亚星人说，亚星的购销比价管理并没有什么秘诀，也不是什么特大发明创造，只是亚星人扎扎实实、坚持几年做下来了。亚星人与众不同的是，他们没有把"做实"停留在原始的经验层次，而是在不断地思考、总结这些经验，努力提升为系统的采购管理理论，并指导自己的购销管理实践做得更加理性和完善。可以说，亚星经验是适应社会主义市场经济大环境和亚星集团小环境，在学习邯郸钢铁经验基础上创立的一种现代化企业管理模式。

亚星经验是邯郸钢铁经验的继续，是学习邯郸钢铁经验之后的结果。亚星集团对邯郸钢铁的经验有着与众不同的理解。一般认为，邯郸钢铁经验就是推墙入海、成本否决，但亚星认为邯郸钢铁经验中最重要的是"严细精神"。因此，亚星没有简单地从字面上去理解和机械地照办推行，而是对照邯郸钢铁经验，用"严细精神"认真分析亚星自己的生产与技术特点。他们发现，邯郸钢铁的管理在产、供、销三个环节中，生产制造环节是降低成本、提高效益的关键环节，但亚星不是。亚星最大的潜力不在中间制造，而在购销两头。这种学中有思、学中有创的精神，催生了亚星独特的购销比价管理法。

物资采购工作是企业管理中的重要一环，但熟悉企业的人都明白，采购管理表面上是物的问题，但其本质不是"管物"而是"管钱"；采购管理也不仅仅是内部管理问题，没有买就没有卖，采购管理的本质是一种市场运作，是从市场信息流入手，带动物流与资金流的一系列重要管理活动。企业是一个系统，从这个系统的流程来看，分为投入—加工—产出三个阶段，以企业的业务职能分就是采购、生产、销售三个环节。在计划经济时代，企业管理以生产为中心，改革开放以来逐步转移到以销售为中心。采购管理，在传统管理学看来不占据企业的重要位置，但从现代"虚拟企业"的概念来看，供应商已经成为企业的一部分，供应商产品和服务的好坏影响着自己企业产品与服务的好坏。尤其是由于我国国有经济机制的特殊情况，采购管理已经成了决定国有企业经济效益的重要因素，又由于我国市场经济体系处于逐步完善的过程中，不规范的、薄弱的采购管理成了影响我国正常社会主义市场秩序的关键环节。因此，可以说国有企业强化采购管理的实践具有重大的现实意义与理论意义。

二、企业要做好"第三者"

我们经常说企业是个商品生产者、销售者，但我们不能忘记企业也是一个不断买进东西的消费者，而且企业能否当好这个"第三者"在一定条件下还特别重要。

几年来，国有企业"学邯钢，降成本"的活动取得了巨大的成功，这是在唤醒企业商品生产者与销售者的意识，而加强企业采购管理则是使企业明确自己具备的生产者、销售者和消费者三重角色，全面加强和深化管理，提升效益的重要举措。

实际上，降低成本有两个基本途径：一是生产管理过程中降低消耗，二是采购过程中降低价格。因此，我们并不赞成仅仅重视生产管理过程中"节约挖潜、降低消耗"这种眼睛向内的提法。传统成本管理观念认为降低成本就是降低生产消耗，其实对于很多企业来说更重要的是降低采购成本。不少企业已经意识到，采购过程中可挖的潜力要比生产过程中的潜力大得多，而且由于市场随时在变，采购过程中的挖潜可以说是永无止境的。

管理的发展总是和客观环境的变化相适应的，强化采购管理实际上是买方市场形成后的必然要求。在物资短缺即卖方市场的情况下，人们也重视采购管理，但那时是千方百计把物资搞到手。而现在买方市场条件下重视采购管理的意义发生了本质的变化。

首先，在供大于求的情况下，卖方竞争激化，这种激化会使产品规格、花色、性能、包装等方面日趋多样化，在方便和有利于买方的同时，也对买方提出了新的挑战。

其次，也正是强化市场营销的结果，才使得采购管理不得不为企业所重视起来。因为在市场竞争异常激烈的今天，五花八门的促销手段、技巧，甚至是不规范的返利、回扣、提成等方法，使没有严格采购管理制度的买方企业不但没有因此受益，反而造成了经济利益和资产的流失。只重视销售管理而忽视采购管理的企业并不能真正提高经济效益。

在坚持市场经济改革大方向，坚持搞活国有企业方针不变的今天，我们必须面对营销手段日益翻新和腐败分子越来越高明的现实，采取有力措施，强化和改进国有企业的采购管理，维护所有者的权益，引导企业依法经营。

三、国有企业强化采购管理的特殊重要性

国有企业严格采购管理制度比非国有企业难，但又比非国有企业更为必要。因为国有企业数量多、规模大，在目前的情况下很难直接管理。同时，国有企业的利益约束机制与激励机制远不如非国有企业有效，采购管理方面的漏洞在国有企业也最多、最大。但是，通过加强采购管理，维护公平竞争的市场秩序，防止与杜绝假冒伪劣商品，国有企业又应该起到带头作用。为此，要真正强化国有企业的采购管理，我们必须对现阶段我国企业所面临的采购交易过程的基本规律进行探讨。

采购与销售，实际上是市场交易活动中同一过程的两个方面。交易过程必须至少有一个卖方、一个买方。卖方为销售，买方则为采购。抽象地说，在只有一个买方、一个卖方的简单市场，因为双方都无其他选择，以何种价格成交取决于各自的谈判能力，买方能力强，则价格趋低，买方得利；卖方能力强，则价格趋高，卖方得利。

然而，现实的市场并不是由一个买方和一个卖方构成，而是多个买方与多个卖方共存的市场。这样就出现了供求关系对交易过程与结果的影响。历来的

经济学理论都对这一课题给予很大的关注，并有很多优秀的研究成果，如供给理论、需求理论、竞争理论、价格理论等。

不过，我们现在关心的是，交易行为的主体是企业，交易的具体实现是由企业中某个或某些个人来进行的这一问题。由于加进了组织与个人的因素，就不可避免地增加了交易过程的复杂性。更重要的，是在某些情况下，个人的行为会改变整个交易过程的单纯经济学性质。实际上，这已经是管理学而不是经济学领域的问题了。

在典型的市场交易中，我们可以根据买卖双方是代表企业还是代表个人的不同，将交易分为四种类型：A 型：买方为个人，卖方亦为个人；B 型：买方为个人，卖方为企业；C 型：买方为企业，卖方为个人；D 型：买方为企业，卖方亦为企业。

（1）在 A 型交易情况下，双方对交易结果都有着直接的利害关系，交易过程一般表现为自由竞争的市场机制，双方斗智斗勇，最后形成彼此认可的妥协价格成交，或一方退出不成交。回扣、给好处等手段实际上不起作用。例如在自由市场上买菜。

（2）在 B 型交易情况下，卖方有组织作后盾，可以在促销、宣传等方面赢得优势，但买方个人利益约束较强。物美价廉仍是其购买行为的决定因素。例如在大商场里购物。

（3）在 C 型交易情况下，卖方个人利益激励强，买方有组织和较大的采购量作后盾，占据优势。但买方具体行为人可能因利益激励不强或不直接，而懒得讨价还价；或因制度不严，或个人专权，或品德不端而故意采购价高（或质次，或价高质次）的物资，诱因是从卖方得到个人回扣或其他好处。例如国有企业向个体或个体企业采购物资或服务。

（4）在 D 型交易情况下，在供求关系比较均衡的场合，买卖双方企业基本处于同等地位，但在市场竞争激烈时，卖方销售人员因销售制度约束可能形成强激励，用各种手段诱使买方企业具体行为人采买自己的产品。买方具体行为人可能因与 C 型交易同样的理由故意采购价高（或质次，或价高质次）的物资以获得个人利益。例如国有企业向其他一般企业采购物资或服务。

国有企业的采购处在 C 型和 D 型两种交易类型之中，在买方市场和利益激励较强的非国有企业或个人卖方面前，国有企业有着特殊的机制性弱点，如果国有企业不能尽快形成和加强对采购活动的强有力的约束与激励机制，国有企业的采购资金势必成为任人蚕食瓜分的美餐。

我们可能需要经过相当长期的努力才能到达市场经济的成熟期，在目前看来，完善和强化采购管理、积极规范企业的采购行为和改变国有企业资产大量流失的状况是当务之急。原国家经贸委制定和贯彻落实《国有工业企业物资采购管理暂行规定》，以将比质比价采购列入《国有大中型企业建立现代企业制度和加强管理的基本规范》，就是这种努力的一个重要部分。

由于亚星公司经验的推广，不少企业不仅开始重视营销，更重视采购。其实，采购管理的重要性基本上是个常识性问题。从亚星公司的经验和实施效果来看，管理学界应该尽快把采购管理列为一个重要研究领域。实际上，这和国际上供应链管理理论的兴起非常合拍。

国有企业的改革和加强管理历来是各界普遍关心的问题，有学者就专门研究国有企业的管理问题。尽管不少国有企业面临着各种各样的困难和问题，但其中也不乏佼佼者。成功企业的成功理由总是大致相同的。国有企业的成功一方面是由于它们占据了相对优势甚至是垄断的行业或市场地位，另一方面是它们在管理的某一特定方面实现了较大的创新和突破。亚星公司的购销比较采购便是如此。这种创新与突破一般有三个特点：第一，创新与突破由企业成长的现实要求而来，不是由某种理论应用而来；第二，创新与突破可能是偶然实现的，但反映了企业成长过程中的必然性；第三，起始于某一点的突破，最后引发了企业管理体系的整体创新，使企业走向成功的道路。这些国有企业的成功范例为我们进一步加强和深化国有企业管理提供了有价值的参考。

第四节 民营企业在过"管理关"

尽管国有企业依然是中国经济的支柱，但民营企业逐渐崛起，正成为中国企业群体中的一支重要的力量。民营企业作为一种新生事物，改革开放以来一直处于蓬勃发展的强劲势头之中，一些民营企业已经完成了第一次创业，进入了第二次创业阶段。长大以后的民营企业中由于不同的企业机制而直面与国有企业不同的管理课题，最主要的有以下三个方面：

一、从不需要管理到最需要管理

管理不是万能的，但民营企业的持续成长阶段没有管理是万万不能的。处在由"创业阶段"向"成长阶段"转换期的众多民营企业，都正在密切关注并努力过好"管理关"。

民营企业不同于国有企业，"企龄"一般都比较短，大多是改革开放以后或快或慢发展起来的，比较知名的民营企业一般也只有十几年的岁月。不少民营企业家已经意识到，他们已经和正在进入一个与创业阶段不同性质的新时期，正在经历一种变革的阵痛。有人把这一阶段称为"第二次创业"阶段。这一叫法警示了企业家不能躺在过去的成功上，应从零开始继续发扬创业精神，将企业推向前进。但是，这一叫法也容易给人以误导，因为这一阶段恰恰是与创业期本质不同的企业成长阶段，昨天的成功模式往往不能保证明天还能继续成功。如果处理不好这一阶段的新课题，依然用"创业"的思路运作企业，势必成为盲目扩张的短命企业。

那么，有别于创业阶段的成长阶段的特色是什么呢？其面临的主要经营课题又是什么呢？我们拟用图13-1做一扼要说明。

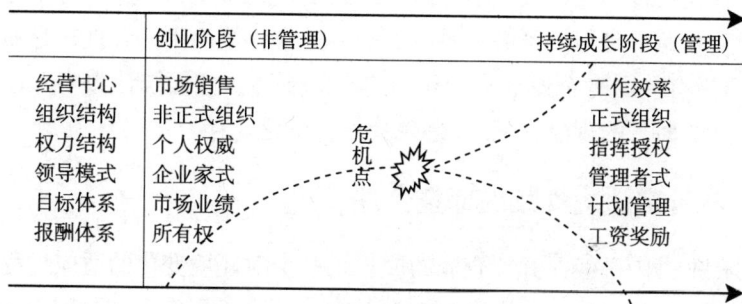

图13-1　民营企业成长的转折点

在民营企业的创业阶段，一切工作围绕市场转，组织结构不明晰，非正式组织成为主要运作模式，创业者以个人权威和企业家式的领导模式来推动企业，传递市场压力，组织成员的目标主要以市场业绩来衡量，创业者对企业的所有权成为报酬的基础。所有这些因素，似乎都与我们平时所说的计划、组织、控制等基本管理职能相去甚远。我们甚至可以极端地说，在创业阶段，企业是靠非管理因素支撑和推动的，此时如果强制性地推行正规化的管理，反而是幼稚、天真甚至是有害的举动。换句话说，民营企业的创业时期不需要我们理论上所说的管理。

但是，企业发展到一定的规模和阶段，状况就开始发生变化，最终会遇到一个根本的转折点，使企业的成长模式不得不产生本质的转变。因为这个转折点过后会使企业走向完全不同的方向，或是继续成长，或是从此走向衰亡，因而我们也可以把它叫做"危机点"。

为了使企业顺利走向持续成长的道路，企业组织必须由创业阶段的"非管理系统"改造为"管理系统"。简单来讲，也就是著名管理学家亨利·法约尔所讲的主要管理职能必须发挥充分的作用。经营运作必须以工作效率为中心，正式组织要逐渐代替非正式组织，个人权威要为指挥授权所取代，领导模式要由独断式向管理者式靠拢，业绩目标要纳入整个计划管理的体系，工资奖励制度要尽快建立，以适应整个员工队伍的多层次报酬需求。总之，民营企业能否实现持续成长，决定于非管理系统能否顺利地转向管理系统、创业模式能否转向成长模式以及混沌能否开始变得有序。之所以民营企业有着很强的管理咨询需求，是因为不少民营企业家已经敏感地意识到了这一点。

实际上，正如北大方正公司的高层在挫折之后所意识到的，企业发展到一定阶段都要过"管理关"一样，国有企业同样有着管理问题。但是，相对来讲，国有企业的管理问题似乎不比体制或制度问题重要，不少国有企业更关心与政府的关系而不是与市场的关系，更需要的是政策而不是管理，是靠"数字化生存"（指有些国有企业经营者靠制造虚假业绩、虚假统计数字保住自己的位子和上级的面子的现象），而不是靠管理科学化生存。

二、从外部适应性到内部整合性

我们在本书中已经谈到，企业的成长是一个对环境变化的适应过程。环境的变化及企业对环境的适应，会引起企业内外两个不平衡：一是引起企业与外部环境的不平衡，二是引起企业内部各子系统之间的不平衡。

外部不平衡是企业的适应性方面的矛盾，适应性矛盾决定着企业的生存，是生死之关系；内部不平衡是企业整合性方面的矛盾，整合性矛盾决定着企业的成长，是健康之关系。正所谓"适者生存，整者成长"。可以说，管理主要是解决内部整合性问题的。

内部整合可以说是外部适应的派生体，内部整合的目的是为了更好地实现外部适应，加强管理就是要让企业活得更好，这就是先有生存再有成长的逻辑关系。企业只有活着，才有成长的可能。

改革开放以来，民营企业的地位和权利逐渐得到了确认和巩固，在体制夹缝和市场拼搏中顽强生存下来的民营企业，应该说从机制上基本解决了外部适应问题。换句话说，民营企业可以根据自己对以市场为中心的环境变化的适应度或者生存或者消亡，但国有企业还做不到这一点。相反，由于国有企业一般有较长的成长史，相对来讲，其内部整合性比民营企业要好。民营企业诞生时间较短，以前又主要关注生存问题，因而内部整合性问题刚刚提到日程上来。

外部适应问题实际上是机制问题，内部整合问题实际上是管理问题。发展到一定阶段后，民营企业的内部整合性问题开始暴露。如果民营企业不能很好地实现内部整合，必将极大地损害其外部适应性，影响其成长的可持续性，尤其是在竞争日益激烈的情况下。管理制度化、组织规范化、归纳企业文化和核心价值观、设计员工激励机制、重组资源、调整事业结构等，都是民营企业在强化内部整合方面做出的努力。

三、从激励经营者到激励员工

我们赞成这样一个假设：仅就激励制度而言，国有企业发展的关键在于激励经营者而不是激励员工，民营企业发展的关键在于激励员工而不是激励经营者。

在国有企业，企业经营得越好，则管理者在比较自己的贡献与收益时的公平感就越低，这一分配制度的缺陷使国有企业的一些管理者走向两个极端，要么成为"圣人"，要么成为"坏人"。成为圣人则能充分理解自己的使命，不计较个人名利得失，有强烈的奉献精神和敬业精神；成为坏人则从其他不合法、不道德的途径获取利益。这两种途径都可以达到较多的公平感，但我们认为能走这两个极端的管理者毕竟是少数。因此，如何更好地激励国有企业的管理者，依然是悬而未决的重要问题。中共四中全会《决定》在经营者持股问题上的突破，已经提供了解决国有企业管理者激励问题新的可能性，但由于在MBO、年薪制等改革过程中出现的各种问题，又牵扯到国有资产流失等带政治色彩的问题，因此，解决该问题的道路非常曲折。

在民营企业，由于天生机制的优势和人们意识的逐渐转变，经营者激励问题已经得到基本解决，所有权（企业是自己的）问题自不必说，民营企业经营者的收入水平也已排在各社会职业的前列，尽管他们得到这样的回报来之不易。

但是，民营企业能否进一步发展已经越来越决定于能否有效地激励它们的员工了。这里最重要的还不是一般员工，而是职业经理人和知识员工的激励。这些职业经理人和知识员工，在某些民营企业过强的短期行为、过重的资本逻辑和过于简单的分配机制的环境中，难以找到满意和实现忠诚，因而有很强的流动性。如果民营企业不能树立可持续成长的核心理念或核心价值观，如果它们不能造就出一批具有共同核心价值观的员工特别是干部队伍，如果企业不能形成有效的利益分配机制和权力分配机制，"长不大"和"活不长"将是摆在民营企业面前的两条惨淡之路。

建立核心价值观、造就干部队伍和形成有效的利益和权利分配机制并不容易。首先是民营企业的经营者还不是太富有，抗击风险的能力还比较差；其次是刚刚鼓起来的钱袋还没有冲淡他们追求财富的强烈欲望，对钱财还看得很紧；最后是他们享受靠经济实力所获得的权利的时间还不长。因此，他们在决定是否改革利益分配机制和权利分配机制时显得有些优柔寡断，尽管这一改革是实现企业的可持续成长所必需的；他们还必须经过一个比较长的修炼期和升华期，才能感悟出应有的新价值观和新追求，才能与自己的员工不在同一个层次上获取收益。这可能是我国第一代职业企业家、职业经理人的企业伦理或核心价值观的塑造课题了。

不少民营企业老板正在各种总裁班、研修班或 EMBA 课堂上学习管理，更多的民营企业在积极寻求专家、教授为企业进行咨询。不管是自我提升还是智力引进，民营企业正在由胆识、见识型经营，向知识、学识型经营迈进，知识成长支撑企业成长，这必将为民营企业的持续成长构筑起日益坚固的知识平台。

思考题：

1. 你通过华为的案例感悟到了什么道理？
2. 对比华为和华侨城，你认为它们的共同点和区别在哪里？
3. 中国民营企业在管理改进方面的特殊问题是什么？

附录 I 华为公司基本法

第一章 公司的宗旨

一、核心价值观

（追求）

第一条 华为的追求是在电子信息领域实现顾客的梦想，并依靠点点滴滴、锲而不舍的艰苦追求，使我们成为世界级领先企业。

为了使华为成为世界一流的设备供应商，我们将永不进入信息服务业。通过无依赖的市场压力传递，使内部机制永远处于激活状态。

（员工）

第二条 认真负责和管理有效的员工是华为最大的财富。尊重知识、尊重个性、集体奋斗和不迁就有功的员工，是我们事业可持续成长的内在要求。

（技术）

第三条 广泛吸收世界电子信息领域的最新研究成果，虚心向国内外优秀企业学习，在独立自主的基础上，开放合作地发展领先的核心技术体系，用我们卓越的产品自立于世界通信列强之林。

（精神）

第四条 爱祖国、爱人民、爱事业和爱生活是我们凝聚力的源泉。责任意识、创新精神、敬业精神与团结合作精神是我们企业文化的精髓。实事求是是我们行为的准则。

（利益）

第五条 华为主张在顾客、员工与合作者之间结成利益共同体。努力探索按生产要素分配的内部动力机制。我们决不让雷锋吃亏，奉献者定当得到合理的回报。

（文化）

第六条 资源是会枯竭的，唯有文化才会生生不息。一切工业产品都是人类智慧创造的。华为没有可以依存的自然资源，唯有在人的头脑中挖掘出大油田、大森林、大煤矿……精神是可以转化成物质的，物质文明有利于巩固精神文明。我们坚持以精神文明促进物质文明的方针。

这里的文化，不仅仅包含知识、技术、管理、情操……也包含了一切促进生产力发展的无形因素。

（社会责任）

第七条　华为以产业报国和科教兴国为己任，以公司的发展为所在社区做出贡献。为伟大祖国的繁荣昌盛，为中华民族的振兴，为自己和家人的幸福而不懈努力。

二、基本目标

（质量）

第八条　我们的目标是以优异的产品、可靠的质量、优越的终生效能费用比和有效的服务，满足顾客日益增长的需要。

质量是我们的自尊心。

（人力资本）

第九条　我们强调人力资本不断增值的目标优先于财务资本增值的目标。

（核心技术）

第十条　我们的目标是发展拥有自主知识产权的世界领先的电子和信息技术支撑体系。

（利润）

第十一条　我们将按照我们的事业可持续成长的要求，设立每个时期合理的利润率和利润目标，而不单纯追求利润的最大化。

三、公司的成长

（成长领域）

第十二条　我们进入新的成长领域，应当有利于提升公司的核心技术水平，有利于发挥公司资源的综合优势，有利于带动公司的整体扩张。顺应技术发展的大趋势，顺应市场变化的大趋势，顺应社会发展的大趋势，就能使我们避免大的风险。

只有当我们看准了时机和有了新的构想，确信能够在该领域对顾客做出与众不同的贡献时，才进入市场广阔的相关新领域。

（成长的牵引）

第十三条　机会、人才、技术和产品是公司成长的主要牵引力。这四种力量之间存在着相互作用。机会牵引人才，人才牵引技术，技术牵引产品，产品牵引更多、更大的机会。加大这四种力量的牵引力度，促进它们之间的良性循环，就会加快公司的成长。

（成长速度）

第十四条　我们追求在一定利润率水平上成长的最大化。我们必须达到和保持高于行业平均的增长速度和行业中主要竞争对手的增长速度，以增强公司的活力，吸引最优秀的人才，实现公司各种经营资源的最佳配置。在电子信息产业中，要么成为领先者，要么被淘汰，没有第三条路可走。

（成长管理）

第十五条　我们不单纯追求规模上的扩展，而是要使自己变得更优秀。因此，高层领导必须警惕长期高速增长有可能给公司组织造成的脆弱和隐藏的缺点，必须对成长进行有效的管理。在促进公司迅速成为一个大规模企业的同时，必须以更大的管理努力，促使公司更加灵活和更为有效，始终保持造势与做实的协调发展。

四、价值的分配

（价值创造）

第十六条　我们认为，劳动、知识、企业家和资本创造了公司的全部价值。

（知识资本化）

第十七条　我们是用转化为资本这种形式，使劳动、知识以及企业家的管理和风险的累积贡献得到体现和报偿；利用股权的安排，形成公司的中坚力量和保持对公司的有效控制，使公司可持续成长。知识资本化与适应技术和社会变化的有活力的产权制度，是我们不断探索的方向。

我们实行员工持股制度。一方面，凡是认同华为的模范员工，结成公司与员工的利益与命运共同体；另一方面，将不断地使最有责任心与才能的人进入公司的中坚层。

（价值分配形式）

第十八条　华为可分配的价值，主要为组织权力和经济利益；其分配形式是：机会、职权、工资、奖金、安全退休金、医疗保障、股权、红利，以及其他人事待遇。我们实行按劳分配与按资分配相结合的分配方式。

（价值分配原则）

第十九条　效率优先、兼顾公平，可持续发展，是我们价值分配的基本原则。

按劳分配的依据是：能力、责任、贡献和工作态度。按劳分配要充分拉开差距，分配曲线要保持连续和不出现拐点。股权分配的依据是：可持续性贡献、突出才能、品德和所承担的风险。股权分配要向核心层和中坚层倾斜，股权结构要保持动态合理性。按劳分配与按资分配的比例要适当，分配数量和分配比例的增减应以公司的可持续发展为原则。

（价值分配的合理性）

第二十条 我们遵循价值规律，坚持实事求是，在公司内部引入外部市场压力和公平竞争机制，建立公正客观的价值评价体系并不断改进，以使价值分配制度基本合理。衡量价值分配合理性的最终标准，是公司的竞争力和成就，以及全体员工的士气和对公司的归属意识。

第二章 基本经营政策

一、经营重心

（经营方向）

第二十一条 我们中短期的经营方向集中在通信产品的技术与质量上，重点突破、系统领先，摆脱在低层次市场上角逐的被动局面，同时发展相关信息产品。公司优先选择资源共享的项目，产品或事业领域多元化紧紧围绕资源共享展开，不进行其他有诱惑力的项目，避免分散有限的力量及资金。

我们过去的成功说明，只有大市场才能孵化大企业。选择大市场仍然是我们今后产业选择的基本原则。但是，成功并不总是一位引导我们走向未来的可靠向导，我们要严格控制进入新的领域。

对规划外的小项目，我们鼓励员工的内部创业活动，并将拨出一定的资源，支持员工把出色的创意转化为顾客需要的产品。

（经营模式）

第二十二条 我们的经营模式是，抓住机遇，靠研究开发的高投入获得产品技术和性能价格比的领先优势，通过大规模的席卷式的市场营销，在最短的时间里形成正反馈的良性循环，充分获取"机会窗"的超额利润。不断优化成熟产品，驾驭市场上的价格竞争，扩大和巩固在战略市场上的主导地位。我们将按照这一经营模式的要求建立我们的组织结构和人才队伍，不断提高公司的整体运作能力。

在设计中构建技术、质量、成本和服务优势，是我们竞争力的基础。日本产品的低成本、德国产品的稳定性、美国产品的先进性，是我们赶超的基准。

（资源配置）

第二十三条 我们坚持"压强原则"，在成功关键因素和选定的战略生长点上，以超过主要竞争对手的强度配置资源，要么不做，要做就极大地集中人力、物力和财力，实现重点突破。

在资源的分配上，应努力消除资源合理配置与有效利用的障碍。我们认识到对人、财、物这三种关键资源的分配，首先是对优秀人才的分配。我们的方针是使最优秀的人拥有充分的职权和必要的资源去实现分派给他们的任务。

（战略联盟）

第二十四条 我们重视广泛的对等合作和建立战略伙伴关系，积极探索在互利基础上的多种外部合作形式。

（服务网络）

第二十五条 华为向顾客提供产品的终生服务承诺。

我们要建立完善的服务网络，向顾客提供专业化和标准化的服务。顾客的利益所在，就是我们生存与发展最根本的利益所在。

我们要以服务来定队伍建设的宗旨，以顾客满意度作为衡量一切工作的准绳。

二、研究与开发

（研究开发政策）

第二十六条 顾客价值观的演变趋势引导着我们的产品方向。

我们的产品开发遵循在自主开发的基础上广泛开放合作的原则。在选择研究开发项目时，敢于打破常规，走别人没有走过的路。我们要善于利用有节制的混沌状态，寻求对未知领域研究的突破；要完善竞争性的理性选择程序，确保开发过程的成功。

我们保证按销售额的 10% 拨付研发经费，有必要且可能时还将加大拨付的比例。

（研究开发系统）

第二十七条 我们要建立互相平行、符合大公司战略的三大研究系统，即产品发展战略规划研究系统、产品研究开发系统，以及产品中间试验系统。随着公司的发展，我们还会在国内外具有人才和资源优势的地区，建立分支研究机构。

在相关的基础技术领域中，不断地按"窄频带、高振幅"的要求，培养一批基础技术尖子。在产品开发方面，培养一批跨领域的系统集成带头人，把基础技术研究作为研究开发人员循环流程的一个环节。

没有基础技术研究的深度，就没有系统集成的高水准；没有市场和系统集成的牵引，基础技术研究就会偏离正确的方向。

（中间试验）

第二十八条　我们十分重视新产品、新器件和新工艺的品质论证及测试方法研究。要建立一个装备精良、测试手段先进、由众多"宽频带、高振幅"的优秀工程专家组成的产品中间试验中心。为了使中间试验的人才和装备水平居世界领先地位，我们在全世界只建立一个这样的大型中心。要经过集中的严格筛选过滤新产品和新器件，通过不断的品质论证提高产品的可靠性，持续不断地进行容差设计试验和改进工艺降低产品成本，加快技术开发成果的商品化进程。

三、市场营销

（市场地位）

第二十九条　华为的市场定位是业界最佳设备供应商。

市场地位是市场营销的核心目标。我们不满足于总体销售额的增长，我们必须清楚公司的每一种主导产品的市场份额是多大、应该达到多大，特别是新产品、新兴市场的市场份额和销售份额更为重要。品牌、营销网络、服务和市场份额是支撑市场地位的关键要素。

（市场拓展）

第三十条　战略市场的争夺和具有巨大潜力的市场的开发，是市场营销的重点。我们既要抓住新兴产品市场的快速渗透和扩展，也要奋力推进成熟产品在传统市场与新兴市场上的扩张，形成绝对优势的市场地位。

作为网络设备供应商，市场战略的要点是获取竞争优势，控制市场主导权的关键。市场拓展是公司的一种整体运作，我们要通过影响每个员工的切身利益传递市场压力，不断提高公司整体响应能力。

（营销网络）

第三十一条　营销系统的构架是按对象建立销售系统，按产品建立行销系统，形成矩阵覆盖的营销网络。

（营销队伍建设）

第三十二条　我们重视培育一支高素质的、具有团队精神的销售工程师与营销管理者队伍，重视发现和培养战略营销管理人才和国际营销人才。

我们要以长远目标来建设营销队伍，以共同的事业、责任、荣誉来激励和驱动。

（资源共享）

第三十三条　市场变化的随机性、市场布局的分散性和公司产品的多样性，要求前方营销队伍必须得到及时强大的综合支援，要求我们必须能够迅速调度和组织大量资源抢夺市场先机和形成局部优势。因此，营销部门必须采取灵活的运作方式，通过事先策划与现场求助，实现资源的动态最优配置与共享。

四、生产方式

（生产战略）

第三十四条　我们的生产战略是在超大规模销售的基础上建立敏捷生产体系。因地制宜地采用世界上先进的制造技术和管理方法，坚持永无止境的改进，不断提高质量，降低成本，缩短交货期和增强制造柔性，使公司的制造水平和生产管理水平达到世界级大公司的基准。

（生产布局）

第三十五条　顺应公司事业领域多元化和经营地域国际化的趋势，我们将按照规模经济原则、比较成本原则和贴近顾客原则，集中制造关键基础部件和分散组装最终产品，在全国和世界范围内合理规划生产布局，优化供应链。

五、理财与投资

（筹资战略）

第三十六条　我们努力使筹资方式多样化，继续稳健地推行负债经营。开辟资金来源，控制资金成本，加快资金周转，逐步形成支撑公司长期发展需求的筹资合作关系，确保公司战略规划的实现。

（投资战略）

第三十七条　我们中短期的投资战略仍坚持以产品投资为主，以期最大限度地集中资源，迅速增强公司的技术实力、市场地位和管理能力。我们在制定重大投资决策时，不一定追逐今天的高利润项目，同时要关注有巨大潜力的新兴市场和新产品的成长机会。我们不从事任何分散公司资源和高层管理精力的非相关多元化经营。

（资本经营）

第三十八条　我们在产品领域经营成功的基础上探索资本经营，利用产权机制更大规模地调动资源。实践表明，实现这种转变取决于我们的技术实力、营销实力、管理实力和时机。外延的扩张依赖于内涵的做实，机会的捕捉取决于事先的准备。

资本知识化是加速资本经营良性循环的关键。我们在进行资本扩充时，重点要选择那些有技术、有市场，以及与我们有互补性的战略伙伴，其次才是金融资本。

资本经营和外部扩张应当有利于潜力的增长，有利于效益的增长，有利于公司组织和文化的统一性。公司的上市应当有利于巩固我们已经形成的价值分配制度的基础。

第三章　基本组织政策

一、基本原则

（组织建立的方针）

第三十九条　华为组织的建立和健全，必须：

（1）有利于强化责任，确保公司目标和战略的实现。

（2）有利于简化流程，快速响应顾客的需求和市场的变化。

（3）有利于提高协作的效率，降低管理成本。

（4）有利于信息的交流，促进创新和优秀人才脱颖而出。

（5）有利于培养未来的领袖人才，使公司可持续成长。

（组织结构的建立原则）

第四十条　华为将始终是一个整体。这要求我们在任何涉及华为标识的合作形式中保持控制权。

战略决定结构是我们建立公司组织的基本原则。具有战略意义的关键业务和新事业生长点，应当在组织上有一个明确的负责单位，这些部门是公司组织的基本构成要素。

组织结构的演变不应当是一种自发的过程，其发展具有阶段性。组织结构在一定时期内的相对稳定，是稳定政策、稳定干部队伍和提高管理水平的条件，是提高效率和效果的保证。

（职务的设立原则）

第四十一条　管理职务设立的依据是对职能和业务流程的合理分工，并以实现组织目标所必须从事的一项经常性工作为基础。职务的范围应设计得足够大，以强化责任，减少协调和提高任职的挑战性与成就感。

设立职务的权限应集中。对设立职务的目的、工作范围、隶属关系、职责和职权，以及任职资格应做出明确规定。

（管理者的职责）

第四十二条　管理者的基本职责是依据公司的宗旨主动和负责地开展工

作，使公司富有前途，工作富有成效，员工富有成就。管理者履行这三项基本职责的程度，决定了他的权威与合法性被下属接受的程度。

（组织的扩张）

第四十三条 组织的成长和经营的多元化必然要求向外扩张。组织的扩张要抓住机遇，而我们能否抓住机遇和组织能够扩张到什么程度，取决于公司的干部队伍素质和管理控制能力。当依靠组织的扩张不能有效地提高组织的效率和效果时，公司将放缓对外扩张的步伐，转而致力于组织管理能力的提高。

二、组织结构

（基本组织结构）

第四十四条 公司的基本组织结构将是一种二维结构：按战略性事业划分的事业部和按地区划分的地区公司。事业部在公司规定的经营范围内承担开发、生产、销售和用户服务的职责；地区公司在公司规定的区域市场内有效利用公司的资源开展经营。事业部和地区公司均为利润中心，承担实际利润责任。

（主体结构）

第四十五条 职能专业化原则是建立管理部门的基本原则。对于以提高效率和加强控制为主要目标的业务活动领域，一般也应按此原则划分部门。

公司的管理资源、研究资源、中试资源、认证资源、生产管理资源、市场资源、财政资源、人力资源和信息资源……是公司的公共资源。为了提高公共资源的效率，必须进行审计。按职能专业化原则组织相应的部门，形成公司组织结构的主体。

（事业部）

第四十六条 对象专业化原则是建立新事业部门的基本原则。

事业部的划分原则可以是以下两种原则之一，即产品领域原则和工艺过程原则。按产品领域原则建立的事业部是扩张型事业部，按工艺过程原则建立的事业部是服务型事业部。

扩张型事业部是利润中心，实行集中政策，分权经营。应在控制有效的原则下，使之具备开展独立经营所需的必要职能，既充分授权，又加强监督。

对于具有相对独立的市场，经营已达到一定规模，相对独立运作更有利于扩张和强化最终成果责任的产品或业务领域，应及时选择更有利于其发展的组织形式。

（地区公司）

第四十七条 地区公司是按地区划分的、全资或由总公司控股的、具有法人资格的子公司。地区公司在规定的区域市场和事业领域内，充分运用公司分派的资源，尽量调动公司的公共资源寻求发展，对利润承担全部责任。在地区公司负责的区域市场中，总公司及各事业部不与之进行相同事业的竞争。各事业部如有拓展业务的需要，可采取会同或支持地区公司的方式进行。

（矩阵结构的演进）

第四十八条　当按职能专业化原则划分的部门与按对象专业化原则划分的部门交叉运作时，就在组织上形成了矩阵结构。

公司组织的矩阵结构，是一个不断适应战略和环境变化，从原有的平衡到不平衡，再到新的平衡的动态演进过程。不打破原有的平衡，就不能抓住机会快速发展；不建立新的平衡，就会给公司组织运作造成长期的不确定性，削弱责任建立的基础。

为了在矩阵结构下维护统一指挥原则和责权对等原则，减少组织上的不确定性，提高组织的效率，我们必须在以下几方面加强管理的力度：

（1）建立有效的高层管理组织。

（2）实行充分授权，加强监督。

（3）加强计划的统一性和权威性。

（4）完善考核体系。

（5）培育团队精神。

（求助网络）

第四十九条　我们要在公司的纵向等级结构中适当地引入横向和逆向的网络动作方式，以激活整个组织，最大限度地利用和共享资源。我们既要确保正向直线职能系统制定和实施决策的政令畅通，又要对逆向和横向的求助系统做出及时灵活的响应，使最贴近顾客、最先觉察到变化和机会的高度负责的基层主管和员工，能够及时得到组织的支援，为组织目标做出与众不同的贡献。

（组织的层次）

第五十条　我们的基本方针是减少组织的层次，以提高组织的灵活性。减少组织层次一方面要减少部门的层次，另一方面要减少职位的层次。

三、高层管理组织

（高层管理组织）

第五十一条　高层管理组织的基本结构包括三部分：公司执行委员会、高层管理委员会和公司职能部门。

公司的高层管理委员会有：战略规划委员会、人力资源委员会、财经管理委员会。

（高层管理职责）

第五十二条 公司执行委员会负责确定公司未来的使命、战略与目标，对公司重大问题进行决策，确保公司可持续成长。

高层管理委员会是由资深人员组成的咨询机构，负责拟制战略规划和基本政策，审议预算和重大投资项目，以及审核规划、基本政策和预算的执行结果。审议结果由总裁办公会议批准执行。

公司职能部门代表公司总裁对公司公共资源进行管理，对各事业部、子公司、业务部门进行指导和监控。公司职能部门应归口设立，以尽量避免多头领导现象。

高层管理任务应以项目形式予以落实。高层管理项目完成后，形成具体工作和制度，并入某职能部门的职责。

（决策制度）

第五十三条 我们遵循民主决策，权威管理的原则。

高层重大决策需经高层管理委员会充分讨论。决策的依据是公司的宗旨、目标和基本政策；决策的原则是：从贤不从众。真理往往掌握在少数人手里，要造成一种环境，让不同意见存在和发表。一经形成决议，就要实行权威管理。

高层委员会集体决策以及部门首长负责制下的办公会议制度，是实行高层民主决策的重要措施。我们的方针是：放开高层民主，使智慧充分发挥；强化基层执行，使责任落在实处。

各部门首长隶属于各个专业委员会，这些委员会议事而不管事，对形成的决议有监督权，以防止一长制中的片面性。各部门首长的日常管理决策应遵循部门首长办公会确定的原则，对决策后果承担个人责任。各级首长办公会的讨论结果，以会议纪要的方式向上级呈报。报告上必须有三分之二以上的正式成员签名，报告中要特别注明讨论过程中的不同意见。

公司总裁有最后的决策权，在行使这项权力时，要充分听取意见。

（高层管理者行为准则）

第五十四条 高层管理者应当做到：

（1）保持强烈的进取精神和忧患意识。对公司的未来和重大经营决策承担个人风险。

（2）坚持公司利益高于部门利益和个人利益。

（3）倾听不同意见，团结一切可以团结的人。

（4）加强政治品格的训练与道德品质的修养，廉洁自律。

（5）不断学习。

第四章　基本人力资源政策

一、人力资源管理准则

（基本目的）

第五十五条　华为的可持续成长，从根本上靠的是组织建设和文化建设。因此，人力资源管理的基本目的，是建立一支宏大的高素质、高境界和高度团结的队伍，以及创造一种自我激励、自我约束和促进优秀人才脱颖而出的机制，为公司的快速成长和高效运作提供保障。

（基本准则）

第五十六条　华为全体员工无论职位高低，在人格上都是平等的。人力资源管理的基本准则是公正、公平和公开。

（公正）

第五十七条　共同的价值观是我们对员工做出公正评价的准则；对每个员工提出明确的挑战性目标与任务，是我们对员工的绩效改进做出公正评价的依据；员工在完成本职工作中表现出的能力和潜力，是比学历更重要的评价能力的公正标准。

（公平）

第五十八条　华为奉行效率优先、兼顾公平的原则。我们鼓励每个员工在真诚合作与责任承诺的基础上展开竞争，并为员工的发展提供公平的机会与条件。每个员工应依靠自身的努力与才干，争取公司提供的机会；依靠工作和自学提高自身的素质与能力；依靠创造性地完成和改进本职工作满足自己的成就愿望。我们从根本上否定评价与价值分配上的短视、攀比与平均主义。

（公开）

第五十九条　我们认为遵循公开原则是保障人力资源管理的公正和公平的必要条件。公司重要政策与制度的制定，均要充分征求意见与协商。抑侥幸，明褒贬，提高制度执行上的透明度。我们从根本上否定无政府、无组织、无纪律的个人主义行为。

（人力资源管理体制）

第六十条　我们不搞终身雇佣制，但这不等于不能终身在华为工作。我们主张自由雇佣制，但不脱离中国的实际。

（内部劳动力市场）

第六十一条　我们通过建立内部劳动力市场，在人力资源管理中引入竞争和选择机制。通过内部劳动力市场和外部劳动力市场的置换，促进优秀人才脱颖而出，实现人力资源的合理配置、激活沉淀层，并使人适合于职务，使职务适合于人。

（人力资源管理责任者）

第六十二条　人力资源管理不只是人力资源管理部门的工作，而是全体管理者的职责。各部门管理者有责任记录、指导、支持、激励与合理评价下属人员的工作，负有帮助下属人员成长的责任。下属人员才干的发挥与对优秀人才的举荐，是决定管理者的升迁与人事待遇的重要因素。

二、员工的义务和权利

（员工的义务）

第六十三条　我们鼓励员工对公司目标与本职工作的主人翁意识与行为。

每个员工主要通过干好本职工作为公司目标做贡献。员工应努力扩大职务视野，深入领会公司目标对自己的要求，养成为他人做贡献的思维方式，提高协作水平与技巧。另外，员工应遵守职责间的制约关系，避免越俎代庖，有节制地暴露因职责不清所掩盖的管理漏洞与问题。

员工有义务实事求是地越级报告被掩盖的管理中的弊端与错误。允许员工在紧急情况下便宜行事，为公司把握机会，躲避风险，以及减轻灾情做贡献。但是，在这种情况下，越级报告者或便宜行事者，必须对自己的行为及其后果承担责任。

员工必须保守公司的秘密。

（员工的权利）

第六十四条　每个员工都拥有以下基本权利，即咨询权、建议权、申诉权与保留意见权。

员工在确保工作或业务顺利开展的前提下，有权利向上司提出咨询，上司有责任做出合理的解释与说明。

员工对改善经营与管理工作具有合理化建议权。

员工有权对认为不公正的处理，向直接上司的上司提出申诉。申诉必须实事求是，以书面形式提出，不得影响本职工作或干扰组织的正常运作。各级主管对下属员工的申诉，都必须尽早予以明确的答复。

员工有权保留自己的意见，但不能因此影响工作。上司不得因下属保留自己的不同意见而对其歧视。

三、考核与评价

（基本假设）

第六十五条 华为员工考评体系的建立依据下述假设：

（1）华为绝大多数员工是愿意负责和愿意合作的，是高度自尊和有强烈成就欲望的。

（2）金无足赤，人无完人；优点突出的人往往缺点也很明显。

（3）工作态度和工作能力应当体现在工作绩效的改进上。

（4）失败铺就成功，但重犯同样的错误是不应该的。

（5）员工未能达到考评标准要求，也有管理者的责任。员工的成绩就是管理者的成绩。

（考评方式）

第六十六条 建立客观公正的价值评价体系是华为人力资源管理的长期任务。

员工和干部的考评是按明确的目标和要求，对每个员工和干部的工作绩效、工作态度与工作能力的一种例行性的考核与评价。工作绩效的考评侧重在绩效的改进上，宜细不宜粗；工作态度和工作能力的考评侧重在长期表现上，宜粗不宜细。考评结果要建立记录，考评要素随公司不同时期的成长要求应有所侧重。

在各层上下级主管之间要建立定期述职制度。各级主管与下属之间都必须实现良好的沟通，以加强相互的理解和信任。沟通将列入对各级主管的考评。

员工和干部的考评实行纵横交互的全方位考评。同时，被考评者有申诉的权利。

四、人力资源管理的主要规范

（招聘与录用）

第六十七条 华为依靠自己的宗旨和文化、成就与机会，以及政策和待遇，吸引和招揽天下一流人才。我们在招聘和录用中，注重人的素质、潜能、品格、学历和经验。按照双向选择的原则，在人才使用、培养与发展上，提供客观且对等的承诺。

我们将根据公司在不同时期的战略和目标，确定合理的人才结构。

（解聘与辞退）

第六十八条 我们利用内部劳动力市场的竞争与淘汰机制，建立例行的员工解聘和辞退程序。对违反公司纪律和因牟取私利而给公司造成严重损害的员工，根据有关制度强行辞退。

（报酬与待遇）

第六十九条　我们在报酬与待遇上，坚定不移地向优秀员工倾斜。

工资分配实行基于能力主义的职能工资制；奖金的分配与部门和个人的绩效改进挂钩；安全退休金等福利的分配，依据工作态度的考评结果；医疗保险按贡献大小，对高级管理和资深专业人员与一般员工实行差别待遇，高级管理和资深专业人员除享受医疗保险外，还享受医疗保健等健康待遇。

我们不会牺牲公司的长期利益去满足员工短期利益分配的最大化，但是公司保证在经济景气时期与事业发展的良好阶段，员工的人均年收入高于区域行业相应的最高水平。

（自动降薪）

第七十条　公司在经济不景气时期，以及事业成长暂时受挫阶段，或根据事业发展需要，启用自动降薪制度，避免过度裁员与人才流失，确保公司渡过难关。

（晋升与降格）

第七十一条　每个员工通过努力工作，以及在工作中增长的才干，都可能获得职务或任职资格的晋升。与此相对应，保留职务上的公平竞争机制，坚决推行能上能下的干部制度。公司遵循人才成长规律，依据客观公正的考评结果，让最有责任心的明白人担负重要的责任。我们不拘泥于资历与级别，按公司组织目标与事业机会的要求，依据制度性甄别程序，对有突出才干和突出贡献者实施破格晋升。但是，我们提倡循序渐进。

（职务轮换与专长培养）

第七十二条　我们对中高级主管实行职务轮换政策。没有周边工作经验的人，不能担任部门主管。没有基层工作经验的人，不能担任科级以上干部。我们对基层主管、专业人员和操作人员实行岗位相对固定的政策，提倡"爱一行、干一行，干一行、专一行"。"爱一行"的基础是要通过录用考试，已上岗的员工继续"爱一行"的条件是要经受岗位考核的筛选。

（人力资源开发与培训）

第七十三条　我们将持续的人力资源开发作为实现人力资源增值目标的重要条件。实行在职培训与脱产培训相结合、自我开发与教育开发相结合的开发形式。

为了评价人力资源开发的效果，要建立人力资源开发投入产出评价体系。

第五章　基本控制政策

一、管理控制方针

（方针）

第七十四条　通过建立健全管理控制系统和必要的制度，确保公司战略、政策和文化的统一性。在此基础上对各级主管充分授权，造成一种既有目标牵引和利益驱动，又有程序可依和制度保证的活跃、高效和稳定的局面。

（目标）

第七十五条　公司管理控制系统进一步完善的中短期目标是：建立健全预算控制体系、成本控制体系、质量管理和保证体系、业务流程体系、审计监控体系、文档体系以及项目管理系统，对关系公司生存与发展的重要领域实行有效的控制，建立起大公司的规范运作模式。

（原则）

第七十六条　公司的管理控制遵循下述原则：

分层原则。管理控制必须分层实施，越级和越权控制将破坏管理控制赖以建立的责任基础。

例外原则。凡具有重复性质的例常工作，都应制订出规则和程序，授权下级处理。上级主要控制例外事件。

分类控制原则。针对部门和任务的性质，实行分类控制。对高中层经营管理部门实行目标责任制的考绩控制；对基层作业部门实行计量责任制的定额控制；对职能和行政管理部门实行任务责任制的考事控制。

成果导向原则。管理控制系统对部门绩效的考核，应促使部门主管能够按公司整体利益最大化的要求进行决策。

公司坚决主张强化管理控制。同时也认识到，偏离预算（或标准）的行动未必一定是错误的；单纯奖励节约开支的办法不一定是一种好办法。公司鼓励员工和部门主管在管理控制系统不完善的地方，在环境和条件发生变化的时候，按公司宗旨和目标的要求，主动采取积极负责的行动。

经过周密策划、共同研究，在实施过程中遇到挫折时，应得到鼓励，发生的失败不应受到指责。

（持续改进）

第七十七条　部门和员工绩效考核的重点是绩效改进。

公司的战略目标和顾客满意度是建立绩效、改进考核指标体系的两个基本出发点。在对战略目标层层分解的基础上确定公司各部门的目标，在对顾客满意度节节展开的基础上，确定流程各环节和岗位的目标。绩效改进考核指标体系应起到牵引作用，使每个部门和每个员工的改进努力朝向共同的方向。

绩效改进考核指标必须是可度量的和重点突出的。指标水平应当是递进的和具有挑战性的。只要我们持续地改进，就会无穷地逼近高质量、低成本和高效率的理想目标。

二、质量管理和质量保证体系

（质量形成）

第七十八条 优越的性能和可靠的质量是产品竞争力的关键。我们认为质量形成于产品寿命周期的全过程，包括研究设计、中试、制造、分销、服务和使用的全过程。因此，必须使产品寿命周期全过程中影响产品质量的各种因素，始终处于受控状态；必须实行全流程的、全员参加的全面质量管理，使公司有能力持续提供符合质量标准和顾客满意的产品。

我们的质量方针是：

（1）树立品质超群的企业形象，全心全意地为顾客服务。

（2）在产品设计中构建质量。

（3）依合同规格生产。

（4）使用合格供应商。

（5）提供安全的工作环境。

（6）质量系统符合 ISO9001 标准的要求。

（质量目标）

第七十九条 我们的质量目标是：

（1）技术上保持与世界潮流同步。

（2）创造性地设计、生产具有最佳性能价格比的产品。

（3）产品运行实现平均 2000 天无故障。

（4）从最细微的地方做起，充分保证顾客各方面的要求得到满足。

（5）准确无误的交货；完善的售后服务；细致的用户培训；真诚热情的订货与退货。

我们通过推行 ISO9001 标准，并定期通过国际认证复审，建立健全公司的质量管理体系和质量保证体系，使我们的质量管理和质量保证体系与国际接轨。

三、全面预算控制

（性质与任务）

第八十条 全面预算是公司年度全部经营活动的依据，是我们驾驭外部环境的不确定性，减少决策的盲目性和随意性，提高公司整体绩效和管理水平的重要途径。

全面预算的主要任务是：

（1）统筹协调各部门的目标和活动。

（2）预计年度经营计划的财务效果和对现金流量的影响。

（3）优化资源配置。

（4）确定各责任中心的经营责任。

（5）为控制各部门的费用支出和评价各部门的绩效提供依据。

公司设立多级预算控制体系。各责任中心的一切收支都应纳入预算。

（管理职责）

第八十一条 公司级预算和决算由财经管理委员会审议，由公司总裁批准。公司级预算由财务部负责编制并监督实施和考核实施效果。各级预算的编制和修改必须按规定的程序进行。收入中心和利润中心预算的编制，应按照有利于潜力和效益增长的原则合理确定各项支出水平；成本或费用中心的预算编制，应当贯彻量入为出、厉行节约的方针。

公司以及事业部和子公司的财务部门，应定期向财经管理委员会提交预算执行情况的分析报告。根据预算目标实现程度和预算实现偏离程度，考核财务部预算编制和预算控制效果。

四、成本控制

（控制重点）

第八十二条 成本是市场竞争的关键制胜因素。成本控制应当从产品价值链的角度，权衡投入产出的综合效益，合理地确定控制策略。

应重点控制的主要成本驱动因素包括：

（1）设计成本。

（2）采购成本和外协成本。

（3）质量成本，特别是因产品质量和工作质量问题引起的维护成本。

（4）库存成本，特别是由于版本升级而造成的呆料和死料。

（5）期间费用中的浪费。

（控制机制）

第八十三条 控制成本的前提是正确地核算产品和项目的成本与费用。应当根据公司经营活动的特点，合理地分摊费用。

公司对产品成本实行目标成本控制，在产品的立项和设计中实行成本否决。目标成本的确定依据是产品的竞争性市场价格。

必须把降低成本的绩效改进指标纳入各部门的绩效考核体系，与部门主管和员工的切身利益挂钩，建立自觉降低成本的机制。

五、业务流程重整

（指导思想）

第八十四条 推行业务流程重整的目的是：更敏捷地响应顾客需求，扩大例行管理，减少例外管理，提高效率，堵塞漏洞。

业务流程重整的基本思路是，将推行 ISO9001 标准与业务流程重整和管理信息系统建设相结合，为公司所有经营领域的关键业务确立有效且简捷的程序和作业标准；围绕基本业务流程，理顺各种辅助业务流程的关系；在此基础上，对公司各部门和各种职位的职责准确定位，不断缩小审批数量，不断优化和缩短流程，系统地改进公司的各项管理，并使管理体系具有可移植性。

（流程管理）

第八十五条 流程管理是按业务流程标准，在纵向直线和职能管理系统授权下的一种横向的例行管理，是以目标和顾客为导向的责任人推动式管理。处于业务流程中各个岗位上的责任人，无论职位高低，行使流程规定的职权，承担流程规定的责任，遵守流程的制约规则，以下道工序为用户，确保流程运作的优质高效。

建立和健全面向流程的统计和考核指标体系，是落实最终成果责任和强化流程管理的关键。顾客满意度是建立业务流程各环节考核指标体系的核心。

提高流程管理的程序化、自动化和信息集成化水平，不断适应市场变化和公司事业拓展的要求，对原有业务流程体系进行简化和完善，是我们的长期任务。

（管理信息系统）

第八十六条 管理信息系统是公司经营运作和管理控制的支持平台和工具，旨在提高流程运作和职能控制的效率，增强企业的竞争能力，开发和利用信息资源，并有效支持管理决策。

管理信息系统的建设，坚持采用先进成熟的技术和产品，以及坚持最小化自主系统开发的原则。

六、项目管理

（必然性）

第八十七条 公司的高速增长目标和高技术企业性质，决定了必须在新技术、新产品、新市场和新领域等方面不断提出新的项目。而这些关系公司生存与发展的、具有一次性跨部门特征的项目，靠已有的职能管理系统按例行的方式管理是难以完成的，必须实行跨部门的团队运作和项目管理。因此，项目管理应与职能管理共同构成公司的基本管理方式。

（管理重点）

第八十八条 项目管理是对项目生命周期全过程的管理，是一项系统工程。项目管理应当参照国际先进的管理模式，建立一整套规范的项目管理制度。项目管理进一步改进的重点是：完善项目的立项审批和项目变更审批、预算控制、进度控制和文档建设。

对项目管理实行日落法控制。控制项目数量以实现资源有效利用和提高组织整体运作系统。项目完成验收后，按既定程序转入例行组织管理系统。

七、审计制度

（职能）

第八十九条 公司内部审计是对公司各部门、事业部和子公司经营活动的真实性、合法性、效益性及各种内部控制制度的科学性和有效性进行审查、核实和评价的一种监控活动。

公司审计部门除了履行财务审计、项目审计、合同审计、离任审计等基本内部审计职能外，还要对计划、关键业务流程及主要管理制度等关系公司目标的重要工作进行审计，把内部审计与业务管理的进步结合起来。

（体系）

第九十条 公司实行以流程为核心的管理审计制度。在流程中设立若干监控与审计点，明确各级管理干部的监控责任，实现自动审计。

我们坚持推行和不断完善计划、统计、审计既相互独立运作，又整体闭合循环的优化再生系统。这种三角循环，贯穿每一个部门、每一个环节和每一件事。在这种众多的小循环基础上组成中循环，由足够多的中循环组成大循环。公司只有管理流程闭合，才能形成管理的反馈制约机制，不断地自我优化与净化。

通过全公司审计人员的流动，促进审计方法的传播与审计水平的提高，形成更加开放、透明的审计系统，为公司各项经营管理工作的有效进行提供服务和保障。

（权限）

第九十一条　公司审计机构的基本权限包括：

（1）直接对总裁负责并报告工作，不受其他部门和个人的干涉。

（2）具有履行审计职能的一切必要权限。

八、事业部的控制

（方针）

第九十二条　事业部管理方针是：

（1）有利于潜力的增长。

（2）有利于效益的增长。

（3）有利于公司组织与文化的统一性。

（绩效考核）

第九十三条　事业部是利润中心，在公司规定的经营范围内自主经营，承担扩张责任、利润责任和资产责任。

事业部的考核指标主要是销售收入、销售收入增长率、市场份额和管理利润。考核销售指标的目的是鼓励事业部扩张；考核管理利润的目的是兼顾扩张、效益和资产责任。公司将按照对各事业部不同发展的要求，通过调节与事业部销售收入、销售收入增长率和管理利润各部分挂钩的利益分配系数，影响事业部的经营行为。

事业部的全部利润由公司根据战略和目标统一分配。

（自主权）

第九十四条　我们的方针是，只要符合事业部控制的"三个有利于"的原则，就对之实行充分的授权。

事业部总经理的自主权主要包括：预算内的支出决定权和所属经营资源支配权，以及在公司统一政策指导下的经营决策权、人事决定权和利益分配权。

（控制与审计）

第九十五条　公司对事业部的控制与审计主要包括：

（1）事业部的总经理、财务总监、人力资源总监、审计总监由公司任免。

（2）依据经过批准的事业部预算对事业部的收支进行总量控制。

（3）公司统一融资，事业部对资金实行有偿占用。

（4）对现金实行集中管理，事业部对自身的现金流量平衡负责。

（5）事业部定期向公司财经管理委员会提交财务绩效报告。

（6）公司审计部对事业部履行审计职能。

（服务型事业部）

第九十六条   服务型事业部的职能是以低利方式提供内部服务，以促进整体扩张实力。内部运作实行模拟市场机制。

（联利计酬）

第九十七条   事业部实行按虚拟利润联利计酬的报酬制度。在事业部的报酬政策上，公司遵循风险和效益与报酬对等的原则。

九、危机管理

（危机意识）

第九十八条   高技术的刷新周期越来越短，所有高科技企业的前进路程充满了危机。华为公司虽然取得了成功，但公司组织内部蕴含的危机也越来越多、越来越深刻。我们应该看到，公司处于危机点时既面临危机又面临机遇。危机管理的目标就是变危险为机遇，使企业越过陷阱进入新的成长阶段。

（预警与减灾）

第九十九条   公司应建立预警系统和快速反应机制，以敏感地预测和感知由竞争对手、客户、供应商及政策法规等造成的外部环境的细微但重大的变化；处理公司高层领导不测事件和产品原因造成的影响公司形象的重大突发事件。

第六章   接班人与基本法修改

（继承与发展）

第一百条   华为经年积累的管理方法和经验是公司的宝贵财富，必须继承和发展，这是各级主管的责任。只有继承，才能发展；只有量变的积累，才会产生质变。承前启后，继往开来，是我们的事业兴旺发达的基础。

（对接班人的要求）

第一百零一条   进贤与尽力是领袖与模范的区别。只有进贤和不断培养接班人的人，才能成为领袖，成为公司各级职务的接班人。

高、中级干部任职资格中最重要的一条，是能否举荐和培养出合格的接班人。不能培养接班人的领导，在下一轮任期时应该主动引退。仅仅使自己优秀是不够的，还必须使自己的接班人更优秀。

我们要制度化地防止第三代、第四代及以后的公司接班人腐化、自私和得过且过。当我们的高层领导人中有人利用职权谋取私利时，就说明我们公司的干部选拔制度和管理出现了严重问题，如果只是就事论事，而不从制度上寻找根源，那公司距离死亡就已经不远了。

（接班人的产生）

第一百零二条　华为公司的接班人是在集体奋斗中从员工和各级干部中自然产生的领袖。

公司高速成长中的挑战性机会，以及公司的民主决策制度和集体奋斗文化，为领袖人才的脱颖而出创造了条件；各级委员会和各级部门首长办公会议既是公司高层民主生活制度的具体形式，也是培养接班人的温床。要在实践中培养人、选拔人和检验人，要警惕不会做事却会处世的人受到重用。

我们要坚定不移地向第一、二代创业者学习。学习他们在思想上的艰苦奋斗精神，勇于向未知领域探索；学习他们的团队精神和坦荡的胸怀，坚持和不断完善我们公正合理的价值评价体系；学习他们强烈的进取精神和责任意识，勇于以高目标要求和鞭策自己；学习他们实事求是的精神，既具有哲学、社会学和历史学的眼界，又具有一丝不苟的工作态度。走向世界，实现我们的使命，是华为一代一代接班人矢志不渝的任务。

（基本法的修订）

第一百零三条　每十年对基本法进行一次修订。修订的过程贯彻从贤不从众的原则。

在管理者、技术骨干、业务骨干、基层干部中推选出 10% 的员工，进行修改的论证，拟出清晰的提案。然后从这 10% 的员工中，再推选出 20% 的员工，与董事会、执行委员会一同审议修改部分的提案，并将最终的提案公布，征求广大员工的意见。

最后，由董事会、执行委员会、优秀员工组成三方等额的代表进行最终审批。

《基本法》是公司宏观管理的指导原则，是处理公司发展中重大关系对立统一的度。其目的之一是培养领袖。高、中级干部必须认真学习《基本法》，领会其精神实质，掌握其思想方法。

1998 年 3 月 23 日于深圳明华国际会议中心

附录 II　华侨城集团宪章
（试行）

华侨城集团的崛起，是中国改革开放壮美进程的缩影，是几代创业者艰辛奋斗、开拓进取的见证。面对新的更严峻的挑战，为了集团的可持续发展，有必要提炼经验，整合理念，明晰战略，统一意志，优化行动，特制定本宪章。

本宪章以未来 10 年为时间跨度，以知识经济、经济全球化和中国经济体制转轨变革为宏观背景，以制度创新、经营创新和管理创新为主题，以变革为核心，提出集团产权革命和经济形态升级的双重战略任务，确定集团未来发展的一些重大战略选择以及运行机制、管理体制变革的基本思路，阐明集团的价值主张和文化取向。它是华侨城集团面对环境变化所做出的主动、系统并具有未来意义的回应。

本宪章是各级管理人员的行为纲领，是指导各项经营管理工作的基本准则，是统领其他管理制度、政策、规范、战略、对策等的基础法则。

本宪章是来源于实践智慧的常青之树，将指引、帮助华侨城人推开新世纪的成功之门。

第一章　集团定位

第一条　基本性质

华侨城集团公司是具有独立法人地位的企业组织，是自主经营、自负盈亏的市场竞争主体。

华侨城集团是由华侨城集团公司作为核心企业发起的，以及由其投资的子公司即全资、控股和参股企业所组成的企业集团。

第二条　使命和愿景

华侨城集团致力于人们生活质量的改善、提升和创新，以及高品位生活氛围的营造，致力于将自身的发展融入中国现代化事业推进的历史过程中。

华侨城集团是企业家创新的舞台，是明星企业的孵化器，是创业者梦想成真的家园，是具有高成长性和鲜明文化个性的国际化企业。

第三条　主要目标

华侨城集团追求实现可持续成长和确保业界一流地位。在未来 10 年内（自 2000 年起），总体发展目标是：资产规模以提高资产质量、优化资本结构为前提迅速增长，净资产达到 300 亿元人民币的总量水平；同时，在经济发展质量上，实现经济形态的升级，提高主营产业竞争力。

三大主导产业的发展目标是：

（1）消费类电子工业：康佳集团的主体产品按市场占有率指标排名居全国前两位，并具有国际竞争能力。

（2）旅游业："旅游城"成为中国大陆主题公园旅游景区第一品牌，与境外同类景区交映生辉。

（3）房地产业：在华侨城开发区内、外开发建成具有国内房地产业发展典范意义的"中国二十一世纪生活居住示范区"。

第四条　基本经验

华侨城集团成立 14 年来，经历了奠定基础、产业突破和发展壮大三个阶段，在消费类电子业、旅游业、社区综合开发及房地产业三大产业领域形成了市场优势。应继承的基本经验有：

（1）经营理念和战略选择。"规划就是财富"、"环境就是资本"、"结构就是效益"等超前、创新的经营理念以及开发区开发建设模式是华侨城人经营智慧的结晶，是集团成功的内在根据。产业领域选择的合理和产业结构的优化，是集团高速成长的关键之一。

（2）市场导向行为。坚守企业本位，遵循市场规律，立足于企业的长远发展；逐步剔除政企合一的遗传基因，摆脱惯性思维的掣肘，不追求与企业目标相背离的其他目标。

（3）著名品牌培育。在资源配置上向重点行业、重点企业、重点品牌倾斜，在 10 余年时间内培育出康佳、锦绣中华、世界之窗、中国民俗文化村、欢乐谷、华侨城地产等著名产品品牌以及"康佳 A"、"华侨城 A"等著名国内资本市场品牌，为民族工业、旅游业的发展增添了光彩。

（4）社会资源整合能力。在具有中国特色的社会主义市场经济环境中，在经济体制转轨和特区经济发展的宏观背景下，充分利用多种资源并优化资源组合，驾驭多种矛盾关系，敏锐抓住市场机会，超常规、高倍速发展。

（5）不良资产退出机制。内部资产的调整和重组、产业结构调整和资产结构调整的有机结合，是集团快速发展的重要手段。尤其是不良资产的清理，突破了国有资产存量调整的制度性障碍，保证企业机体的健康和集团经济总体质量的提高。

（6）多民族移民文化。华侨城人（其中包括归国华侨）来自五湖四海，既有中华民族优秀文化的渊源，又有国际化文化的背景。在经济特区的环境里，在艰苦创业的实践中，孕育产生了充满创造力和活力的华侨城文化。开放意识、创新精神、包容心态、变革勇气是华侨城之魂。主题公园等多项国内首创，是华侨城创新文化的结晶和象征。

第二章　文化品格

第五条　文化基调

华侨城集团在汇集中华民族优秀文化的基础上，吸收借鉴世界优秀文化，创造充满活力的文化生态。

源远流长、博大浩阔的中华民族文化，乃至全人类文化是华侨城集团成长的无尽源泉。民族化和国际化是华侨城文化的基本取向；热爱祖国、走向世界是华侨城文化的基点——"中国心，世界情，华侨城。"

第六条　宗旨和核心价值理念

集团的宗旨是：

（1）致力于顾客利益的最大化；

（2）致力于所有者权益的充分实现；

（3）致力于与员工共同成长；

（4）致力于为社会做出贡献。

集团的核心价值理念是：

创造新的生活品质。

集团的基本价值主张是：

（1）贯通中西文化；

（2）重视知识资本；

（3）坚守市场导向；

（4）强调责任意识；

（5）倡导敢为人先。

第七条　企业精神

全体员工应认同和信奉的企业精神是：

同根，同心，求实，求精；

敬业，合作，学习，创新。

第八条　品牌的文化个性

华侨城集团是以文化含量高为特征的企业。"华侨城"这一品牌综合的文化特色是：

时尚——雅俗交融，恢弘气派；

典雅——品质高贵，追求一流；

现代——开放文明，面向未来。

第九条　企业文化积累和建设

华侨城人重视企业文化的积累并继承光大，诚挚总结、提炼企业前辈所创造的优良文化基因，使之成为集团发展的底蕴。还将吐故纳新，对企业文化进行滋养、丰润和淘洗，永葆企业文化的青春活力和对环境的高度适应性。需要防范和消除小生产文化、封建文化对企业发展的制约。

每位员工都有培育、认同、维护、发展和传递企业文化的使命和责任。

集团以统一的企业文化指导、规范内部企业子文化；同时，允许并鼓励企业子文化的培育、创造和个性发展。企业子文化的成熟、健康发展是集团企业文化向纵深发展的坚实基础。

第十条　组织氛围

集团营造公平、公正、公开的组织氛围。遵循人权理念和相互尊重、人格平等的人际关系准则；在理性的基础上，按法治的原则确定组织伦理（价值分配原则和用人基本准则）；创造内部有效沟通的体制和制度环境；形成管理者和被管理者融洽配合的良性互动。

第十一条　文化是土壤，人才是种子

集团将企业文化作为吸引人才的重要机制。同时，为优秀人才尤其是企业家人才提供丰富的企业文化营养和优良的企业文化环境，使之在成长过程中摆脱滞后的文化理念的制约，不断开阔视野，提升境界，增强竞争力。

第三章　运行机制

第十二条　制度变革

集团追求企业制度的变革和创新，对其中不适应企业发展和环境变化的部分进行大胆的改革，保持企业制度的超前性，并以此获得超额收益。

第十三条　内部产权革命

根据产业结构调整和内部机制转换的双重要求，集团将在部分产业及企业推行产权置换，实现产权结构的多元化；逐步扩大企业股份中员工尤其是经营管理人员和高科技专业人员持股的比例，使员工的"主人翁"地位具有产权上的依据。

第十四条 新分享经济

集团重视并承认经营者和员工尤其是知识劳动者对企业价值创造的重要作用，并在企业收益分配中予以体现。

集团依据知识经济时代劳动尤其是智力劳动的贡献法则，进行以劳动价值论为渊源的企业分配制度的创新，对智力劳动起决定性作用的部分高科技和现代文化经营领域实行分享制度，即企业经营者及员工除工资性报酬之外，还可分享企业利润。分享比例视不同情况由集团公司派驻的产权代表、企业经营者和员工代表协商确定。

第十五条 资产责任人格化

集团公司确定子公司中所属资产的人格化责任主体，并将其公布于众。责任人的个人利益与资产的保值增值状况密切关联。若群体共同负责，则要具体划定群体中各人的责任边界。

第十六条 经营者选拔考核的市场化、外部化

市场化和外部化是集团公司选拔子公司经营者的有效途径之一。可选择公开方式，可引入出资人和经营者之间的谈判机制；可邀请集团外部专家或委托社会专业机构对候选人进行评价，提出咨询意见或参与决策。对子公司经营者考核时，同样可以通过外部化方式，依据市场标准进行。

第十七条 经营者选拔的连带责任机制

凡参与子公司经营者选拔的决策者，无论集团内还是集团外，均需承担用人不察之责。用人不当时，决策者要承担收入、职权、机会、声誉等方面的损失。

第十八条 经营者激励与监控

集团公司通过目标责任制向子公司经营者传递资产保值增值责任，使其报酬与业绩直接挂钩。

经营者的激励形式主要有：享受年薪，参与盈利分配，持有企业股票（包括股票期权）等形式，以及其他配套的长期报酬政策。不同成长周期、不同规模和效益水平、不同性质的企业，其经营者激励形式和力度不同。

对子公司经营者的监控由该企业董事会、监事会实施，主要方式有：

（1）绩效考核制。在目标管理制度下，以实体绩效考核为基础，以个人绩效考核为基准来监控经营者的工作表现，分析评价个人的贡献与失误。

（2）财务监督制。对企业的经营、财务运作情况及经营者行为进行有效的过程检查和审计。

（3）企业监察制。以企业的管理哲学、管理制度、管理规范为准绳，核察、监督企业经营者的工作行为。

第四章　管理体制

第十九条　集团公司领导体制

集团公司经营机构即集团公司经理层，是集团公司的经营管理决策中心。集团公司总经理是集团公司法定代表人。

集团按《中国共产党章程》以及中央有关政策、规定建立党组织，充分发挥党组织的作用。集团公司党委是集团的政治核心。

集团公司经理层和集团公司党委成员可双向进入，互相兼任。

第二十条　集团公司职能

集团公司根据资本经营和实业经营相结合的经营性质定位，具有财务投资和产业统筹的双重角色，主要行使投资决策、资本经营、子公司监管、资金资产管理和战略管理等职能。

根据集团公司的职能定位，其职能部门包括战略研究部门、投资管理部门、企业管理部门、财金管理部门、人力资源管理部门、行政管理部门等。

第二十一条　集团公司和子公司管理关系

集团公司以产权关系为依据确定与各类子公司及委托管理的企业之间的管理深度和分权方式。对子公司的管理，集团公司依据以下原则：

（1）集团公司对于具有法人资格的子公司的独立经营地位和独特经营个性，给予充分的尊重；通过相应的管理制度，保障子公司对其法人资产拥有占有权、支配权、处分权和收益权。

（2）集团公司与子公司之间的管理关系主要在集团公司与子公司董事会之间发生。集团公司职能部门与子公司职能部门之间的管理关系主要是业务系统内指导与被指导的关系。

（3）集团公司和子公司之间的授权关系严格按《公司法》规范确定。对于有弹性的部分，如投资项目审批权限等，将按子公司的资产存量、经营规模、经济效益、发展阶段等不同情况，在集团公司、董事会、经营班子之间作适当的划分。其基本原则是：在监管约束有效的前提下充分授权。

第二十二条　完善子公司法人治理结构

集团公司保障和推进子公司董事会和监事会的规范化有效运作。集团公司向子公司选派合格的董事和监事。集团公司的决策意志通过子公司董事会中的董事来体现，集团公司的监管目标通过子公司监事会中的监事来实现。

集团公司未来的一项重要战略任务是：培养、发掘、引进能胜任董事和监事之职的高级人才。同时，建立健全董事、监事的评价考核、激励约束制度。

集团公司所派董事、监事需维护集团权益，忠实执行集团公司的决策，尽职尽守，并不断提高决策及监管水平。

集团公司将在子公司董事会中逐步导入外部董事制度。

第二十三条　集团公司对子公司的监控

集团公司对子公司的监控以不影响子公司活力及正常的经营活动、保证所有者权益为原则。控制方式包括：

（1）股权控制。集团公司作为出资人，以资本纽带，行使公司法中规定的股东权力，包括管理监督权、利益分配权、股份处分权等。

（2）财务控制。集团公司按"大财务"理念对子公司的投资规模和方向、资产结构、资产安全、成本利润等实施监督、指导和调节。

（3）人事控制。集团公司向子公司派出董事或监事作为产权代表。同时，透过子公司董事会掌握子公司重要管理职位的任免权。集团公司将不断完善产权代表管理制度。

（4）制度控制。按照国际惯例对子公司实施定期报告制度，实体考核制度，监督审计制度等。

（5）信息控制。集团公司凭借信息网络动态掌握情况，及时发现问题并做出反应。

第二十四条　集团公司职能部门的创新功能

变革创新是集团公司职能部门最基本的功能和存在的主要理由。职能部门务必保持危机意识、变革冲动和创新激情，成为集团新的运行机制、管理体制、经营战略的设计师、倡导者和推进器。

第五章　持续成长

第二十五条　经济形态升级

鉴于集团所拥有的资源条件和环境的变化，经济形态升级是未来几年内统揽集团发展全局的战略任务，是集团持续经营变革的主题。

经济形态的升级，意味着集团经济质量的根本改善和提高，经济内在活力的增强和新的增长点的培育、形成，以及集团整体竞争力的提升。它有两方面的含义：

（1）从资源型经济向知识型经济转变。即从主要凭借得天独厚的土地资源以及其他物质资源发展经济转变为主要凭借文化资源、科技资源以及智力资源发展经济；简言之，发挥知识资本的决定性作用，增加经济中的科技、文化含量。

（2）从区域型经济向跨区域型经济转变。即从主要在华侨城开发区范围内开发经营转变为在更大的空间范围（国内、国际）内投资经营。集团经济要从拥有政策优势转变为拥有企业优势，要走出华侨城，走向更广阔的市场，进入更为复杂、更富挑战性也更加充满机会的新环境。

第二十六条　知识就是优势

根据经济形态升级的战略要求，集团要通过良好的体制、文化环境，富有吸引力的机制和政策，强有力的投入，着重开发、培育、保护、增加知识资源，在国内形成知识资源优势，同时营建走向世界的知识资源基础平台。

集团的核心竞争力表现为组织的整体经营智能和科技创新能力。前者具体表现为学习能力、决策能力、管理输出能力、创造具有市场优势的运作模式和业绩的经营能力。后者具体表现为专有技术以及新产品等的开发能力。

集团提倡营造"工作＋学习"的工作氛围，比别人更善于学习是华侨城人核心竞争力的关键。

第二十七条　激活就是价值

激活资本要素，即物质资本、无形资本和人力资本，是集团经营管理的核心命题。激活是指将沉寂的资本要素转为充分利用和充分实现价值；以现有的资本要素为基础，在更为广阔的空间内整合利用更为丰富和博大的资源，即以"小资本"驱动"大资本"，以"无形资本"驱动"有形资本"；重新发现和评估资本要素价值；以更加积极的态度进入波澜壮阔的国内外资本市场。

集团通过各类资本的综合营运，通过资本在集团内部、外部的流动和交易提高集团整体资产的市场价值。资本经营运作时，依照实业经营与资本经营相结合、战略调整和资产重组相结合、内部重组与外部重组相结合、资产重组和金融运作相结合、资产重组与管理整合相结合的基本原则。

集团将充分利用内地、香港及国际资本市场，拓展融资能力。通过资产重组及金融创新，顺利进入新产业，退出部分经营领域，迅速实现技术水平的提升，扩大利润来源，提高资产收益。

第二十八条 创新就是未来

创新是集团经营管理过程中恒久不变的主旋律。在经营创新方面，重点之一是资源模式的创新——以新的方式和途径开发、增加集团所拥有的各类资源尤其是具有独特价值的资源；重点之二是商业模式的创新——改变市场游戏规则，创立或导入新的商业运作方式；重点之三是产品模式的创新——开发新的产品和项目引导市场潮流。

员工的创新意识、组织的创新机制和团队的创新能力是三位一体的创新基本结构。对这三项要素，集团采取有效、有力方式进行改善和提升。集团力求成为创新项目生根、开花、结果的沃土。

第二十九条 国际化战略导向

集团在国际市场背景下，审视自己的位置，练就自身的能力，增强与国际市场的互动，取得生存与发展的机会和空间。国际化包括市场的国际化——现有产品生产和营销外移，选择主要面向国际市场的新兴产业，开发具有国际竞争力的产品，以及旅游游客构成的国际化等；包括研发的国际化——到国外嫁接或组建高科技研发平台；还包括资本运作的国际化、企业管理的国际化以及人才队伍的国际化等。

国际化并不仅仅是一种战略选择，而是集团在经济全球化和中国加入世界贸易组织背景下的必由之路。在实施过程中，要循序渐进，量力而行，防范风险。

第三十条 产业结构和新的增长点

依据"结构就是效益"的成功法则，集团在产业结构选择上以"专业化为主，多元化为辅"为指导思想。在不断提升主营产业核心竞争力的基础上，按照市场统一性或技术统一性或资源统一性原则，实现相关产业的多元化。

继续保持以消费类电子工业、旅游业和房地产业为主导产业的格局不变，同时逐渐开拓和进入一些新的产业领导。由此，新的经济增长点一方面来自于现有主导产业的经营深化——产品升级换代，以及拓展经营宽度——产品的相关多元化；另一方面来自于新的产业领域：

（1）具有"大产业、大市场"前景的高科技产业。

（2）适应集团资本经营要求和资源积累要求的新金融项目，以及收购兼并等资产重组项目。

（3）与主导产业关联性强的诸如影视、媒体、演出等文化产业。

集团努力提高各产业的科技水平和科技含量，提高各产业的抗风险能力和长期的竞争能力，以高科技打造长寿公司。

第三十一条　主导企业和新兴企业

与产业格局相适应，集团将形成以三大企业集团为主体，以新兴企业及其他有关企业为辅的子企业结构。其中主体企业集团为：消费类电子工业集团；旅游文化投资集团；房地产开发集团。

新兴企业包括：高科技投资企业（主要负责集团高科技项目的投资以及整合、协调）；金融服务企业（主要负责以集团为客户的投资银行服务以及有关资本经营项目的操作）等。集团知识经济的组织载体和组织依托以主体企业为主。同时，重视和扶持具有良好前景的中小型高科技项目和企业。集团在未来将努力书写出中小企业从丑小鸭到白天鹅的精彩篇章。

第三十二条　华侨城，旅游城

华侨城开发区集中外文化、生态环境、先进科技于一体，以旅游为主体概念，将成为具有未来意义的"中国二十一世纪生活居住示范区"。要把华侨城开发区建成城市环境优美、服务功能齐全、社会风尚健康、管理先进、富有文化内涵的文明社区。

在华侨城开发区建设和管理过程中，需真正重视以服务为导向的软环境的营造，保持鲜活和富有生机的整体形象。

第六章　人力资源

第三十三条　基本劳动关系：契约制

华侨城集团与员工之间建立以竞争、自由选择和契约为基础的长久合作关系，双方结为同命运、共成长的利益共同体。契约制破除注重个人资格品位的"身份制"，承认市场交换关系，尊重、维护、保障员工权益。

劳动契约和心理契约是联结集团与员工的双重纽带。前者是双方利益关系的基本规则，后者则是双方精神上的依恋和融合。

第三十四条　人本主义

人力资源是集团成长的第一要素。集团发展的目的之一在于提高员工素质，拓展员工发展空间，保障并提高员工经济所得，充分实现员工的价值。提高人的积极性是集团全部管理工作的中心之一。

全体员工要遵守职业道德，强化责任意识和角色意识，努力提高自身素质和技能。集团内各级管理者和被管理者要形成相互尊重、融洽配合、理性高效的良性互动关系。

第三十五条 功绩原则

功绩原则是集团人力资源政策和人力资源管理的基础原则：以业绩多寡论英雄，业绩面前人人平等。

从功绩原则出发，集团建立客观、公正、有效的人才选拔机制、绩效考核管理体系和价值分配制度。

第三十六条 人力资本优先投资

造就出一支谙熟市场脾性、具有创新精神和竞争力的企业家队伍，一支具有企业经验、善于经营管理的职业经理队伍，一支掌握科技知识、精通专门技术的科技及专业人才队伍，一支具有熟练的岗位技能、精力充沛的基层员工队伍，是集团持续、长期的任务之一。要加大对人力资本的投资力度，并将其放在优先考虑和安排的位置，为广大员工创造、提供学习和训练的机会，使集团成为工作、学习一体化组织，使集团整个人力资本迅速增值。全体员工需强化自我人力资本投资意识和终身学习意识，不断提高自身素质和技能。

第三十七条 内部竞争机制和内部创业机制

集团创建公开招聘、公开竞争、竞争上岗、内部劳动力市场等形式的人才内部竞争机制，向集团内部传递市场压力，发现优秀人才，适当淘汰不合格人员；集团防范和消除人员臃肿、剩余人员沉淀等组织老化现象；妥善安排和处理新老员工及管理人员的交替。集团向具有创业意愿和能力的员工提供创业资源和创业机会，鼓励员工内部创业。

第三十八条 价值分配

集团以市场原则、功绩原则为价值分配的基本准则，运用支付月薪、颁发年薪、赋予职权、提供个人发展机会及培训学习机会、持有股份等形式以及不同的报酬组合，满足员工多元化混合需求；同时，作为调节集团内部利益关系和激励机制的多重手段。

集团针对不同类别的员工实行分类分层的分配制度。不同类别的员工各自行走在彼此有一定对应关系的收入轨道上，每类员工又区分为若干分配层次。伴随着员工的职业生涯，其收入具有丰富的变化空间。

忠诚企业、肯于奉献、精通业务的经营管理骨干和专业技术人才是企业的中坚力量，要在发展机会、经济利益、组织权力等方面明确地向他们倾斜。

第三十九条 企业家的摇篮

基于集团的经营性质和战略任务的要求，集团要花大力气发现、培养企业家尤其是青年企业家人才。提供高层次的培训和经营实践机会，是企业家人才培养的主要途径。

少年的华侨城呼唤少年英雄。华侨城集团将培育出面向新世纪的青年企业家群体，保证事业后继有人。

第七章　管理方略

第四十条　成长风险管理

华侨城人应始终居安思危，在高速成长中对风险进行有效的控制。

（1）规模控制。严格执行集团产业政策，遵循已达成共识的投资理念；遵守效益优先、适度扩张的准则，切忌头脑发热的思维方式和"大跃进"式的发展情结。尤其在集团高速成长阶段，要对风险防微杜渐，保持足够的控制力。

（2）财务保守。恪守稳健的财政政策，保持合适的负债率和良好的资产结构。规范集团公司与子公司的资产关系和责任限度，防范子公司将债务负担转嫁到集团公司。

（3）冲突缓解。在集团快速发展的过程中，通过制度规范及时有效地调整组织内部利益关系，通过疏导沟通化解可能造成风险的各类冲突和矛盾。

（4）危机处置。设立风险预警系统，设定危机处理的程序，明确危机事件的处置责任人，提高处理危机事件的能力。

（5）领导架构。实践充分证明，领导班子的稳定是降低、消除企业风险的重要条件。集团要通过制度，保证领导体制的规范，领导政策的稳定，领导人的平稳过渡和理念、政策、战略的延续。

第四十一条　决策管理

决策管理的目的在于保证决策过程的科学性和决策结果的有效性。主要原则有：

（1）在各级决策主体之间规范而明确地划定各自的决策权限范围，避免越级决策或推诿责任的现象出现。

（2）各级经济实体的决策主体均按法定的决策程序决策。任何人不得搞非程序决策。

（3）各级决策主体决策时，每个参与决策的人员均需承担相应的决策责任。各项决策均需保留可核实和查证的记录。

（4）决策中主张多体现民主，决策后强调体现集中。对决策过程、执行情况、实施结果要进行制度化的监控。

（5）决策应广泛汲取集团内外各方面的智慧源泉，尤其对利用外脑给予充分重视，并视为顺应知识经济的明智之举。

第四十二条 信息网络管理

信息管理是 21 世纪企业管理的核心内容。集团重视采用计算机和网络新技术，改进企业管理手段。

（1）导入数字化管理概念，积极发展和推进电子商务。在集团内部各企业构建信息网络平台，提高内部信息资源共享的程度；对外与国际互联网络高速互联，逐步实现集团业务管理和商务活动电子化和信息流转扁平化，从而提高对市场的反应速度和运行效率，增强信息时代的适应能力和前瞻行为能力。

（2）以超前的思维、积极的态度和实用高效的原则建设信息网络。在信息网络系统运行管理上，明确各环节的责任人和操作规范，注重信息的真实性、安全性和时效性。

（3）充分利用集团在互联网上的信息窗口，宣传集团形象与品牌，加强与顾客的联系和沟通，为未来发展寻找机遇。

第八章 附 则

第四十三条 宪章的制定和修订

集团公司负责制定本宪章及其相关的制度、政策文件，推动本宪章实施。

本宪章将随着集团的发展而补充、完善。原则上每五年修订一次。修订的程序、方式和责任人由集团公司决定。

本宪章由集团公司或由其指定的职能部门负责解释。

2000 年 1 月 中国深圳华侨城

参考文献

1. A. D. Chandler Jr, "Strategy and Structure", MIT Press, 1962.

2. C. I. 巴纳德:《经理人员的职能》,中国社会科学出版社 1997 年版。

3. Edith T. Penrose, "The Theory of the Growth of The Firm", Basil Blackwell & Mo Ltd., 1959.

4. F. W. 泰罗:《科学管理原理》,中国社会科学出版社 1984 年版。

5. F. X. 贝阿等著,王演红等译:《企业管理学》第一卷,复旦大学出版社 1996 年版。

6. H. 法约尔:《工业管理与一般管理》,团结出版社 1999 年版。

7. H. A. 西蒙:《管理决策新科学》,中国社会科学出版社 1982 年版。

8. H. I. Ansoff: Corporate Strategy, New York, 1965.

9. 小詹姆斯·H. 唐纳利等:《管理学基础》,中国人民大学出版社 1982 年版。

10. 弗里蒙特·E. 卡斯特:《组织与管理》,中国社会科学出版社 1985 年版。

11. 托尼·布洛克特:《管理理论与原则》,四川社会科学出版社 1986 年版。

12. 丹尼尔·A. 雷恩:《管理思想的演变》,中国社会科学出版社 1986 年版。

13. R. M. 霍德盖茨:《美国企业经营管理概论》,中国人民大学出版社 1985 年版。

14. 李占祥主编,杨杜、解培才副主编:《矛盾管理学》,经济管理出版社 2000 年版。

15. 李占祥:《论矛盾管理学》,《中国工业经济》1999 年第 9 期。

16. 杨杜:《企业成长论》,中国人民大学出版社 1996 年版。

17. 杨杜:《学出来的企业家》,中国人民大学出版社 1997 年版。

18. 杨杜等:《哈佛学得到》,企业管理出版社 1996 年版。

19. 黄卫伟、吴春波主编:《走出混沌》,人民邮电出版社 1999 年增订版。

20. 汪大海、杨杜、蔡金魁:《新世纪的赢家》,学苑出版社 2000 年版。

21. 陈佳贵主编:《现代企业管理理论与实践的新发展》,经济管理出版社

1998 年版。

22. 斯蒂芬·P. 罗宾斯著，黄卫伟等译：《管理学》，中国人民大学出版社 1997 年版。

23. 安德鲁·葛洛夫：《惟有偏执狂才能生存》，光明日报出版社 1997 年版。

24. 阿里·德赫斯：《长寿公司》，经济日报出版社、哈佛商学院出版社 1998 年版。

25. 詹姆斯·柯林斯、杰里·波拉斯：《企业不败》，新华出版社 1996 年版。

26.《毛泽东选集》，第一卷，人民出版社 1952 年第一版。

27. 彼得·圣吉：《第五项修炼》，上海三联书店 1994 年版。

28. 德姆·巴雷特：《逆向思维：释放你潜在的创造力》，上海人民出版社 1999 年版。

29. 迈克·布隆伯格：《信息就是信息》，工商出版社、科文（香港）出版有限公司 1998 年版。

30. 黄顺基主编：《走向知识经济时代》，中国人民大学出版社 1998 年版。

31. 鲍勃·奥伯莱、保罗·科恩：《管理的智慧》，生活·读书·新知三联书店 1996 年版。

32. Alvin Toffler, "Powershift", Curtis Brown Ltd., 1990.

33. 中国人民大学哲学系逻辑教研室编：《形式逻辑》，中国人民大学出版社 1984 年版。

34. 张维迎：《企业的企业家——契约理论》，上海三联书店、上海人民出版社 1995 年版。

35. P. F. 德鲁克著，孙忠译：《德鲁克论管理》，海南出版社 2000 年版。

36. P. F. Drucker, "The New Productivity Challenge", *Harvard Business Review*, November–December, 1991.

37. P. F. Drucker, "Post –Capitalist Society", Oxford：Butterworth heine-mann, 1993.

38. 保罗·S. 麦耶斯主编：《知识管理与组织设计》，珠海出版社 1998 年版。

39. Kuhn, T., "The Structure of Scientific Revolution", University of Chica-go Press, 1962.

40. T. J. Peters and R. H. Waterman, "In Search of Excellence", Harper & Row, Publishers, Inc..

41. 詹姆斯·柯林斯、杰里·波勒斯：《基业长青》，中信出版社 2002 年版。

42. 杰弗里·贝尔：《竞争力》，中信出版社 2003 年版。

43. 加护野忠男：《组织认识论》，千仓书房 1988 年版。

44. 伊丹敬之、加护野忠男：《经营学入门》，第二版，日本经济新闻社 1993 年版。

45. 吉原英树等：《日本企业的多元化战略》，日本经济新闻社 1981 年版。

46. 葛瑞纳：《组织成长的演变与变革》，《哈佛商业评论》，1972 年第 7~8 期。

47. 黄泰岩、杨杜、李向阳、陈杰：《与企业家谈经论道》，第一辑，经济科学出版社 2002 年版。

48. 黄泰岩、杨杜、李向阳：《与企业家谈经论道》，第二辑，经济科学出版社 2003 年版。

49. 黄泰岩、杨杜、李向阳：《与企业家谈经论道》，第三辑，经济科学出版社 2004 年版。

50. 杨杜、刘斌：《企业管理基础工作创新》，经济管理出版社 2007 年版。

后　记

　　修改完整个书稿，感觉除了某些年度数据之外，似乎没有多少落后于时代发展的内容，看来这本现代管理理论不是海鲜书、不是时髦书、不是一时应景的书，其中的观点或道理还是经得起时间检验的。

　　有人说：有水平的讲故事，没水平的讲道理。个性使然，我比较喜欢讲道理，这就是一本讲管理道理的书。

　　管理的道理太复杂：道可道，非常道，是悟道。理可理，非常理，是讲理。世人讲唯物、唯心、唯实，我看还是"唯悟"为好，唯悟是近道的；佛学讲空观、假观、中观，我看还是"唯识"为好，唯识是讲理的。

　　唯识论讲"八识"，眼识、耳识、鼻识、舌识、身识、意识、末那识和阿赖耶识。我们认知这个世界大概也靠这"八识"吧。我是比较喜欢接触企业实践的，在写作本书时，我也是秉着从实践中来到实践中去的原则，先是眼耳鼻舌身观察、识别管理实践中的现象和问题，再选读管理学的经典理论来有"意识"地思考，这种思考深受我的思维习惯、价值理念或者说"末那识"的影响，因此本书解释和发展原有的现代管理理论成果的观点都带有我个人色彩，后面几章的内容更是如此。每章都在经典理论的基础上写出了自己的想法，尽管这些想法需要再经过实践发展的检验，或者需要科学研究方法擅长者的实证。

　　现代企事业在快速成长与变革，现代管理理论也随之发展与积累，随着这几年对管理认知的深化，我将自己对管理的一些新想法和新道理写进了本书。这次修改花了大半年的时间，本来还想继续修改并加上权变管理理论等内容的，但时间实在赶不及，于是只好拿来付梓了。但这次修改符合我做事的"满意原则"。

　　这几年研究了知识管理、企业文化和企业伦理，但焦点还是聚在管理学上，很希望本书能对研究管理的同行和现在的管理者有所帮助。写书难，写拿得出手的书难，写对人有用的书更难，做不写书的学者难上加难！

促使我重新整理这本书第一版的是尊敬的日本神户大学加护野忠男教授，他是我在日本留学时的导师。在日本留学期间，加护野教授的人品、智慧、研究方法和工作精神给了我莫大的影响，但他每年能出那么多而且有影响力的研究成果令我感到望尘莫及。他没有太注意自己的身体，终于由于过度劳累而病倒了，但当病状稍好之后，他依然孜孜不倦地投入工作，甚至工作日程比以前安排得更为紧张。神户大学是日本管理学研究的重镇，加护野教授是日本数一数二的著名管理学家，我在教授身边学习了近八年时间，回国一晃竟然二十年了，但教授依然非常关心我的事情，每每想起来就感动不已，我为能有这样的导师而骄傲。我还特别要感谢黄磷教授、坂下昭宣教授、金井寿宏教授、角田隆太郎教授、山田幸三教授、廖文志教授、刘仁杰教授、尹大荣教授、山路直人教授等，他们在我就读神户大学期间给了我多方的关照，我也从他们那里学到了很多知识。

在研究上，管理学界的师长、同事和朋友给了我很多帮助和启发，他们有李占祥教授、杨先举教授、包政教授、黄卫伟教授、吴春波教授、彭剑锋教授、黄泰岩教授、孙健敏教授、陈培根教授等。

事实上，没有企业界的朋友和企业家们的指教和激励，我也不会就管理的课题想那么多，也不会有任何深度和新意。特别是从1995年开始参与人大专家组的咨询工作，并长期担任华为公司高级管理顾问，得到了与任总、孙总等各级领导长期交流与合作的机会，华为公司领导群体的大气、才气和志气，华为公司所产生的源源不断的睿智、生生不息的文化和自我批判的精神，给了我莫大的鞭策和激励。没有他们，我对管理的感悟要粗浅得多。在此我要感谢深圳华为公司和深圳华侨城集团让我把《华为公司基本法》和《华侨城宪章》作为研究案例使用。

30多年学习、工作在外，父母虽年事已高，但对我的工作一直给予莫大的理解和支持，也多亏哥、姐两家人在父母身边照顾，才能使我安心伏案做研究，在此遥祝父母健康长寿。对里外一把手、忙完自己的工作还要照顾我的生活和工作的妻子陈杰也送上十二分的感激之情。

想来这是第五次得到经济管理出版社的关照了。以前承蒙厚爱出版过《矛盾管理学》、《大学生择业技巧》、《企业管理基础工作创新》和《中国企业500强十年风云》等四本合著的书，对于再版的《现代管理理论》，经济管理出版社的领导给予了积极的支持，并对其中的内容给出了很好的建议。借此机会衷心感谢张世贤社长、沈志渔总编和杨世伟副社长，他们对本书的出版给予了极大的支持。我还要对责编张永美女士的敬业精神和高效工作表示赞叹——学习年轻人好榜样！

写书难，做事难！贵人相助，万事不难！身体苦，精神苦！只要事成，万苦不苦！写书为了感恩，对帮助我、支持我的亲友感恩！写书为了交代，对自己学者职业的交代。

杨　杜

2013 年 6 月 30 日

于上河村